U0748096

高等职业教育物流类专业系列教材

供应链管理

第2版

主　编　周任重　谭　洁
参　编　宋　晶　康肖琼　程　萌

机械工业出版社

本书以培养政治觉悟高、爱岗敬业、专业技能过硬的供应链创新型高技能人才为目标。本次修订融入了党的二十大精神，精心选取了实践性、专业性、创新拓展性强的典型教学案例和实践理论体系，切实提高学生发现、分析和创新解决复杂问题的综合职业素养。本书按项目模块化和任务驱动的教学模式重构课程内容，主要包括：典型行业供应链分析与管理实践、供应链合作关系协调、供应链管理的策略性抉择；供应链需求管理与商业模式创新、供应链采购与供应商管理、供应链时间压缩与精益生产管理、供应链环境下的库存控制与物流管理、供应链绩效评价与风险管理；智慧供应链与供应链数字化、区块链与供应链金融业务模式创新等。

为提高学生的学习兴趣和课堂教学过程的互动性，本书精心设计了啤酒游戏、纸飞机精益生产等课堂角色扮演小游戏，课后配有实训任务、拓展阅读模块，从而全面提升学生的满意度和课程教学质量。

本书可作为高职本科和高职专科院校物流、工商管理类专业的教材，也可作为物流与供应链管理研究人员与从业者的参考资料。

为方便教学，本书配有电子课件等教师用配套教学资源，凡使用本书的教师均可登录机械工业出版社教育服务网 www.cmpedu.com 下载。咨询电话：010-88379375；服务 QQ：945379158。

图书在版编目（CIP）数据

供应链管理/周任重，谭洁主编. —2版. —北京：机械工业出版社，2024.7（2025.3重印）
ISBN 978-7-111-75565-4

Ⅰ．①供… Ⅱ．①周… ②谭… Ⅲ．①供应链管理—教材 Ⅳ．①F252

中国国家版本馆CIP数据核字（2024）第071926号

机械工业出版社（北京市百万庄大街22号 邮政编码100037）
策划编辑：孔文梅　　　　　　责任编辑：孔文梅 乔 晨
责任校对：郑 婕 李 婷　　封面设计：鞠 杨
责任印制：刘 媛
涿州市般润文化传播有限公司印刷
2025 年 3 月第 2 版第 3 次印刷
184mm×260mm • 15.75 印张 • 354 千字
标准书号：ISBN 978-7-111-75565-4
定价：49.00 元

电话服务	网络服务
客服电话：010-88361066	机 工 官 网：www.cmpbook.com
010-88379833	机 工 官 博：weibo.com/cmp1952
010-68326294	金 书 网：www.golden-book.com
封底无防伪标均为盗版	机工教育服务网：www.cmpedu.com

党的二十大报告提出广大青年要坚定不移听党话、跟党走，怀抱梦想又脚踏实地；坚持合作共赢、绿色低碳、守正创新；加快建设制造强国、支持专精特新企业发展，推动制造业高端化、智能化、绿色化发展；坚持高质量发展为主题，着力提升产业链、供应链韧性和安全水平，提升防范化解重大风险能力等精神。党的二十大精神为我国供应链领域的发展提供了正确的方向指引。本书根据供应链管理课程教学规律，有机地将党的二十大精神融入内容和课程教学全过程。一方面，在内容组织编排中与党的二十大精神高度保持一致；另一方面，在每个项目中设置了一个知识链接专栏，让学生学习每个项目教学主题内容的同时领会、学习党的二十大精神，在提升学员专业综合职业素养的同时自觉加强学员政治思想素养。

强实践性是供应链管理从业人员的显著特征，新一代信息技术极大地推动了我国供应链领域的革新，新理念、新技术、新模式不断产生，迄今已进入到大数据支撑、网络化共享、智能化协作的智慧供应链发展新阶段。供应链行业人才需求层次高移，需要复合型、创新型供应链人才。为了适应行业变化对供应链人才技能新需求，深圳职业技术大学管理学院供应链管理课程团队在近几年校级金课建设和长期教学实践改革创新探索的基础上，特修订了本书。修订版基本保留了上一版的主体结构与框架，做出了以下几方面修改：按项目教学主题内容增加相关知识链接，有机地将党的二十大精神和国家相关政策融入每个项目的教学全过程；更新了供应链领域案例和供应链安全及理论；在创新拓展部分增加了人工智能对智慧供应链和供应链数字化转型的影响、区块链与供应链金融模式创新等新内容；每个项目增加了教学视频二维码和知识测试；充实了配套的教学视频、动画、微电影等新媒体教学内容，使教与学的互动新颖有趣；引入典型行业（新能源汽车、智能手机、服装等）国内外领军企业典型案例和实战训练项目，采取"项目化"和"任务驱动"模式分小组研讨策略，完成项目任务并汇报，加强对学员发现、分析和创新解决复杂问题的综合职业素养的提升。

本书适用于高等职业教育本科和专科层次物流及工商管理类专业的供应链管理课程教学，很好地融合了供应链管理实践与课堂教学经验。

本书编写团队成员在积累多年教学经验的基础上，结合业内一流企业实践经验和教育专家指导意见，精心编排了教材内容，把教学内容分为初创谋划、业务执行、专题拓展三个部分，并分别构建八个项目和两个拓展方向，把供应链创新、供应链金融、供应链科技应用等融入课程内容。在教学案例和素材的选取上，本书以新能源汽车、智能手机和服装三大不同特点的典型行业领军企业供应链实践创新为主线构建内容，为各个章节项目分别选取了业界最具代表性的经典案例，以方便学生在比较中学会分析，通过举一反三、批判性思维类比、从跟随教师教学、课堂实训模仿、到项目综合实训创新，不断提升对供应链相关知识、思维和技能的综合应用创新能力。在教学方法上，注重教练式、启发式、体验式等互动趣味性强的教学方法，精心设计了啤酒游戏、纸飞机精益生产等课堂趣味竞赛游戏，能够提升学生的参与度和满意度。

本书充分结合了知名公司供应链管理实践并兼顾物流职业资格证书培训要求，案例与资料内容涉及电子和汽车制造企业、第三方物流企业、快递业、国际货代业和咨询业等行业代表性企业的实际业务和岗位工作任务。本书既可作为高等职业院校物流、工商管理类专业的教材，也可作为物流与供应链管理研究人员与从业者的参考资料。

本书由周任重、谭洁主编，宋晶、康肖琼、程萌参与编写。具体分工如下：周任重统筹全书，并编写项目一、项目三、项目五和专题拓展，谭洁编写项目二、项目七，宋晶编写项目六，康肖琼编写项目四，程萌编写项目八。本书编写团队在编写过程中，得到了怡亚通、东方嘉盛、华为等企业高管专家的精心指导，也听取了部分优秀学生代表的意见，在此表示感谢。本次修订，是我们团队在供应链管理专业教学过程中，适应职教本科全新的教育教学方法和教学模式的一次探索和尝试。尽管团队成员为本书花费了大量的精力和时间，但由于供应链管理是一个理论性和实践性很强的领域，加上编者能力水平有限，书中难免存在疏漏和不当之处，恳请专家和广大读者批评指正。本书在编写期间，得到了深圳职业技术大学领导和同事的大力支持，在此特别表示感谢！

本书配有电子课件等教师用配套教学资源，凡使用本书的教师均可登录机械工业出版社教育服务网 www.cmpedu.com 下载。咨询电话：010-88379375；服务 QQ：945379158。

编　者

二维码索引

Contents
目录

第三部分　专题拓展

第一部分　初创谋划

Project 1

项目一

典型行业供应链分析与管理实践

能力目标

- 能够针对具体产品描绘供应链结构简图。
- 能够对典型行业的供应链进行简要的总体特征分析。
- 能够掌握供应链管理理念及供应链管理运行机制。
- 能够对业界典型案例进行初步分析与经验借鉴。

项目思维导图

任务一　典型行业的供应链总体分析

典型行业的
供应链总体分析

情景导入

深圳实施供应链创新发展三年行动计划，打造供应链创新与应用的示范高地

2023年9月5日，深圳市工业和信息化局、深圳市商务局发布关于印发《深圳市加快推进供应链创新与发展三年行动计划（2023—2025年）》的通知：加快推进供应链创新与发展，建设具有深圳特色的供应链示范城市，提升供应链核心竞争力，根据《国务院办公厅关于积极推进供应链创新与应用的指导意见》（国办发〔2017〕84号），结合本市实际特制定本行动计划，该行动计划以习近平新时代中国特色社会主义思想为指导，深入贯彻落实党的二十大报告中提出的"加快建设现代化经济体系，着力提高全要素生产率，着力提升产业链供应链韧性和安全水平"，积极融合国际国内双循环新发展格局，围绕深圳建设全球领先的、重要的先进制造业中心和具有全球重要影响力的科技创新中心、消费中心、物流中心、金融中心，立足深圳产业优势及供应链特点，以数字化、绿色化、平台化、标准化、全球化为引领，在先进制造业和流通领域培育一批"上控资源、下控渠道"的国际供应链整合平台，形成高质量发展的供应链生态，促进产业组织方式、协同能力、商业模式及治理方式的创新，大力提升供应链核心竞争力，全力增强深圳市产业链供应链先进性、根植性、韧性和安全性，助力经济高质量发展。

该行动计划提出了三个方面的发展目标：重点产业供应链能力全球领先、现代供应链服务能力不断提升、供应链创新生态更加完善。该行动计划提出了加快先进制造业供应链创新、推动供应链服务高质量发展、构筑更具竞争力的国际贸易供应链体系、完善供应链基础设施网络、提升金融对供应链创新的服务水平、提升供应链数智化水平、优化供应链发展生态等七大主要任务。具体任务分别涉及培育一批具有集聚能力的供应链核心企业、推动供应链服务跨界融合、推动供应链国际资源合作、增强供应链服务出海能力、构筑跨境电商供应链体系、建设大宗商品供应链体系、打造汽车全球供应链协同体系、加强对外物流网络布局、加大对供应链融资的支持力度、强化供应链信用体系建设、提升供应链管理数字化水平、加强供应链人才引培、加强供应链标准研制与推广、加强供应链风险预警和应急响应能力等二十五条具体措施。

（信息来源：根据深工信〔2023〕218号文件整理，深圳市工业和信息化局）

导入问题

1. 什么是供应链？
2. 深圳为什么要实施供应链创新行动计划？
3. 什么是供应链核心企业？
4. 供应链国际资源合作具体有哪些做法？

🪐 第一步 ｜ 理解企业的本质、行为与绩效

一、企业的本质

企业是当今最重要和最常见的经济组织形式之一，同时也是一个最难把握和界定的研究对象。享誉全球的华为公司是企业，路边的夫妻凉茶铺也是企业。企业是一个可以从多角度来理解的对象。这意味着任何只强调企业的一种特性而忽视甚至否定其他特性的看法都是"盲人摸象"。企业区别于其他经济和社会组织的特殊性可以归纳为四个方面，即营利性、实体性、生产性和契约性。正是这四个方面构成了企业的基本特征。通过对这四个方面的分析，我们可以对究竟什么是企业这个问题有更为清晰的理解。

1. 企业的营利性

企业首先必须是一种营利性的经济组织。也就是说，企业作为一种由不同的人组织起来的社会组织，和其他任何组织形式不同，是以营利为主要存在目标的。

2. 企业的实体性

企业是由一定的独立或相对独立的资产所组成的一个价值实体。这个价值实体也就是我们通常所说的"企业资产"，其表现形式既包括机器、厂房、原材料、库存产成品，也包括企业的库存现金和各种应收款，还包括品牌、商标、专利和声誉等无形资产。

3. 企业的生产性

企业的生产性不仅指企业能够生产出产品和服务，还指企业能够使投入其中的生产要素，特别是企业家才能这种特殊的生产要素的价值得以实现并表现为价值增值。这是企业区别于市场的一个重要特征。

4. 企业的契约性

企业是一种契约网络或契约联结点，是拥有不同生产要素产权的经济主体为了最大限度地延伸各自的利益边界而形成的一种契约。

在古典经济学家看来，企业无非是一个将投入转化为产出的"装置"，就像榨油机是将油料转化为油产品的装置一样，它是一个反映投入—产出的技术关系的"黑箱"，或者说企业就是一个生产函数。现代企业理论就是将制度作为一个内生变量加入生产函数中去的。一个好的关于企业的定义要符合两个条件：其一，将现实经济生活中存在的形形色色的企业（或至少绝大部分）都能够包括进来；其二，将企业与其他非企业经济组织和其他社会组织区别开来。基于上述思路，朱卫平教授在《企业家本位论》一书中给企业做出如下定义：企业是以企业家为中心签约人的一种营利性契约组织，是契约形成和履行过程的有机统一。

二、企业的行为及绩效

企业所在的行业结构与竞争情况，对于企业营利性与长期发展起着非常重要的作用，

因此有必要对企业所在行业结构进行分析，协助企业应对未来环境的变化。美国石油工业在20世纪头10年里经历了从近乎垄断到寡头垄断的突变，起因是市场对石油产品的需求从煤油转向燃油，同时在美国国内、远东和东欧发现了新的原油产地，一批新的石油公司成长起来。截至1910年，已有8家综合一体化的石油公司跻身美国200家最大工业企业的行列。1911年，标准石油公司被《反垄断法》解散，进一步促进了这种转变。20世纪20年代和30年代，大石油公司继续通过向前结合（销售网络）和向后结合（勘探和采油）在海外扩张。大萧条时期，一些大公司从海外撤资，把海外资产卖给了3家在海外最活跃的公司，即新泽西标准石油、美孚真空石油和德士古石油。另外两家，即加利福尼亚标准石油和海湾石油，则保留了海外业务。因此，这5家企业在第二次世界大战后市场对石油需求的巨大增长中大获其利。

哈佛学派认为，市场结构（Structure）、市场行为（Conduct）、市场绩效（Performance）之间存在着必然的联系，并建立了SCP分析框架来分析行业与企业的发展情况。

1951年，美国经济学家乔·贝恩发表了有关"结构—行为—绩效"（SCP）之间关系的著名论文，其目的是检验两个假说：

（1）卖方集中度与有效串谋的营利性之间存在着系统性正相关关系。

（2）与不存在垄断或寡头之间的有效串谋相比，存在垄断或寡头之间的有效串谋时销售的平均超额利润率较高。

早期的研究数据支持了这两个假说，证实了卖方集中度和平均销售利润率之间存在正向关系。但在检验行业集中度与行业营利性之间关系的过程中，贝恩遇到了以下问题：

（1）为分析结构—行为—绩效之间的关系，应如何定义行业？

（2）为分析结构—行为—绩效之间的关系，应如何衡量销售集中度？

（3）为分析结构—行为—绩效之间的关系，应如何衡量营利性？

在贝恩看来，行业定义的理论基础是需求的可替代性——它是一组产出群体。

1. 行业集中度的衡量标准

最常见的行业集中度的衡量标准是赫芬达尔-赫希曼指数（Herfindahl-Hirschman Index，HHI）和行业集中率（CR_n）。

赫芬达尔-赫希曼指数，即企业市场份额平方之和：

$$H=S_1^2+S_2^2+\cdots+S_n^2 \tag{1-1}$$

行业集中率，即该行业相关市场内 n 家最大的企业所占市场份额之和：

$$CR_n=S_1+S_2+\cdots+S_n \tag{1-2}$$

一般文献常采用8家企业行业集中率 CR_8。

2. 行业营利性的衡量标准

行业营利性的衡量标准有销售报酬率、股东资产报酬率（年度税后净利润与资本净值的比率）、托宾Q系数等。

三、企业竞争由传统的"单打独斗"向供应链"团体竞赛"转变

从 18 世纪中叶到 19 世纪末，生产方式主要是作坊式生产。企业竞争的焦点是高效地生产出产品，满足市场需求。企业更加注重提高机械化水平和生产效率。20 世纪初，泰勒提出了以劳动分工为基础的科学管理理论。在此基础上，福特在 1913 年创立了移动式装配流水线，使生产效率大幅度提高，生产成本大幅度降低，标志着大批量生产方式的诞生。经过半个多世纪的发展，大批量生产方式向社会提供了大量的产品，使人类在物质文明方面取得了突破性的进步。在这种生产方式下，企业注重科学管理，通过操作标准化、专业化来提高效率。企业为加强控制，对于为其提供原材料、半成品或零部件的其他企业，采取投资自建、投资控股或兼并的"纵向一体化"管理模式。例如，美国福特汽车公司拥有一个牧羊场，出产的毛皮用于生产本公司的汽车坐垫。但这种"纵向一体化"无法快速响应市场，同时会使企业承担由过重的投资负担和过长的建设周期带来的风险，且不利于管理人员的沟通和控制。

到了 20 世纪 80 年代，随着消费需求日趋主体化、个性化和多样化，市场环境由简单、静态向复杂、动态转变，大批量生产方式难以适应变化了的市场需求。企业推出新的生产方式，即"多品种、中小批量生产方式"，按订单组织生产。多品种、中小批量生产方式虽然满足了市场需求，但是增加了管理难度，降低了效率，增加了成本。因此人们不断地在生产领域应用一些先进的生产技术与管理方法，如 CAD、CAM、CAPP、MRP、CE、FMS 等。

进入 20 世纪 90 年代，特别是 21 世纪以来，整个世界的经济环境发生了巨大变化，主要表现在以下几个方面。

（1）科学技术不断进步和发展。特别是信息技术的迅猛发展加速了制造业的现代化和全球化进程。

（2）全球一体化经济格局形成。世界贸易组织（WTO）推行的贸易自由化形成了生产要素的自由流动，使资源不断得到优化配置，形成全球经济的一体化格局。欧盟、东盟、北美自由贸易区、上海合作组织等正是全球经济一体化在各区域内的具体表现。企业之间的合作正日益加强，跨地区甚至跨国合作制造的趋势日益明显。国际上越来越多的制造企业特别是跨国公司把大量常规业务"外包"给发展中国家，而只保留最核心的业务。在这个过程中，中国成为"世界制造中心"。

（3）消费行为变化。新经济所依赖的市场环境是买方市场环境，消费者的消费观念和消费形态发生了变化。过去消费者注重产品是否经久耐用，较多考虑的是质量、功能与价格三大因素；而现在消费者往往关注产品能否给自己的生活带来活力和美感，能否令自己更加充实和舒适，他们要得到的不仅是产品的功能和品牌，还更多地关注与产品有关的系统服务。于是消费者评判产品的标准从"要不要""喜欢不喜欢"发展成为"满意不满意"，消费者对产品和服务的期望越来越高。因此，企业要用产品具有的魅力去打动消费者，要本着一切为消费者着想的原则去服务消费者。

（4）产品生命周期越来越短。企业的竞争越来越激烈，很多产品市场已变成买方市场。在千变万化的市场环境中，也许最大的变化就是"速度"。随着消费者需求的多样化发展，企业的产品开发能力也在不断提高。目前，国外新产品的研制周期大大缩短，与此相应的是产品的生命周期缩短，更新换代速度加快。由于产品在市场上的存留时间大大缩短了，企业在产品开发和上市期间的活动余地也越来越小，给企业造成巨大压力。虽然在企业中流行着"销售一代、生产一代、研究一代、构思一代"的说法，然而这毕竟需要企业投入大量的资源，一般的中小企业在这种环境面前显得力不从心。许多企业曾红火过一阵，但由于后续产品开发跟不上，导致产品落伍，而产品落伍之时，也就是企业倒闭之日。消费者需求的多样化越来越突出，厂家为了更好地满足其要求，便不断推出新的品种，从而引起了一轮又一轮的产品开发竞争，结果是产品的品种数成倍增长。

以上所描述的外部环境变化，对企业参与竞争的能力提出了更高的要求，企业要想在市场中立于不败之地，就必须借助新的管理手段来提高竞争力。企业除了优化自己的流程之外，还必须和自己的上下游企业协作，不仅要为自己的下游企业提供好的服务，而且要为最终消费者提高服务水平。这要求企业具备柔性的特点，可以快速响应市场需求的变化。企业的适应能力越强，越具有敏捷性，成功的机会就越多。同时企业必须消除供应链系统中出现的"瓶颈"，形成一个物流、信息流、资金流畅通的整体，提高整个供应链的效率。供应链管理思想在制造业中得到普遍应用，成为管理理论者和实际工作者关注的焦点。

彼得·德鲁克等国内外著名管理专家一致认为：新时代企业之间的竞争已经由以前的"单打比赛"（指和其他对手竞争）转化为"团体比赛"，其实质是供应链与供应链之间的竞争。

🪐 第二步 ｜ 了解供应链的概念、类型与特征

一、供应链的概念

1. 日常生活用品的供应链

市场上主要有三种商务交易形式：企业对企业（B2B），企业对消费者（B2C），消费者对消费者（C2C）。每种产品或服务从无到有，再到进行交易，直至最终消费，经历了原材料采购、生产加工、销售、运输等环节，需要很多不同企业的配合。在满足最终消费者需求的整个供应过程中，各种类型的企业分别在不同环节互相配合、相互衔接、分工合作，形成了相互依存的紧密关系，好像一条完整的供应链，任何环节都不能出问题，谁也离不开谁，否则就无法实现供应功能。图1-1简要描述了宝洁洗发水从材料供应、生产加工、配送、零售，直至送达最终消费者手中的完整过程。

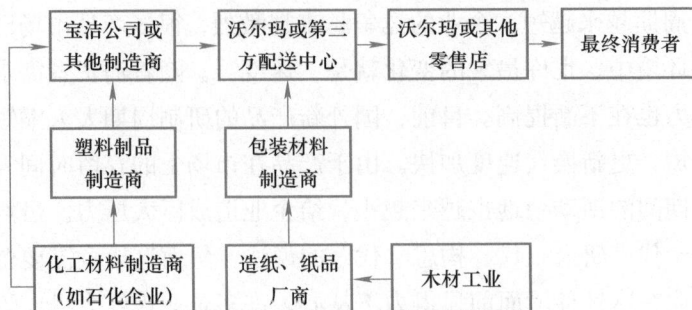

图 1-1 宝洁洗发水的供应链

供应链是产品从原材料的获得到最终产品产出的整个过程中所有活动的总称，包括采购活动、生产、运输、仓储和售后服务，以及信息系统的控制等活动。供应链的概念已经不同于传统的销售链，它跨越了企业界限，从扩展企业的新思维出发，从全局和整体的角度考虑产品经营的竞争力。供应链突出了全面考虑所有相关事物的概念，将研究的范畴扩展到各个不同实体，并将它们看成一个整体，从系统论的角度去考虑和分析问题。

2. 供应链概念的提出与理论定义

供应链的概念首先在 20 世纪 80 年代末由美国管理学者提出。20 世纪 90 年代以来，随着经济全球化，国际竞争日益加剧，消费者需求多样化，技术更新迅速，供应链在制造业管理中得到了普遍应用，成为一种新的管理模式。

对于供应链的定义，至今尚无公认的标准。在不同领域、不同文献中，其定义有不同的形式。这主要与它的发展历程有关。早期的观点认为，供应链是制造企业中的一个内部过程，它是指将采购的原材料和收到的零部件，通过加工、销售等过程传递到制造企业及用户的一个过程。后来的供应链概念强调了与其他企业的联系和供应链外部环境，偏向于描述供应链中不同企业通过制造、组装、分销、零售等环节将原材料转换成产品并最终送达最终用户的转换过程。最近，供应链的概念更加注重围绕核心企业的网链关系，例如核心企业与供应商、供应商的供应商乃至一切前向的关系，与用户、用户的用户及一切后向的关系。

通过查阅相关文献，我们发现，对于供应链的概念，不同领域有不同角度的理解，其中有代表性的定义有如下几种：

（1）马士华：供应链是围绕核心企业，通过对信息流、物流、资金流的控制，从采购原材料开始，制成中间产品以及最终产品，最后由销售网络把产品送到消费者手中的将供应商、制造商、分销商、零售商，直到最终用户连成一个整体的功能网链结构模式。

（2）《物流术语》（GB/T18354—2021）：生产及流通过程中，围绕核心企业的核心产品或服务，由所涉及的原材料供应商、制造商、分销商、零售商直到最终用户等形成的网链结构。

（3）国际供应链协会（SCC）：供应链包括产品从供应商的供应商到消费者的全过程中所有的生产和分配活动。

（4）格雷厄姆（Graham）（1992）：通过增值过程和分销渠道控制从供应商到用户的流就是供应链，它开始于供应的源点，结束于消费的终点。

（5）哈里森（Harrison）（1996）：供应链是采购原材料，将它们转换为中间产品和产品，并且将成品销售到用户的功能网链。

（6）比尔诺（Bealnon）（1998）：供应链是一个集成化的流程，许多不同的企业实体，诸如供应商、制造商、分销商和零售商，在获取原材料、把原材料转化为最终产品、把最终产品交付给零售商方面共同努力。

2017 年 10 月 13 日，国务院办公厅印发《关于积极推进供应链创新与应用的指导意见》，首次对供应链创新发展做出了全面部署，指出供应链是以客户需求为导向，以提高质量和效率为目标，以整合资源为手段，实现产品设计、采购、生产、销售、服务等全过程高效协同的组织形态。

综合以上各种定义，我们发现可以从多个角度认识供应链。供应链不是指一个企业，而是指围绕核心企业，从采购原材料开始，制成中间产品及最终产品，最后由销售网络把产品送到消费者手中的将供应商、制造商、分销商、零售商，直到最终用户连成一个整体的企业网络。

二、供应链的类型及特征

1. 供应链的类型

根据不同的划分标准，供应链分为如下几类：

（1）平衡的供应链和倾斜的供应链。根据供应链容量与用户需求的关系，可以把供应链分为平衡的供应链和倾斜的供应链。供应链具有相对稳定的设备容量和生产能力（所有企业能力的综合，包括供应商、制造商、运输商、分销商、零售商等），但用户需求处于不断变化的过程中。当供应链的容量能满足用户需求时，供应链处于平衡状态。当市场变化加剧，造成供应链成本增加、库存增加、浪费增加等现象时，企业不是在最优状态下运作，供应链处于倾斜状态。平衡的供应链可以实现各主要职能之间的均衡。

（2）有效性供应链和反应性供应链。根据供应链的功能模式（物理功能和市场调节功能），可以把供应链分为有效性供应链和反应性供应链。有效性供应链主要体现供应链的物理功能，即以最低的成本将原材料转化成零部件、半成品、产品并交付给最终消费者。反应性供应链主要体现供应链的市场调节功能，即把产品配送到满足用户需求的市场，对未预知的需求做出快速反应。

（3）推动式供应链和拉动式供应链。根据供应链运营模式对市场需求采取的战略类型，可以把供应链分为推动式供应链和拉动式供应链。推动式供应链主要体现在供应链成员采取按库存生产模式，以产定销，从上游向下游推销产品。拉动式供应链注重对终端消费需求的满足，采取按订单生产模式，以销定产，把下游的实际需求沿供应链向上游传递，拉动供应链各级成员的管理工作。

2. 供应链的特征

（1）复杂性。因为供应链节点企业组成的跨度（层次）不同（供应链往往由多个、多类型，甚至多国企业构成），所以供应链结构模式比一般单个企业的结构模式更为复杂。

（2）动态性。成员之间的关系可能中断或发生变化，供应链的结构是处于不稳定的动态变化之中的。

（3）交叉性。供应链之间相互交叉，成员可能同时处于几个供应链结构中，相互影响。

（4）增值性。从供应链的上游到下游各个环节中，成员在提供生产服务的不同过程中实现产品的价值增值。

🪐 第三步 ｜ 描绘供应链结构简图

一、供应链网络结构简图

为了深入研究供应链的特点，需要对其进行界定，其中对供应链体系结构的分析是基础。供应链链状结构是供应链最基本的结构，可以根据实际情况用供应链网络结构实体抽象简图，形象而简单地描述供应链整体成员结构，方便系统地研究供应链的管理问题。供应链网络结构简图如图 1-2 所示。

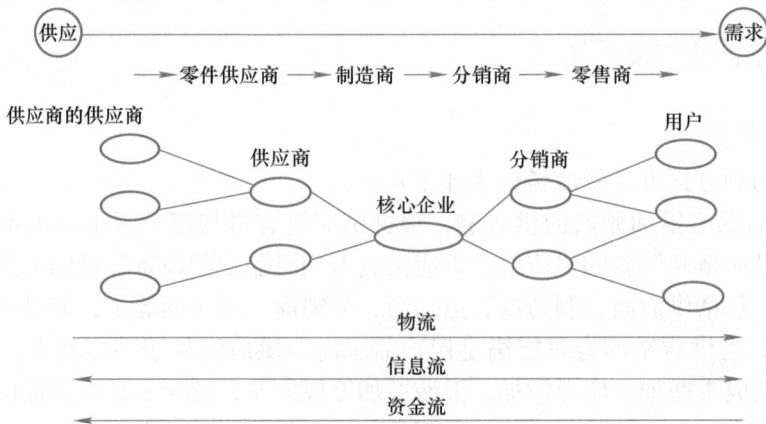

图 1-2　供应链网络结构简图

图 1-2 可以形象地描述具体产品的供应链整体轮廓，但对于成员组成和所处的重要程度与层级没有提供足够的信息。考虑一个核心企业的供应链时，不可能包括所有的成员，那样做既不现实也没有必要。因此，管理者需要依据具体环境，根据自己的生产能力和对自己业务流程的重要程度，来选择不同联系程度的供应商或消费者，确定哪些成员需要重点管理，哪些需要间接控制，选择适合不同供应链的伙伴层次（级）。

分析供应链的物理结构时，首先应该分析供应链包括哪些成员。关键是找出对核心企业成功起主要作用的成员，把更多的资源和精力放在这些主要因素上。市场营销渠道的研究者在确定渠道中的主要成员时，主要考虑在其渠道中运作的各种活动，如产品的运输、信息的获得、支付方式和促销活动等。每种活动都包括了相关的成员，如支付方式中的银行、促销活动中的广告代理商等。

二、供应链层级分析简图

借助对供应链涉及的各种流程与成员的调查研究与访谈，我们可以用更加详细的供应链流程与成员层级简图来研究供应链的特点。供应链层级分析简图如图 1-3 所示。

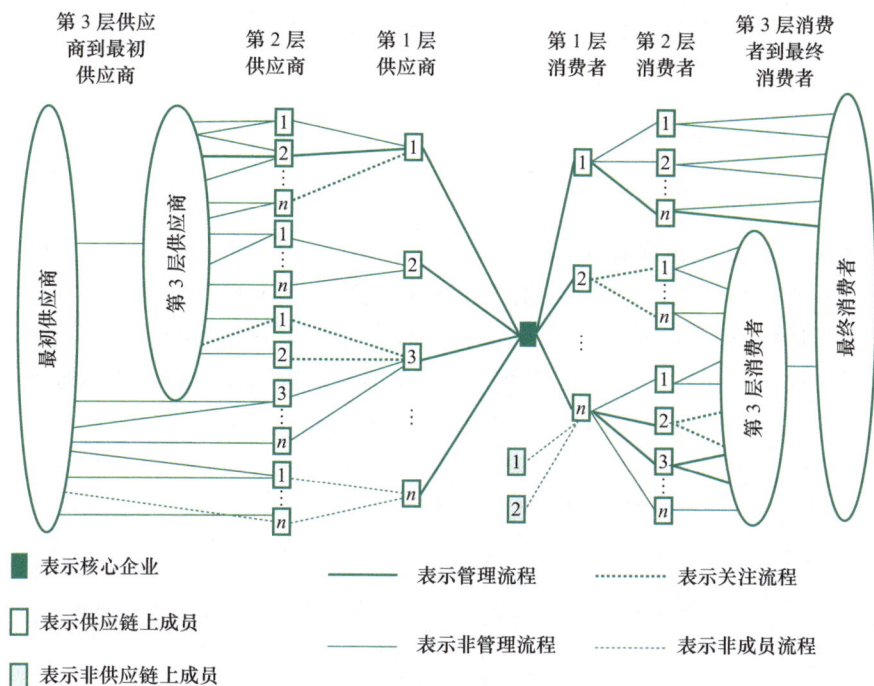

图 1-3　供应链层级分析简图

三、供应链层次结构及特征

供应链结构可从水平层次和垂直规模两个方面来描述。水平层次是指供应链中所包含的所有供应商或消费者的层次数量，它决定了供应链的长短；垂直规模是指对于某核心企业而言，其各层次所包含的供应商或消费者的数目，它决定了供应链的宽度。根据水平层次和垂直规模的不同，可将供应链的结构分为四种基本类型：①水平层次少，垂直规模大；②水平层次多，垂直规模大；③水平层次少，垂直规模小；④水平层次多，垂直规模小。这四种基本类型如图 1-4 所示。

供应链结构直接影响供应链总响应时间，在其他条件相同时，类型③对供应链总响应时间的影响最小，而类型②对供应链总响应时间的影响最大，类型①、④的影响居中。

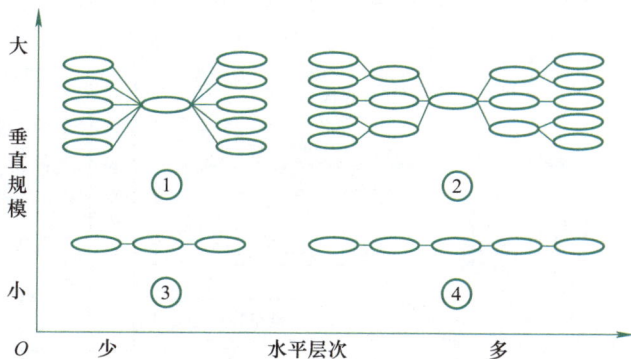

图 1-4　供应链结构的四种基本类型

11

💫 第四步 ｜ 典型行业的供应链结构分析

一、汽车行业供应链结构分析

（一）汽车行业全球供应链的形成与发展

汽车行业是一个复杂程度和集成度非常高的行业，发展到今天，已经没有哪家汽车制造商能够独立完成从零件生产、整车装配到最终把汽车卖到客户手中的全过程。跨国汽车制造商侧重于满足世界不同区域的客户需求，而全球垄断供应商和系统总成商更侧重于品牌的扩张，形成了由设计与研发、采购、生产加工、营销与销售以及消费与售后服务等基本环节组成的汽车行业全球价值链分工体系（如图1-5所示）。

图1-5　汽车行业全球价值链分工体系

汽车行业的物流过程，从专业化的原材料供应、汽车零件加工、部件配套、整车装配，到汽车分销乃至售后服务，已经形成了一整套汽车"制造—销售—服务"供应链流程，如图1-6所示。

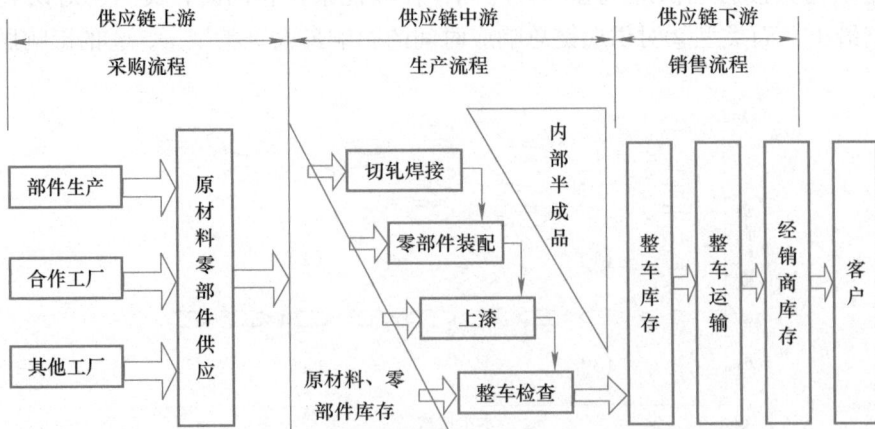

图1-6　汽车"制造—销售—服务"供应链流程图

（二）汽车供应链的利益分配及影响因素

在汽车供应链中，每一个环节所创造的价值并不相等，各环节企业在利益分配方面也存在显著差别。汽车供应链可分为产品设计与研发、生产加工、物流、品牌推广、售后服务等环节，其中产品设计与研发、品牌推广和关键零部件的生产和采购等属于高附加值环节；整车装配、非关键零部件的生产加工、流通环节等属于低附加值环节。汽车供应链各环节的价值分布"微笑曲线"如图 1-7 所示。

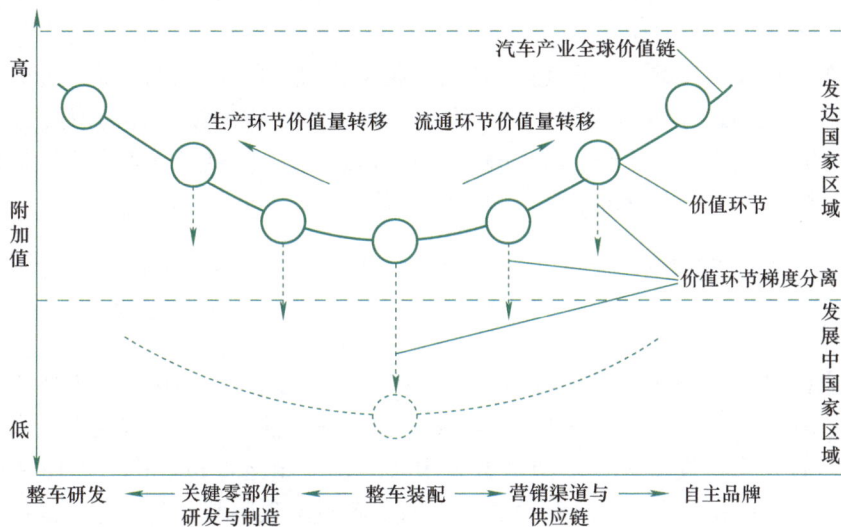

图 1-7　汽车供应链各环节的价值分布"微笑曲线"图

全球大型汽车制造商是汽车供应链的领导者，也是最大的受益者。关键零部件垄断供应商也能够获得独立的有利地位。而小企业即使成功嵌入汽车全球价值链国际分工体系，也被锁定在进入壁垒低、利润低、竞争激烈的生产环节，生存与发展空间受到制约。

（三）全球汽车供应链的发展趋势

（1）汽车整车等战略环节趋于寡头垄断结构。跨国汽车制造商之间进行大规模兼并重组，在全球市场形成了寡头垄断。在跨国汽车公司的推动下，汽车产业全球价值链的纵向分工（垂直分离）不断深化。从价值链上最低端的加工生产环节开始，向整车装配、设计、营销渠道等高附加值环节进行有序分离。

（2）关键零部件供应商所在环节行业结构也趋于集中，附加值不断提高。随着战略环节所在行业的兼并重组，与战略环节纵向关联的关键零部件供应商也进行了重大兼并重组，通过整合和集成相关业务模块，强化了其核心能力，以顺应整车企业模块化组装和全球化采购的新趋势。目前在动力、底盘、内饰和车身四个领域形成了二十多家大型跨国零部件供应商。汽车全球垄断供应商和上游供应商网络形成独立的供应体系，成为汽车产业全球价值链体系的重要组成部分。

（3）供应链企业之间的关系越来越复杂。在产品开发过程中，汽车供应商发挥了越来越大的作用，跨国汽车制造商与垄断供应商之间的关系变得更为紧密。制造商对不同级别的供应商要求也不同，比如对二级供应商，要求其具有工艺技能，且产品要符合 ISO 9000 和 QS 9000 等质量标准；对三级供应商，则只要求提供基本的零部件，对其技术创新程度要求不高。汽车全球价值链企业之间的合作模式有三种：以契约关系为特征的欧洲模式、以市场竞争为特征的美国模式和以转包合作为特征的日本模式。

（4）汽车产业发展呈现规模化、集群化发展趋势。作为高关联、强系统性的产业，近年来汽车产业发展呈现明显的集群化发展的特征。产业集群化使产业链纵向延伸发展，也提高了与相关产业进行横向竞争与合作的效率，供应链上的各节点企业更加关注自身主业，有效地促进了核心产业的创新发展。

（5）汽车产业发展呈现业务外包、物流专业化趋势。原材料供应商、汽车零配件供应商、汽车制造企业等逐渐将物流服务与其主业剥离，社会化的第三方物流服务体系逐步完善。以汽车物流为纽带整合了整个供应链，专业的第三方物流供应商为供应链提供专业的物流服务，同时物流服务的质量也得到了稳步的提升。

二、服装行业供应链结构分析

（一）服装供应链的工艺流程

服装供应链是基于服装行业的供应链运作模式。它是传统的服装制造企业、面辅料供应商、服装分销商和零售商为了快速响应消费者的不确定性需求，获取最大利润而结成的一种动态联盟。研究人员发现，在以消费者为中心的供应链运作过程中，即使在同一个销售旺季或淡季期内，服装制造企业所获得的关于消费者对某款服装产品的订单波动也相当大；即使服装制造企业按照订单在最短的时间内生产出产品发往各分销商处，也会面临着大量的退货、换货。这样不可避免地增大了服装供应链的生产、供应、库存管理和市场营销风险，甚至导致了生产、供应、营销的混乱，使企业无法准确地把握市场需求信息，难以准确地制订企业的能力需求计划和生产计划，容易造成生产能力过剩。

服装供应链工艺流程如图 1-8 所示。

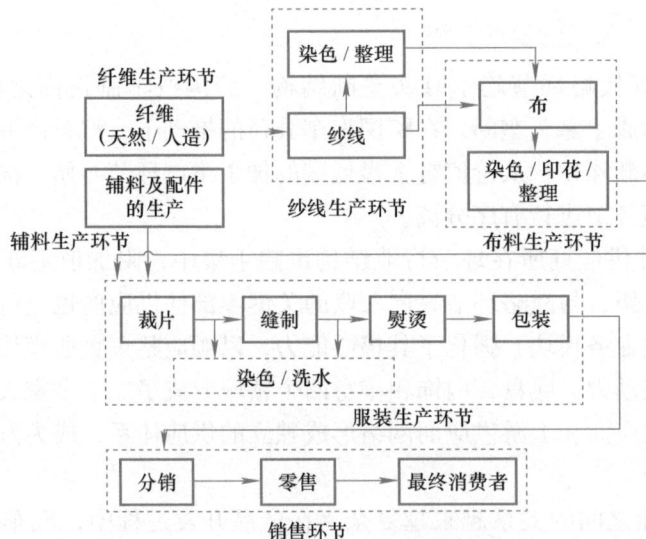

图 1-8　服装供应链工艺流程图

（二）服装供应链中的企业类型

第一种是单纯的生产加工企业。这类企业以接受国内外客户的订单并完成加工为主要业务，其目标是"按正确的质量、以正确的时间、在正确的地点交货"。这类企业尽管利润微薄，但所面临的竞争程度低、管理技术简单，因此企业能够稳步发展。

第二种是"虚拟企业"。这类企业以建立、提升自身品牌为目标，注重对终端消费者的消费习惯、消费行为、消费需求展开研究，并根据这些研究结果进行产品研发，同时完善自己的配送与销售网络。比较典型的有上海美特斯邦威服饰股份有限公司，它所面临的竞争十分激烈。一般来说，如果市场预测准确，企业会赚取高额利润；如果预测失误，企业会产生巨大损失。这类企业通过建立优秀的物流系统，满足消费者的需求，从而实现企业在市场上的竞争优势。

第三种是供、产、销一体化的企业。这类企业面临的竞争最为激烈。从供应链的角度看，这类企业从事了供应链节点上的主要业务，既要有具有战略合作关系的上游供应商和下游销售商，又要具备很强的产品研发、生产能力，还要具备很强的品牌管理能力。因此，如何形成自身的核心竞争力是这类企业面临的最大问题。比较典型的企业有杉杉集团和雅戈尔集团。

第四种是贸易公司。服装贸易公司充当了协调者的角色，它们协调整条供应链，向它们的客户——服装零售商提供最终产品。这些贸易公司并没有自己的生产工厂，而是帮助零售商选择供应商，并且管理包括质量在内的整个生产过程，有时甚至还包括服装设计。它们的核心能力就是其强大的供应网络和良好的协调能力。

服装供应链结构简图如图 1-9 所示。

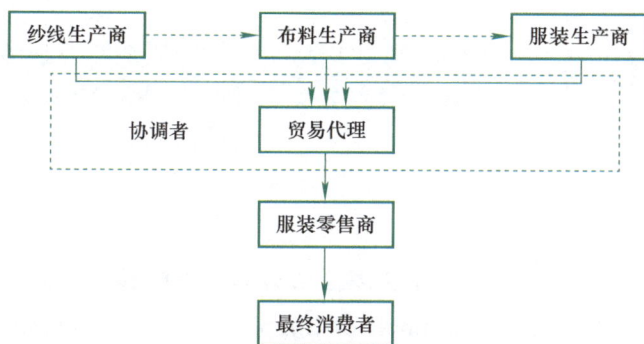

图 1-9　服装供应链结构简图

拓展阅读

全球"缺芯"，我国高科技领军企业华为如何进行反制突围

随着全球芯片产业的迅速发展，芯片成为现代科技的核心。目前全球芯片缺乏的原因主要有需求增长、产能限制、供应链中断、市场预测不准确以及美国政府的政策法规等。这些因素对新能源汽车和智能手机的全球供应链产生了重大影响，导致生产延误、成本上升和创新受限。在全球芯片供应受限的困境下，华为手机面临巨大挑战。但华为并未退缩，而是积极采取策略进行反制突围。

首先，华为大幅增加对芯片技术的研发投入。2022年，华为研发投入高达1615亿元，其中芯片技术是重点领域。通过不断提升自身芯片设计能力，华为降低了对外部芯片供应商的依赖。例如，华为的麒麟芯片在性能和能效上已达到行业领先水平。

其次，华为积极拓展多元化供应链。除了与现有芯片供应商保持合作，华为还与国内芯片制造商加深合作，共同推动国产芯片发展。截至2023年，华为已与多家国内芯片企业建立合作关系，共同研发生产芯片，提高国内芯片产业整体水平。

此外，华为加快了软件和服务业务的拓展。在硬件受限的情况下，华为更加注重软件和服务创新。例如，华为推出了自家的鸿蒙操作系统，截至2023年7月，鸿蒙系统的用户数已超过3亿。同时，华为还提供了丰富的智能服务，以提升用户体验，增强品牌竞争力。

最后，华为坚持开放合作的理念。华为与全球超过1000家科研机构、高校和企业展开合作，共同推动芯片技术发展。通过共享技术资源和经验，华为更好地应对全球芯片市场变化。

除了华为，我国还有许多高科技企业在供应链安全方面做出了积极的探索和实践，如中芯国际、紫光展锐和龙芯中科等。这些企业通过建立严格的供应商筛选和评估机制、推动供应商的质量改进和创新、开展供应链的风险管理、制订应急预案等措施，保障了原材料和零部件的质量和可靠性，以及供应链的弹性和稳定性。

任务二　供应链管理内容与实践

供应链管理内容与实践

情景导入

这是一个供应链管理者的伟大时代

美国供应链管理专业协会（Council of Supply Chain Management Professionals，简称CSCMP）会长兼首席执行官瑞克·布拉斯根（Rick Blasgen）说："这是一个供应链管理者的伟大时代。"以前，供应链管理在企业内部仅仅是辅助功能；如今，其重要性日益为人所知、被企业所认可，它已成为企业真正的战略能力，在降低企业财务成本、增加销售收入、改善运营策略方面起着重要的作用。随着管理技术和科技手段在供应链中的应用，供应链变得越来越强大，也越来越复杂。想要在如今全新的环境下取得成功的企业和个人，都必须花费时间去掌握供应链知识和技术，保持与最新的供应链进程接轨。

目前美国的物流成本占美国国内生产总值（GDP）的比重已经降低到了7.7%，回想一下，在1980年，物流成本占美国国内生产总值的比例高达16%！美国以供应链管理定义的工作大约有4400万个。由于技术更具产出力、更有效率、更加复杂，企业管理者可以把人重新部署到价值增值能力更强的岗位。在这个过程中，不仅对世界各地的经济产生了巨大影响，也提高了许多人的生活水平。

导入问题

1. 为什么供应链知识和技术很重要？
2. 你对"这是一个供应链管理者的伟大时代"这句话有何看法？
3. 供应链管理需要什么样的人才和能力。

第一步 | 了解供应链管理的起源与发展

一、管理的本质与企业成长

管理，本质上就是管人理事，更好地达成一致目标。管理包括计划、组织、协同、控制和领导等职能，在特定的公司业务中，管理活动是一种可以识别的活动，包括真实的产品采购、销售、生产或运输活动。在大型企业中，经理人更加关注的是管理，而不是职能工作的业绩。在较小的公司中，经理人或团队负责采购原材料、销售产成品、监督生产，同时协调、计划和评估这些不同的职能。然而，在较大的公司中，管理通常成为一种专业的全职工作。管理者协调、评估和计划公司活动时，有时必须关注公司的长期健康运营，其他时候又必须关注公司日常平稳有序的运营。第一种情况要求集中精力致力于长期的规划和评估；第二种情况则要求解决即时的问题和需要，要求处理预料之外的事件或危机。

根据美国企业史学家钱德勒的研究，美国企业家对新机会的反应首先发生在分销领域，大规模批发和零售商业取代了靠收取佣金谋利的传统商业。然而，新式交通和通信所带来的更大的革命发生在生产领域。在 19 世纪最后的几十年里，没有任何创新能与爱迪生和西门子及其他发明家带来的大规模生产相媲美。

美国企业的扩张通过以下四种战略按顺序展开：横向合并、纵向一体化、海外扩张和多样化经营。钱德勒指出，在这四种战略中，只有后两种是依靠组织能力。横向和纵向结合都是为了控制市场，但它们本身并不能保证对市场的支配。使合并企业成为利用规模经济和范围经济先行者的条件是，在合并的基础上实现管理集中化，并对生产、销售和管理进行集中投资，以使企业的结构合理化。先行者和少数挑战者一旦确立，就会继续为市场份额和利润竞争，并以组织能力为利器向外国市场和相关产品市场扩张。以这两种战略进行的扩张日益依赖职业管理者的协调，他们和高层管理者通过多年的竞争发展起来的职能管理和一般管理的能力强化了管理权和所有权的进一步分离，并增强了职业管理者对企业决策的控制。因此，管理模式的演变是推动企业成长的关键因素。

二、供应链管理的起源与四个发展阶段

20 世纪 90 年代以来，由于供应链管理在企业中的应用需要有力的理论支持，学术界掀起了对供应链的研究热潮。供应链管理研究的发展基本上可分为以下四个阶段。

第一阶段：1960 年，弗雷斯特（Forester）最早提出将整个供应链作为一个系统来分析其动态变化情况。

第二阶段：1980—1989 年，供应链管理概念处于萌芽阶段。在这个阶段，人们纷纷从不同的角度分析和研究供应链管理的概念，利用不同的方法解释供应链的实质。这说明了供应链管理的重要性和应用的可能性。学术界普遍认为供应链管理是一种集成的思想，包括企业内部集成和企业外部集成。

第三阶段：1990—1995 年，供应链管理的应用处于初步形成阶段。在这个阶段，供应链相关的各企业部门之间经常发生利益冲突，这种冲突导致供应链管理效率下降，削弱了整个供应链的竞争力。如何提高供应链的整体竞争力，消除供应链中信息传递过程中的放大现象成为研究热点。

第四阶段：1996 年以后，供应链管理处于强调建立合作伙伴关系阶段。此阶段的研究热点为如何设计有效的供应链机制保证供应链成员合作的动力，即协调理论的研究。在建立合作伙伴关系之前提出的协调供应链，主张各合作企业之间一致"协调对外"。而此阶段则强调与尽可能少的供应商合作，对合作伙伴的选择是分步骤的、考虑多种因素的综合评价过程，并保证合作的有效性。

供应链管理是随着企业管理方式的演变而发展起来的，图 1-10 描述了美国供应链管理实践发展的历史阶段。

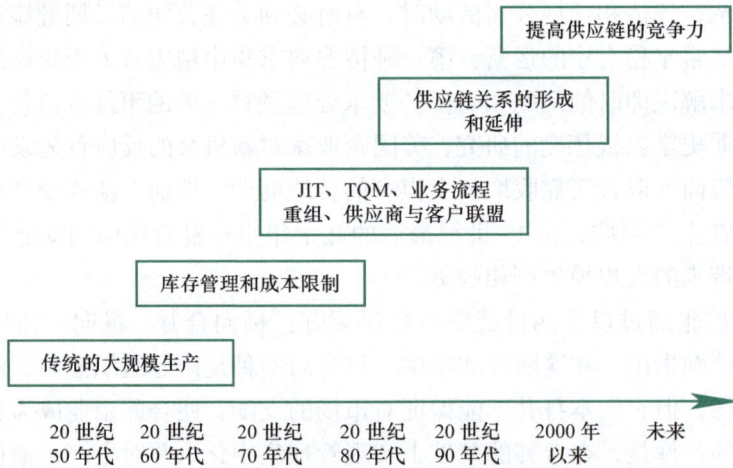

图 1-10　美国供应链管理实践发展的历史阶段

20 世纪 60 年代，美国的制造企业采用大规模生产技术来降低成本、提高质量，在建立供应商合作伙伴关系、改善流程设计和灵活性或提高产品质量方面，相对投入较少。新的产品设计与开发很慢，并且主要依靠内部资源、技术和能力。

20 世纪 70 年代，物料需求计划（Material Requirement Planning，MRP）和制造资源计划（Material Requirement Planning Ⅱ，MRP Ⅱ）发展起来，制造企业认识到物料有效管理的重要性和大量的库存对制造与仓储成本的影响。随着计算机计算能力的提高，库存管理软件的复杂性也随之提高，使进一步降低库存并保持有效的内部沟通成为可能。

从 20 世纪 80 年代开始，激烈的全球竞争成为美国制造企业提供低成本、高质量产品及高水平客户服务的动机。制造企业应用准时制（Just In Time，JIT）和全面质量管理（Total Quality Management，TQM）来提高产品质量、生产效率和运送效率。在应用 JIT 的生产环境中，只有少量库存就可以应对缓冲和生产问题，企业开始认识到"供应商—买方—客户"的战略合作伙伴关系所带来的潜在效益和重要性。当制造企业实践 JIT 和 TQM 的时候，合作伙伴关系和联盟的概念浮出水面。

三、供应链管理发展的两大推动力

现代供应链管理理论与方法是在现代科学技术条件下产生的，是在当今激烈的全球市场竞争中生存与发展的一个重要武器，是赢得市场竞争优势的一种新手段。从以上分析得知，供应链的发展源于两个动力：现代科学技术和现代管理理论。供应链的发展是它们相互作用的共同产物，其发展路径演变如图 1-11 所示。

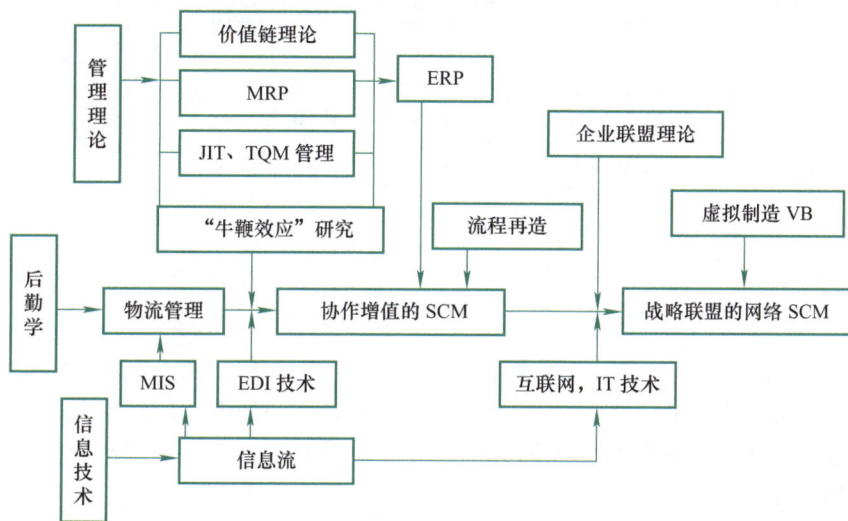

图 1-11　供应链管理发展路径演变图

后勤学的研究和实践是供应链管理发展的内在动力。后勤学领域的研究取得了众多成果，如库存补充、设施布局规划、车辆路径和调度。最近的研究开发了许多优秀的算法，能够高效地解决具有实际应用价值的组合优化问题。这些操作层次的研究进展促使人们以集成的方式研究以前分散独立处理的后勤学问题，而且推进到企业联盟之中促进后勤学集成。另外，信息技术是供应链管理快速发展的重要外在动力。计算机网络基础结构可以提供平台支持企业内后勤学无缝集成，而且正逐渐跨越企业的边界。信息技术支持企业在目前的虚拟环境中有效管理其合作伙伴和客户。准时制管理、约束理论、精益生产等现代管理理论的不断发展也进一步促进了供应链管理的发展。

第二步 ｜ 了解供应链管理的内涵、范围与目标

一、什么是供应链管理

供应链管理主要集中在如何使企业利用供应商的工艺流程、技术和能力来提高他们的

竞争力，在组织内实现产品设计、生产制造、物流和采购管理功能的协作。当价值链中的所有战略组织集成为一个统一的知识实体，并贯穿整个供应链网络时，企业运作的效率会进一步提高。广义的供应链管理可以描述贯穿整个价值链的信息流、物流和资金流的流动过程。供应链管理的范围如图 1-12 所示。

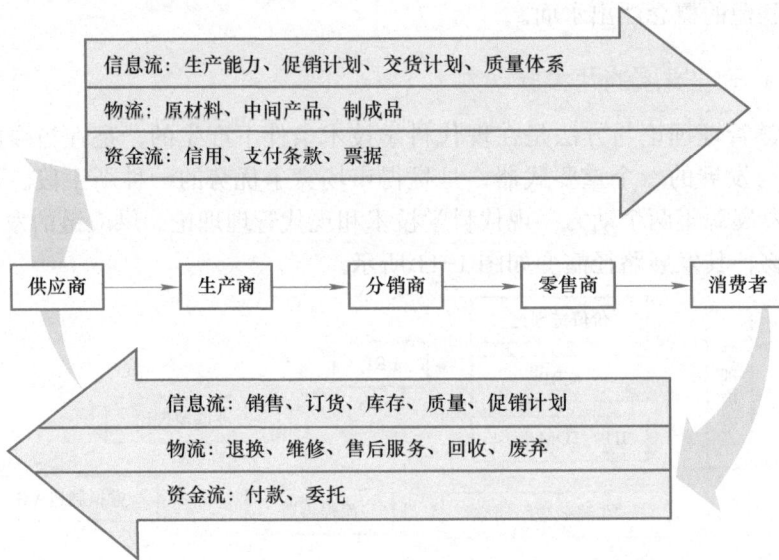

图 1-12　供应链管理的范围

供应链管理的广义定义，包含了整个价值链，描述了从原材料开采到使用结束整个过程中的采购与供应管理流程。但是，由于广义供应链管理描述的价值链非常复杂，企业无法获得供应链管理提供的全部利益。因而，国内外专家学者从不同角度和侧重点对供应链管理进行了狭义的定义。

美国俄亥俄州立大学的全球供应链论坛：供应链管理是指为消费者带来有价值的产品、服务以及信息的，从源头供应商到最终消费者的集成业务流程。

美国著名物流专家哈兰德（Harland）：供应链管理是指对商业活动和组织内部关系、与直接采购者的关系、与第一级或第二级供应商、与客户的关系等整个供应链关系的管理。

《物流术语》（GB/T 18354—2021）：供应链管理是指从供应链整体目标出发，对供应链中采购、生产、销售各环节的商流、物流、信息流及资金流进行统一计划、组织、协调、控制的活动和过程。

综合以上各种观点，供应链管理作为一种全新的管理方法，就是对供应链进行管理！借助现代信息技术对供应链中的物流、信息流与资金流进行更有效的计划、组织、协调和控制，力图整合供应链上下游企业的各种优势资源，形成整体竞争力，降低供应链总成本，为客户提供更好的服务。供应链管理的最终目标是通过共同合作实现整体利益最大化和企业自身利益最大化。

二、供应链管理的主要内容

实现企业供应链管理，首先应弄清楚供应链管理的主要内容。在这方面，不同学者根据自己的兴趣和理解分别提出了不同看法，例如，我国的马士华教授认为，供应链管理主要涉及供应、生产计划、物流和需求四个领域（如图 1-13 所示）。

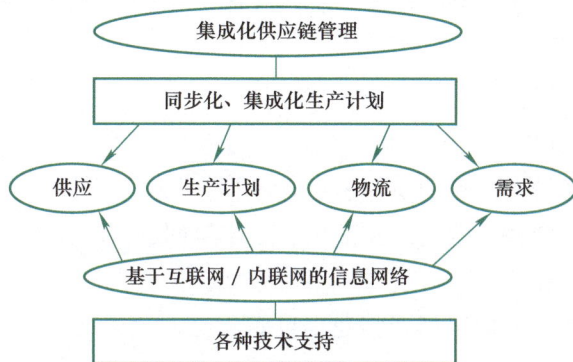

图 1-13　供应链管理涉及的领域

供应链管理是以同步化、集成化生产计划为指导，以各种技术为支持，尤其是以信息技术和网络技术为依托，围绕需求管理、采购供应、生产作业、物流支持、订单交付来实施的，其目标在于提高客户服务水平和降低总的交易成本，并寻求两个目标之间的平衡。

还有学者认为，供应链管理涉及六大领域：需求管理、计划、订单交付、物流管理、采购供应、逆向物流。

供应链管理也可以细分为两个领域：基本职能领域和辅助职能领域。基本职能领域主要包括产品开发、产品技术保证、采购、制造、生产控制、库存控制、仓储管理、分销管理、市场营销等；辅助职能领域主要包括客户服务、设计工程、会计核算、人力资源等。

美国俄亥俄州立大学兰伯特教授及其研究小组提出供应链管理的三个基本组成部分：供应链的网络结构、供应链业务流程和供应链管理要素。

（1）供应链的网络结构：主要包括工厂选址与优化、物流中心选址与优化、供应链网络结构设计与优化。

（2）供应链业务流程：主要包括客户关系管理（Customer Relationship Management，CRM）、客户服务管理、需求管理、订单配送管理、制造流程管理、供应商关系管理（Supplier Relationship Management，SRM）、产品开发与商业化和回收物流管理。

（3）供应链管理要素：主要包括运作计划与控制、工作结构设计（指企业如何完成工作任务）、组织结构、产品流的形成结构（基于供应链的采购、制造、配送的整体流程结构）、信息流及其平台结构、权利和领导结构、供应链的风险分担和利益共享、文化与态度。

从公司的实践来看，供应链管理的具体管理活动面临以下主要决策内容。

（1）供应链网络结构的优化与设计（全球节点企业、资源的评价、选择和定位）。

（2）供应链关系协调与合作管理。

（3）供应链管理策略抉择（不同行业、不同产品类型要求采用不同的供应链管理策略）。

（4）供应链需求管理与商业模式创新。

（5）供应链采购与供应管理（战略性供应商的伙伴关系发展）。

（6）供应链的产品设计、计划与精益生产管理。

（7）供应链的订单交付与库存管理（时间压缩、运输、物流、包装、过程跟踪、库存控制等）。

（8）供应链的风险管理。

（9）供应链的绩效评价与激励机制。

（10）基于现代信息技术应用的供应链运营流程优化。

（11）供应链金融（企业间资金流、汇率、成本等问题）。

（12）基于行业客户特征的供应链整体解决方案。

（13）基于电商平台的供应链创新创业项目商业化。

三、供应链管理的目标

供应链管理的目标是将整个供应链上所有环节的市场、分销网络、制造过程和采购活动联系起来，共同实现客户服务的高水平与低成本，以赢得竞争优势。而供应链管理最根本的目的就是增强企业核心竞争力，其首要的目标则是提高客户满意度，即将客户所需要的、正确的产品（Right Product）在正确的时间（Right Time），按照正确的数量（Right Quantity）、正确的质量（Right Quality）、正确的状态（Right Status）送到正确的地点（Right Place），即6R，并使总成本最小。

归根结底，供应链管理和任何其他的管理思想一样，都是要使企业在激烈的市场竞争中保持优势，在"TQCSF"等方面有上佳表现。企业必须以客户为中心，加快产品的开发、制造和分销速度，缩短新产品上市和交货时间（Time，T），重视产品全程质量（Quality，Q）管理，降低成本（Cost，C），为客户提供全方位的服务（Service，S），要有较好的应变能力与灵活性（Flexible，F）。同时企业必须充分重视知识（Knowledge，K）、创新（Innovation，I）和环境保护（Environment，E），以保证企业可持续发展。

在典型制造商的成本结构中，供应链所涉及的成本占60%～80%，高效的供应链管理可以使总成本下降10%，相当于节省总销售额的3%～6%，同时明显提高了客户需求预测和管理水平。美国 Pitiglio Rabin Todd & McGrath 公司的调查分析结果也表明，企业实施供应链管理可以获得如下益处：

（1）供应链管理的实施使总成本下降了1%。

（2）供应链系统中企业的按时交货率提高了15%以上。

（3）订货—生产周期缩短了25%～35%。

（4）供应链中企业的生产率提高了10%以上。

（5）核心企业的资产增长率为15%～20%。

如今，供应链管理已经成为企业参与全球市场竞争的重要战略。因此，任何一个希望步入国际化市场的企业都应该从供应链管理角度来考虑整个企业的生产经营活动，努力创造自己的核心竞争力，使企业成为整个社会价值链的一个重要环节。

第三步 ｜ 掌握供应链管理的核心理念与运行机制

一、供应链管理的核心理念

1. 系统集成思想

不再孤立地看待各个企业及各个部门，而是考虑所有相关的内外联系体——供应商、制造商、销售商等，并把整个供应链看成一个有机联系的整体。通过各种管理手段与机制把具有独立决策权的分散组织成员，集成为一个有机整体，共同实现整体利益最大化目标。

2. 以客户为中心

让最终消费者更满意是供应链全体成员的共同目标，消费者满意的实质是消费者获得超过他们承担的产品价格以上的那部分"价值"，供应链可以使这部分"价值"升值。例如，由于供应链中供应商与制造商、制造商与销售商彼此之间已经建立了战略合作伙伴关系，因此供应商可以将原料或配件直接运送给制造商，制造商可直接将产品运送给销售商，企业间无须再进行原来意义上的采购和销售，这两项成本就大大削减了。供应链完全可以以更低的价格向消费者提供优质产品。此外，供应链还可通过改善产品质量、提高服务水平、增加服务承诺等措施来增大消费者所期待的那部分"价值"，从而提高消费者的满意度。

3. "双赢"合作竞争理念

与传统企业经营管理不同，供应链管理是对供应链全面协调性的合作式管理，它不仅要考虑核心企业内部的管理，还更注重供应链中各个环节、各个企业之间资源的利用和合作，让各企业之间进行合作博弈，最终达到"双赢"。早期的单纯竞争观念完全站在企业个体的立场上，以自己的产品销售观在现有的市场上争夺产品和销售渠道，其结果不是你死我活，就是两败俱伤，不利于市场空间的扩大和经济的繁荣进步。合作竞争理念把供应链视作一个完整的系统，将每一个成员企业视为子系统，组成动态联盟，彼此信任、互相合作、共同开拓市场、追求系统效益的最大化、最终分享节约的成本和创造的收益。

4. 基于新一代信息技术的应用

供应链管理战略是现代网络信息技术与战略联盟思想的结晶，高度集成的网络信息系统是其运行的技术基础，企业资源计划（Enterprise Resource Planning，ERP）就是广泛使用的信息技术之一。ERP 是由美国权威计算机技术咨询和评估集团高德纳咨询公司（Gartner Group）在 20 世纪 90 年代提出的，它综合应用了多项网络信息产业的成果，集企业管理理念、业务流程、基础数据、企业资源、计算机软硬件于一体，通过信息流、物流、资金流的管理，把供应链上所有企业的制造场所、营销系统、财务系统紧密地结合在一起，以实现全球内多工厂、多地点的跨国经营运作，使企业超越了传统的供方驱动的生产模式，转向需方驱动生产模式运营，体现了完全按用户需求制造的思想，通过信息和资源共享，实现以顾客满意为核心的战略。

二、供应链管理的运行机制

供应链管理实际上是一种基于"竞争—合作—协调"机制，以分布企业集成和分布作业协调为保证的新型企业运作模式。供应链管理通过合作机制、决策机制、激励机制和自律机制等来实现满足客户需求、使客户满意以及留住客户等功能目标，并进而实现供应链管理的最终目标：社会目标（满足社会就业需求）、经济目标（创造最佳利益）和环境目标（保持生态与环境平衡）的合一。供应链管理的运行机制具体如图 1-14 所示。

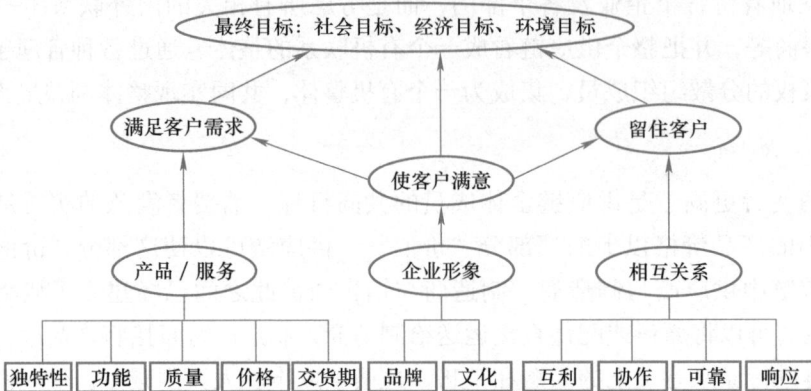

图 1-14　供应链管理的运行机制

1. 合作机制

供应链合作机制体现了战略伙伴关系和企业内外资源的集成与优化利用。基于这种企业环境的产品制造过程，从产品的研究开发到投放市场，周期大大地缩短，而且客户导向程度更高，使企业在多变的市场中的敏捷性显著增强，虚拟制造与动态联盟提高了业务外包策略的利用程度。企业集成的范围扩展了，从原来的中低层次的内部业务流程重组上升到企业间的协作，这是一种更高级别的企业集成模式。在这种企业关系中，市场竞争的策略最明显的特征就是基于时间的竞争，以及基于价值的供应链管理。

2. 决策机制

供应链企业决策信息的来源不再仅限于一个企业内部，而是在开放的信息网络环境中不断进行信息交换和共享，以达到供应链企业同步化、集成化计划与控制的目的。随着 Internet/Intranet 的发展及其对企业决策的支持作用的增强，企业的决策模式将会发生很大的变化，因此处于供应链中的任何企业决策模式应该是基于 Internet/Intranet 的开放性信息环境中的群体决策模式。

3. 激励机制

要实现供应链管理目标，还必须建立健全业绩评价和激励机制，使我们能清楚认知供应链管理思想在哪些方面、多大程度上给予企业改进和提高的空间，以推动企业管理工作不断完善和提高。同时，业绩评价和激励机制也使得供应链管理能够沿着正确的轨道与方向发展，真正成为被企业管理者乐于接受和实践的新型管理模式。

4. 自律机制

自律机制主要包括企业内部自律、对比竞争对手的自律、行业内自律、合作伙伴之间的自律。通过自律机制可以更好地提高客户满意度，保持良好商誉，减少沟通合作成本，提高整体竞争力。

三、供应链管理的主要类型

根据供应链中的主导企业类型，供应链管理可以分为三大类型，分别如图1-15～图1-17所示。

1. 以制造企业为主导的供应链管理

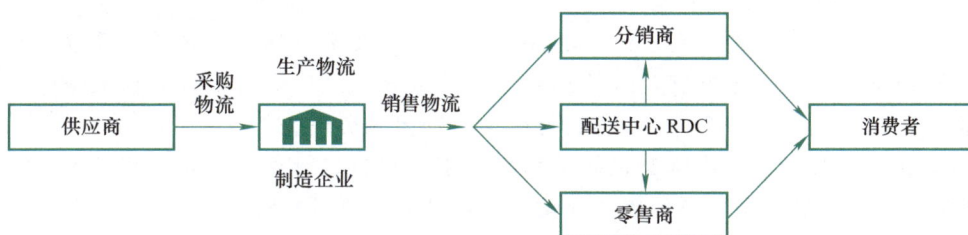

图1-15　以制造企业为主导的供应链管理

2. 以零售企业（连锁超市）为主导的供应链管理

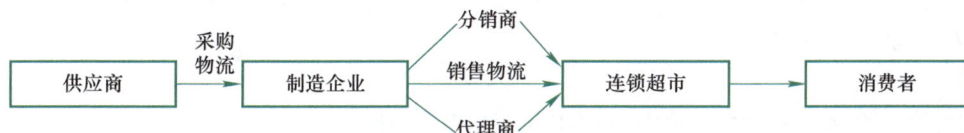

图1-16　以零售企业（连锁超市）为主导的供应链管理

3. 以第三方物流企业（3PL）为主导的供应链管理

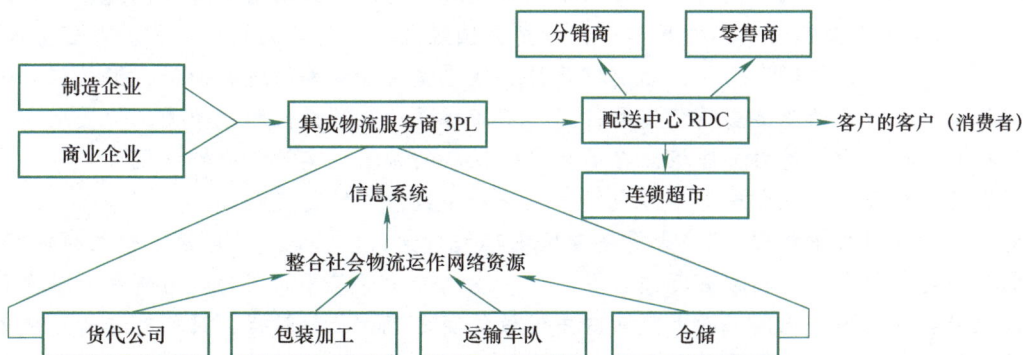

图1-17　以第三方物流企业（3PL）为主导的供应链管理

拓展阅读

数字化供应链需要新技能人才

随着数字化时代的到来，数字化供应链的发展日益迅猛。这一趋势不仅带来了业务模式的创新，也催生了对新岗位和技能人才的需求。在这个背景下，探讨数字化供应链所需的新岗位和技能人才具有重要的现实意义。

（1）数据分析师。大数据和数据分析技术在供应链管理中的应用越来越广泛，数据分析师能够收集、整理和分析大量的数据，为决策提供准确的依据。他们需要具备统计学、数据挖掘和数据可视化等技能，能够从海量数据中提取有价值的信息。

（2）供应链技术专家。数字化供应链离不开先进的信息技术支持，如物联网、人工智能、区块链等。供应链技术专家能够熟悉并应用这些新技术，推动供应链的数字化转型，提高供应链的效率和透明度。

（3）跨领域知识的复合型人才。数字化供应链涉及多个环节和部门，需要人才具备跨领域的知识和技能，能够有效地协调和整合各方资源。他们需要了解供应链管理、信息技术、商业智能等多个领域，具备良好的沟通和团队协作能力。

（4）创新型人才。在快速变化的市场环境下，创新能力成为企业取得竞争优势的关键。创新型人才能够提出新颖的解决方案，推动供应链的创新发展，提升企业的竞争力。

为了满足数字化供应链对新岗位和技能人才的需求，企业和教育机构应加强合作。企业可以通过内部培训和外部招聘，提升员工的技能水平，吸引具备相关技能的人才。教育机构应及时调整课程设置，培养符合市场需求的供应链专业人才。

综上所述，数字化供应链的发展需要新的岗位和技能人才。这些人才将为企业带来创新的思维和技术，提升供应链的效率和竞争力。企业和社会应共同努力，培养和吸引更多的数字化供应链人才，推动行业的可持续发展。

知识链接　立志做供应链管理师恰逢其时

在新时代，提升供应链管理水平具有重要的意义。党的二十大报告指出："加快建设现代化经济体系，着力提高全要素生产率，着力提升产业链供应链韧性和安全水平"。这充分凸显了供应链管理在国家经济发展中的关键地位。习近平总书记在 2020 年 11 月 1 日第 21 期《求是》杂志发表的重要文章《国家中长期经济社会发展战略若干重大问题》中强调，"产业链、供应链在关键时刻不能掉链子，这是大国经济必须具备的重要特征。"自主可控、安全可靠的产业体系是新型工业化的前提条件和战略支撑。统筹推进补短板、锻长板、强基础，实施制造业重点产业链高质量发展行动，不断增强产业链韧性和竞争力，把发展主导权牢牢掌握在自己手中。着力补短板，在关系安全发展的领域，实施"一链一策"，强化产业链上下游协同攻关，化点成珠、串珠成链，确保产业链供应链稳定畅通。

党的二十大报告中指出："广大青年要坚定不移听党话、跟党走，怀抱梦想又脚踏实地，敢想敢为又善作善成，立志做有理想、敢担当、能吃苦、肯奋斗的新时代好青年，让青春在全面建设社会主义现代化国家的火热实践中绽放绚丽之花。"新时代，鼓励有志青年成为供应链管理师报效祖国，恰逢其时。我们应该深入学习党的二十大精神，积极推动供应链管理的创新与发展，为实现中国经济的高质量发展和国家的繁荣富强做出自己的贡献。

知识测试

一、判断题

1. 企业作为一种由不同的人组织起来的社会组织，和其他任何组织形式不同，它以营利为主要存在目标。（　　）

2. 最常见的市场集中度衡量标准是赫芬达尔 - 赫希曼指数（Herfindahl-Hirschman Index，HHI），即企业市场份额平方之和。（　　）

3. 新时代的企业之间的竞争已经由以前的"单打比赛"（指和其他对手竞争）转化成"团体比赛"，实质上是供应链与供应链之间的竞争。（　　）

4. 2017 年 10 月 13 日，我国国务院办公厅印发《关于积极推进供应链创新与应用的指导意见》，首次对供应链创新发展做出了全面部署，指出"供应链"是以客户需求为导向，以提高质量和效率为目标，以整合资源为手段，实现产品设计、采购、生产、销售、服务等全过程高效协同的组织形态。（　　）

5. 根据供应链的功能模式（物理功能和市场调节功能）可以把供应链划分为有效性供应链和反应性供应链。（　　）

6. 供应链结构直接影响供应链总响应时间，在其他条件相同时，水平层次少，垂直规模小的供应链结构类型对供应链总响应时间的影响最小，而水平层次多，垂直规模大的供应链结构类型对供应链总响应时间的影响最大，另外两种类型居中。（　　）

7. 供应链管理的发展源于两个动力：现代科学技术和现代管理理论。供应链的发展是它们相互作用的共同产物。（　　）

8. 我国著名的马士华教授认为供应链管理主要涉及供应、生产计划、物流和需求四个领域。（　　）

9. 供应链管理和任何其他的管理思想一样，都是要使企业在激烈的市场竞争中保持优势，在"TQCSF"等方面有上佳表现，其中 S 是指应变能力与灵活性。（　　）

10. 供应链管理是通过合作机制、决策机制、激励机制和自律机制等来实现满足客户需求、使客户满意以及留住客户等功能目标，并进而实现供应链管理的最终目标。（　　）

二、单选题

1. 根据供应链容量与用户需求的关系可以划分为（　　）。
   - A. 稳定的供应链与动态的供应链
   - B. 平衡的和倾斜的供应链
   - C. 有效性供应链和反应型供应链
   - D. 推动式供应链和拉动式供应链

2. 汽车全球价值链企业之间的合作模式有三种：以（　　）为特征的日本模式、以（　　）为特征的美国模式和以（　　）为特征的欧洲模式。
   - A. 契约关系、市场竞争、转包合作
   - B. 市场竞争、转包合作、契约关系
   - C. 转包合作、市场竞争、契约关系
   - D. 转包合作、契约关系、市场竞争

3. 根据水平层次和垂直规模的不同，可将供应链的结构分为四种基本类型：①水平层次少，垂直规模大；②水平层次多，垂直规模大；③水平层次少，垂直规模小；④水平层次多，垂直规模小。供应链结构直接影响供应链总响应时间，在其他条件相同时，对供应链总响应时间的影响最小的结构是（　　　）。

  A. 类型①　　　　B. 类型②　　　　C. 类型③　　　　D. 类型④

4. 以下对推动式供应链的描述正确的是（　　　）。

  A. 主要体现供应链的物理功能，即以最低的成本将原材料转化成零部件、半成品、产品并交付给最终消费者

  B. 注重对终端消费需求的满足，采取按订单生产模式，以销定产，把下游的实际需求沿供应链向上游传递，拉动供应链各级成员的管理工作

  C. 主要体现供应链的市场调节功能，即把产品配送到满足用户需求的市场，对未预知的需求做出快速反应

  D. 主要体现在供应链成员采取按库存生产模式，以产定销，从上游到下游推销产品

5. 供应链管理的运行机制包括（　　　）。

  A. 自律、激励、决策、合作　　　　B. 激励、合作、协调、风险

  C. 协调、共赢、自律、风险　　　　D. 风险、共赢、决策、自律

6. TQCSF 中的"Q"代表（　　　）。

  A. 重视产品生产速度　　　　B. 重视产品全程质量

  C. 为客户提供全方位的服务　　　　D. 降低成本

7. 供应链管理的核心理念不包括（　　　）。

  A. 以客户为中心　　　　B. 系统集成思想

  C. 多源供应　　　　D. "双赢"合作竞争理念

三、名词解释（写出中英文全称及含义）

1. SCP
2. SCM
3. TQCSF

四、简答题

1. 简要分析汽车行业的供应链结构简图、特征及发展趋势。
2. 简要分析服装行业的供应链结构简图、特征及发展趋势。
3. 什么是供应链？什么是供应链管理？
4. 供应链管理的目标与核心理念是什么？
5. 供应链管理的运行机制是什么？

实训任务　揭秘华为、苹果手机高绩效的供应链管理

任务要求

请结合案例进行比较分析，回答以下问题：

（1）国内外智能手机行业发展情况、核心技术及代表性企业有哪些？

（2）华为的发展历程、成功原因有哪些？

（3）华为供应链模式的特点是什么？如何打造领先的数字化供应链体系？

（4）苹果公司的发展历程、成功的原因有哪些？

（5）苹果为什么要精简供应链，其是如何践行供应链的极简主义的？

（6）苹果公司为什么要构建全球化供应链生态系统？

（7）请分别绘制华为、苹果手机供应链结构简图，比较分析供应链的异同点。

（8）比较借鉴华为、苹果公司供应链管理实践经验，对于国内智能手机供应链的发展，谈谈你的建议。

建议

分小组完成任务，并制作 PPT 汇报。

案例一：揭秘华为领先的数字化供应链体系

面对全球数字化挑战，企业应当积极进行数字化转型，提升供应链管理和运营水平，从而在激烈的市场竞争中脱颖而出。华为，作为一家深圳本土全球领先的高科技企业，不仅以其卓越的技术和产品赢得了全球用户的认可，而且华为供应链数字化转型的效果是显著的，在如何打造领先的数字化供应链体系为其他企业树立了标杆。

一、华为供应链管理的主要特点

华为的供应链管理模式非常先进，能有效地满足客户需求、降低成本并保持市场竞争优势。其主要特点如下：

1. 全球化布局与高效协同

华为在供应链管理方面积极推行全球化布局，在全球范围内设立了多个研发中心、生产基地和销售中心，组成全球网络。这使华为能够从不同地区采购材料和组件，优化生产能力，并高效地将产品交付给全球客户。这种全球化布局不仅拓宽了华为的市场空间，还提升了其在全球市场的影响力。此外，华为还通过与各地政府、企业建立合作关系，实现资源共享和互利共赢。华为强调在信任和互利的基础上，与供应链利益相关者发展长期关系。这种协作方法有助于在整个供应链中实现更好的协调、更快的响应时间和创新。

2. 精细化管理的优质资源整合

华为在供应链管理方面注重精细的成本控制和资源优化。首先，华为实施了全面预算管理，将成本控制在预定范围内。其次，华为通过优化库存管理，降低库存成本，避免过多资金被占用。此外，华为还与全球范围内的优秀供应商建立了长期稳定的合作关系，通过批量采购和长期合同，获取了具有竞争力的价格优势。

3. 高度的柔性与快速响应能力

华为的供应链模式具有高度的柔性和快速响应市场变化的能力。华为采用了模块化设计，使得产品可根据市场需求进行快速调整。此外，华为的供应链管理系统与研发、生产等部门紧密衔接，确保从订单到发货的全过程高效进行。这种快速响应能力使得华为能够迅速满足客户需求，从而提高客户满意度。

4. 需求驱动的精简主义

华为的供应链是需求驱动的，这意味着它专注于及时满足客户的需求。华为使用先进的预测和规划技术来预测市场需求并相应地调整生产。这有助于缩短供应链条，降低库存成本并提高客户满意度。华为的供应链策略非常精简，注重核心业务的把控和协同。在全球范围内建立了多个供应中心和物流中心，以确保产品能够快速、准确地送达客户手中。

5. 持续创新与卓越品质

华为始终坚持创新精神，致力于提供高质量的产品和服务。华为在其供应链运营中广泛利用技术，使用先进的分析、自动化和数字平台来监控和管理库存、跟踪发货、优化物流路线，提高供应链的自动化和智能化水平，并提高整体运营效率。此外，华为还建立了严格的质量管理体系，确保产品从原材料采购到售后服务全过程都符合客户要求。正是这种对创新的执着和对质量的严谨，使得华为在竞争激烈的市场中始终保持领先地位。

二、华为的供应链数字化转型经验

在当今快节奏、竞争激烈的商业环境中，数字化转型已成为企业保持相关性和蓬勃发展的必要条件。2015 年，华为启动了名为"集成供应链 +"的数字化转型项目（ISC+）。这个项目的目标是通过数字化和主动的供应链，改善客户体验并创造价值。为了实现这一目标，华为建立了一个智能的双层供应链业务系统，以服务为导向的流程和基于场景的算法模型。具体而言，华为的数字化供应链转型主要体现在以下几个方面：

1. 以客户为中心

华为的数字化转型超越了内部流程，涵盖了以客户为中心的方法。华为实施了客户关系管理（CRM）系统，实现了个性化互动、高效的订单处理和有效的售后支持。通过这些系统，华为可以更好地了解客户的偏好，预测他们的需求，并提供量身定制的解决方案。此外，华为利用数字渠道和电子商务平台与客户直接接触。这不仅可以更快地下单，还可以对客户行为和市场趋势提供有价值的见解。通过利用这些数据，华为可以不断完善其产品，提升整体客户体验。

2. 流程优化与全流程数字化

华为数字化转型的一个重要方面是实现流程优化。华为通过引入自动化流程和智能化的数据处理系统，实现了从串行传递信息到并行处理信息的转变。例如，华为通过引入订单履约中心（OFC）概念，实现了订单处理、生产计划和物流配送的一体化管理。华为的数字化转型之旅始于其供应链全流程的数字化。华为采用了人工智能、大数据分析和物联网等尖端技术，以自动化和简化各种任务。例如，人工智能驱动的需求预测算法帮助华为准确预测市场需求，实现更好的库存管理，减少缺货或过剩库存。

3. 智能物流与供应链运营

华为利用数据分析和机器学习算法来优化物流路线，最大限度地降低运输成本，并提高交付准确性。通过引入自动化系统，实现大量手动操作到自动化系统操作的转变，提高了工作效率和准确性。华为还大力投资智能仓储和物流解决方案，以优化其供应链运营。

4. 数据驱动决策

华为在数字化转型中，注重数据分析和数据驱动决策的应用。例如，华为建立了统一的数据库和数据模型，收集和分析供应链过程中的各种数据，包括订单数据、物流数据、生产数据等。通过数据分析，华为可以更好地了解客户需求和市场趋势，从而做出更准确的决策。此外，华为还通过数据可视化工具和数据分析工具，帮助管理层更好地了解供应链情况，制定更有效的策略和决策。

5. 加强全球的协作平台优化

华为的供应商协作平台连接全球供应商和合作伙伴。通过这个平台，供应商可以访问实时需求信息，提交报价，并在产品开发方面进行协作。这种精简的方法不仅改善了供应商关系，而且加快了新产品的上市时间。

可以预见，在未来的发展中，华为将利用数字化技术在全球供应链管理中创造更多的商业价值。

案例二：揭秘苹果公司极简、高效创新的供应链管理模式

近年来，苹果公司取得的成就举世瞩目，2023 胡润世界 500 强出炉：苹果公司以 19 万亿元价值蝉联第一。在 IT 产业的微利环境下，苹果公司能够独占鳌头，除了创新的产品设计之外，隐藏在幕后而未被人们广泛认知的是能够通过供应链管理实现优秀的软硬件集成，为消费者提供超乎想象的体验。作为一个供应链领域的后来者，苹果在短短几年内发展出了令竞争对手羡慕不已的全球化供应链。

揭秘苹果公司极简、高效创新的供应链管理模式特点如下：

一、奉行供应链的极简主义

简洁性是供应链设计的一个重要原则，尤其是对于苹果公司这样的产品形象高端、专注于产品差异化竞争优势的企业，供应链的灵活快速响应十分重要。为了实现供应链的极简化，苹果公司采取了两个措施。

1. 简化产品线

简化产品线有很多好处，产品线越简单，从供应链管理的角度来看，制造就越容易；供应链越简洁，管理就越容易做好。产品简化之后，计划、执行、采购、物流等环节的管理也会随之简化。苹果公司产品型号非常单一，能让苹果公司在供应链上获得其他厂商难以获得的规模优势，得益于庞大的采购量，苹果公司在零部件成本、制造费用以及空运费用方，议价权高，可获得巨大的折扣，从而获得了较高的利润率。

2. 简化公司业务

苹果公司将全部精力投入整个产品链的设计和品牌两个关键环节，从世界各地网罗零部件厂商和组装厂商进行生产。这一举措不仅给苹果公司带来巨大利润，而且强化了苹果公司的竞争优势，使强者更强。

二、构建全球供应链生态系统

苹果公司将制造等非核心业务外包后，初步建立起了一个全球化的供应链，致力将供应链升级为一个竞争对手难以模仿的"生态系统"。这可以说是苹果公司供应链管理的一个核心智慧。现在，苹果公司的供应链已经演化成一个由芯片、操作系统、软件商店、零部件供应厂商、组装厂、零售体系、App 开发者组成的高度成熟和精密的强大生态系统。在这个相对封闭的生态系统中，苹果公司几乎可以控制供应链从设计到零售的方方面面。

苹果公司的供应商遍布全球。即使在单一地区因缺乏某种关键组件而在全球造成整个系统中断的情况下，苹果公司分布式电子制造的模式也能使其免受冲击。苹果公司也不是完

全放弃本地制造。对于一些高端的定制产品，苹果公司使用位于爱尔兰的自有组装厂自己组装。事实证明，在满足非常个性化的高端需求方面，完全由自己掌控的制造单元能够保证产品完美的质量。在苹果公司的新产品研发中，大部分工作是供应商完成的。苹果公司自身的研发费用在整个 IT 业来看并不靠前。苹果的相对研发投入比例远不及三星，绝对研发投入金额更比不上微软。苹果公司甚至与供应商一起研发制造设备。由于 MacBook 机身使用了 unibody 一次成型工艺，需要用一块完整的铝片制成，因此在生产这种新产品时，苹果公司的设计师与供应商共同开发了一种专用的新设备。这种专注于产品线并对设备进行定制的能力，成为苹果的一大优势。

三、掌控专用性资源和全流程高效管控

1. 严格掌控专用性资源

专用性资源是指只有当该项资源和某个特殊的用途结合在一起的时候，这种资源才是有价值的，否则它的价值基本上体现不出来；或者即使有价值，与为了获得这项资源所进行的投入相比，资源的所有者也是受损失的。资源的专用性越强，其所有者在和别人进行谈判时的"筹码"也就越少。在这种情况下，苹果公司就能抓住主动权。IT 产业变化迅速，同时产品制造复杂精密，产业供应链中存在许多关键节点，这就产生了一种将供应链变成战略行动的可能：占据专用性资源，牢牢抓住供应商，并打击竞争对手。这就是苹果公司大手笔的供应链战略投资的动力所在。

2. 全流程高效管控

苹果公司的全球化供应链是一个层次分明的结构。苹果公司作为整个供应链的"链主"，主导着整个供应链的价值分配和运行协调。在保证供应链成员企业之间合作关系的基础上，苹果公司还有一整套管理和控制措施，以对整个供应链的运行质量和标准进行管理，帮助各个环节优化、创造价值。

从挑选代工制造商开始，苹果公司就秉持了极其审慎的态度和超高的标准。一旦选择了供应商，苹果公司对代工厂的控制力就开始体现出来。从厂房的规划建设到如何培训工人，再到生产监控所需的计算机系统和软件、原材料，代工厂都会得到苹果公司的建议，而且这种建议是带有强制性的。有时，苹果公司甚至会指定原材料的供应商和尾端外包的代工厂。由于苹果公司的研发是和供应商共同完成的，出于营销和保密的需要，代工厂所有人员都会被要求签署保密协议。从产品图纸到人员管控流程，尤其是产品外观这个苹果公司的最大秘密，都不能有丝毫泄露。

在供应环节，苹果公司做到了细节上的无缝把控。苹果公司在管理供应商的过程中遵循一个原则，即必须完全控制手机生产的每道环节，要了解每一个元器件的来源、研发、生产、测试等过程。例如为使苹果公司和供应商能获得准确的信息流，苹果公司建设了与富士康等零部件供应商共享的关于生产计划和进程的数据库。

总之，供应链全流程的数字化和信息的集成，打破了传统供应链的线性和多层结构，形成了一种端对端的、共享的、动态的伙伴关系网络，极大地加速了苹果公司和供应商之间的沟通，使得苹果公司的供应链具备更大的伸缩性和敏捷性。

Project 2

项目二
供应链合作关系协调

能力目标

○ 能够分析供应链中牛鞭效应的成因与解决对策。

○ 能够模拟啤酒游戏，提升团队沟通与应变能力。

○ 能够运用CPFR和管理工具改善供应链的合作关系。

○ 能够分析供应链合作的典范："宝洁－沃尔玛"模式。

项目思维导图

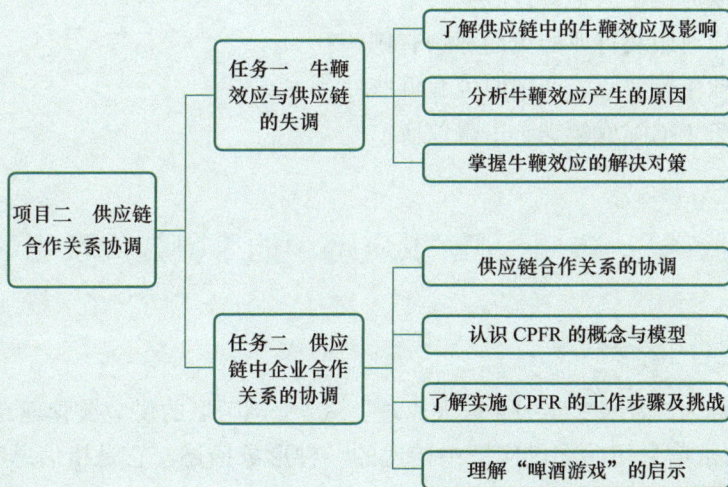

```
                                    ┌─ 了解供应链中的牛鞭效应及影响
                    ┌─ 任务一 牛鞭 ─┤
                    │   效应与供应链  ├─ 分析牛鞭效应产生的原因
                    │     的失调     │
                    │               └─ 掌握牛鞭效应的解决对策
  项目二 供应链 ────┤
  合作关系协调       │               ┌─ 供应链合作关系的协调
                    │               │
                    └─ 任务二 供应 ─┤─ 认识CPFR的概念与模型
                        链中企业合作  │
                        关系的协调    ├─ 了解实施CPFR的工作步骤及挑战
                                    │
                                    └─ 理解"啤酒游戏"的启示
```

牛鞭效应与供应链的失调

任务一　牛鞭效应与供应链的失调

情景导入

一、经典小游戏：传声筒

任选至少 7 名同学，第一人将老师所出题目上的内容演绎给队友，只能通过音效和动作表达，依次传递给下一位队友，直至最后一名同学。老师提问：请问第二名同学看到的是什么内容？第三名同学看到的是什么？……直至最后一名同学。最后，请第一名同学向全班同学展示题目上的真实内容。

问题：将第二名至最后一名同学看到的信息，分别与第一名同学看到的真实信息进行对比，反映了什么现象？你认为这是什么原理？

二、牛鞭效应对服装行业供应链的影响

服装行业具有流行性、时尚性的显著特点，其供应链具有独特的管理难题。牛鞭效应导致了服装行业供应链中需求信息的失真，其负面效应在于：①供应链中各节点会积压许多不必要的库存，这样会大量占用企业的资金，形成高额的库存成本，给企业的生产经营活动带来压力。②制造商通常依赖分销商的销售订单进行产品预测、设计生产能力、控制库存及安排生产时间，然而动荡起伏的需求变化致使制造商难以科学决策。③供应中发生延迟交货和缺货的可能性增加，经常会发生产品短缺和过剩交替或产品过时的现象，导致客户服务的水平降低。

导入问题

1. 什么是供应链中的牛鞭效应？
2. 牛鞭效应对服装行业的负面影响有哪些？
3. 服装行业牛鞭效应的产生原因有哪些？
4. 如何解决（消除或减少）牛鞭效应？

🪐 第一步 | 了解供应链中的牛鞭效应及影响

一、牛鞭效应的概念

牛鞭效应又称为"需求变异加速放大原理"，是美国著名的供应链管理专家李效良（Hau L.Lee）教授对需求信息扭曲在供应链中传递的一种形象描述。它是指信息流从最终客户端向原始供应商端传递时，无法有效地实现信息的共享，使得信息扭曲逐级放大，导致需求信息出现越来越大的波动。这种信息扭曲的放大作用在图形显示上很像一根甩起的赶牛鞭，因此被形象地称为牛鞭效应。最下游的客户端相当于鞭子的根部，而最上游的供应商端相当于鞭子的梢部，根部只要轻微地抖动一下，末梢就会出现很大的波动。

通常，消费者对某产品的实际需求与预测的需求之间存在一定的偏差，这样的偏差信息通过订货商向上游批发商、制造商传递。由于订货提前期和供应链结构问题，实际需求量与订货量之间的偏差随着向上游传递越来越大。

从长期来看，美国几个行业都出现了类似现象，即"繁荣和萧条"周期。此处以美国芯片的生产为例进行分析。1985—1998 年，至少有两个阶段的芯片价格波动较大，超过了平均价格的 3 倍，这种剧烈的价格波动是由生产能力的大量短缺或过剩引起的，而产能的短缺，会因抢购和超额订货而强化，随之而来的是需求的突然下滑，产能过剩。这其中的根本原因就是牛鞭效应。牛鞭效应反映出供应链上需求的不同步现象，它揭示了供应链库存管理中的一个普遍现象："眼见并不为实。"牛鞭效应扭曲了供应链内部的需求信息，不同阶段对需求状况有着截然不同的估计，其结果导致了供应链管理失调。因此，牛鞭效应是供应链管理失调的一个重要原因。

二、牛鞭效应对供应链管理带来的不利影响

牛鞭效应对供应链管理是不利的，它造成批发商、零售商的订单和生产商产量峰值远远高于实际客户需求量，进而造成产品积压，占用资金，使得整个供应链运作效率低下。供应链内的企业越多，这种效应越明显，整个供应链的管理会变得十分复杂困难。其中，比较典型的影响有以下几个方面：

1. 增加了生产成本

企业为了满足由于牛鞭效应产生的具有变动性的订单流，要么扩大生产能力，要么增加库存量。但这两种做法都会加大企业的生产运营成本。同时由于无法及时处理积压订单，增加了生产计划的不确定性，导致过多地修订计划，增加了采取补救措施的费用、加班费用和运输费用等，使单位产品的生产成本进一步加大。

2. 增加了库存成本

为了应对增大了的需求变动性，公司不得不保有比牛鞭效应不存在时还要高的库存水平。同时，高水平的库存还增加了必备的仓储空间，从而导致了库存成本的增加。有关研究表明，在整个供应链中，从产品离开制造商的生产线至其到达零售商的货架上，产品的平均库存时间超过 100 天。被扭曲的需求信息使供应链中的每个个体都相应地增加了库存。

3. 延长了供应链的补给供货期

由于牛鞭效应增加了需求的变动性，与一般需求相比，企业的生产计划更加难以安排，往往会出现当前生产能力和库存不能满足订单需求的情况，从而导致供应链内企业的补给供货期延长。

4. 提高了供应链的劳动力成本

企业在不同时期的运输需求与订单的完成密切相关。由于牛鞭效应的存在，运输需求

将会随着时间的变化而剧烈波动。因此，需要保持剩余的劳动力来满足高峰时期的运输需求，从而增加了劳动力总成本。

企业送货的劳动力需求将随着订单的波动而波动，分销商和零售商进货的劳动力需求也存在类似的波动，为了应对这种订单的波动，供应链在不同阶段有不同的选择，或者保有剩余劳动力，或者实行变动劳动力，但是无论做出哪种选择，都会增加劳动力总成本。

5. 降低了供应链内产品的供给水平，导致货源不足的频率加大

订单的大幅度波动使得公司无法及时向所有的分销商和零售商供货，从而导致零售商出现货源不足的频率加大，供应链销售额减少。

6. 供应链上企业间互不信任，给运营带来负面影响

牛鞭效应给供应链每个节点企业的运营都带来负面影响，从而损害了供应链不同节点企业之间的关系，供应链内的每个节点企业都认为自己做得尽善尽美，而将这一责任归咎于其他节点企业。于是，牛鞭效应就导致供应链不同节点企业之间互不信任，从而使潜在的协调努力变得更加困难。

总之，供应链中的上下游企业为避免牛鞭效应，通常会备有过量的库存或扩大生产能力，既大量占用流动资金，降低设备利用率，又容易造成库存物品损耗和失效。牛鞭效应对于供应链管理的绩效会产生严重的负面影响，其直接后果就是库存积压，成本增加；需求波动的增大迫使企业频繁调整生产计划，在其相应的机制不健全的情况下，极大地增加了运作成本，而且不能及时满足客户需求，致使服务水平降低。

🪐 第二步 │ 分析牛鞭效应产生的原因

国外对牛鞭效应研究最深入的学者是美国著名供应链管理专家李效良。李效良教授及其同事指出，牛鞭效应的产生原因有四个：需求信号的加工过程、限量供应、批量订货方式和价格波动，并且分别建立不同的模型来证明其观点。

国内对于牛鞭效应产生原因的研究可以总结为以下几点：

1. 供应链存在的不确定性

不确定性是引起供应链中牛鞭效应的主要原因之一，也是引起供应链管理复杂性的主要原因之一。供应链管理中不确定性的来源主要有三个：需求的不确定性、制造的不确定性和供应的不确定性。供应的不确定性主要是以提前期的不确定来体现的。目前大多数已有的供应链模型都是基于确定性提前期进行分析的，这样的假设在一些情况下是适用的。但是，对于许多产品（特别是创新型产品），提前期与供应商的生产能力密切相关，因此供应的不确定性会导致提前期的不确定性。另外，地理位置、运送方式等也会影响提前期。因此在研究中，考虑提前期不确定的情况会得到更普遍的结论。在不确定性的三个来源中，最难控制的是需求的不确定性。采用适当的预测模型可以在一定程度上降低需求不确定的影响，但效果不是很明显（特别是对于创新型产品的需求，可预测性很差）。因此，设计合适的运作方式是降低需求的不确定风险与平衡供应能力的关键。

2. 对于需求预测的主观性

在供应链中，上游管理者总是将来自下游的需求信息作为自己需求预测的依据，并据此安排生产计划或供应计划。预测是导致产生牛鞭效应的重要原因之一。举例来说，作为一位决定订货数量的管理者，可使用一种简单的方法来进行需求预测，如用指数平滑法，当每日的新数据出现时，未来需求将呈现连续变化，送达供应者的订单既反映了满足需求的库存数量，也反映了必要的库存安全量。

3. 批量订货的影响

企业通常采用批量订货法，既能减少订货次数与订货成本，又可获得批量运输的费用折扣。然而，若下游企业孤立开展库存管理决策和批量订货，上游企业实际面对的是间歇型的批量订货，时而一个大订单，时而订货为零，属于扭曲和振荡波动的批量型需求，而不是实际的最终需求。

4. 价格波动的影响

若商品供应价格存在周期性波动，当价格较低时，零售商将大量购进和囤积商品，同时减少价格较高时段的采购，造成订货数量的周期性振荡。此外，若零售企业开展阶段性和季节性促销活动，或采用批量订货折扣定价法，通常也会导致需求的剧烈振荡。这对整个供应链而言，增大了系统的不确定性。

5. 短期博弈的影响

当零售商预期某种商品将出现供不应求和价格上涨时，会主动增加订货量。一旦商品短缺或供不应求的市场状况消失，零售商就会退回到正常订货数量状态。这种基于经济波动预期的企业行为，将导致供应链上各级企业供需关系的扭曲和波动。

6. 提前期的影响

提前期的可靠性与长度直接影响信息的扭曲程度，提前期过长也是产生牛鞭效应的原因之一。

7. 供应链结构的影响

对于整个供应链来说，供应链越长，供应商离消费者越远，对需求的预测越不准确，同时需求信息的扭曲程度越大，牛鞭效应也越明显。

在以上产生牛鞭效应的七个主要原因中，既有客观原因，也有决策者的主观原因。此外，还可能存在着其他一些未被人们发现的潜在因素，所有这些都造成了牛鞭效应。

🪐 第三步 ｜ 掌握牛鞭效应的解决对策

牛鞭效应给供应链的运营带来很多负面影响。因此，必须对这种现象加以妥善解决，以确使供应链能够高效低耗地运行。消除牛鞭效应可以从如下几个方面着手：

1. 加强合作，实现信息共享

这是减少供应链牛鞭效应最有效的措施之一。供应链成员之间通过供应链信息共享平台来实时交流和共享信息，减少信息的不对称性。通过集中需求信息，可以减少整个供应链的不确定性，减少信息扭曲，以及需求被人为放大的影响，这样也能使企业更准确地了解这一环节的实际需求，从而可以减少牛鞭效应的影响。例如，供应链企业之间采用供应链管理（Supply Chain Management，SCM）系统，通过联合预测、协同计划，进行预测与补货；利用供应商管理库存（Vendor Managed Inventory，VMI）、联合管理库存、电子订货系统（Electronic Ordering System，EOS）和准时生产方式，实时地获得下游节点企业真实的需求信息，及时准确地进行订货，并通过与下游客户的真实沟通，消除预测不准造成的牛鞭效应。

2. 提高预测精度

为了提高预测的精确度，需要考虑如历史资料、定价、季节、促销和新产品等多种因素。这些数据有些掌握在零售商和分销商手中，供应链上各节点企业必须互相合作，使得供应链上游企业及时获得这些数据和了解客户对未来的需求。目前，许多供应链正在采取合作预测的策略，即供应链上下游成员间分享预测数据并使用同样的预测工具，提高预测准确性。

3. 打破批量订购，拉动供应链循环

由于独立需求和相关需求是现实中客观存在的问题，直接面对客户的下游企业自然会按照批量大小，或定时，或定量进行采购。例如，目前绝大多数企业采用第三方物流策略，将物流业务外包，实现小批量订货，无须再向一个供应商一次性大批量订货。

4. 缩短订货提前期

一般来说，订货提前期越短，订货量越准确。前面我们已经知道延长提前期对供应链各阶段的需求变动性具有显著的影响。沃尔玛的实践表明，采用信息技术支持（商品条码技术、物流条码技术、电子订货系统、POS数据读取技术、预先发货清单技术、电子支付系统、连续补充库存方式）的快速响应（Quick Response，QR）系统，将会使预测误差大幅度减少。如果提前26周进货，需求预测的误差为40%；提前16周进货，则需求预测的误差为20%，而在销售时节开始时进货，则需求预测的误差仅为10%。因此，缩短提前期能够显著地减小牛鞭效应。

5. 采用业务外包，建立合作伙伴关系

外包服务也可以抑制牛鞭效应，例如，采用第三方物流策略既可以缩短提前期和实现小批量订货，无须再向一个供应商一次性大批订货，又减少了运输风险。通过实施供应链战略伙伴关系可以消除牛鞭效应。供需双方在战略联盟中相互信任，公开业务数据，共享信息和业务集成。这样，双方可以了解对方的供需情况和能力，避免了短缺情况下的博弈行为，从而降低了产生牛鞭效应的机会。

6. 利用新一代信息技术，优化流程实现业务集成

信息技术是可以消除牛鞭效应的，如在企业内部采用企业资源计划（Enterprise Resource Planning，ERP）系统和高级计划与调度（Advanced Planning and Scheduling，APS）系统，在企业间采用供应链管理系统，运用互联网/电子数据交换（Electronic Data Interchange，

EDI）技术，开展电子商务，对各信息系统进行集成，实现企业间的业务数据集成和信息共享，应用供应链协同技术整合供应链上下游企业间业务流程，共同协作开展业务，都能有效地消除牛鞭效应。供应链成员间实现业务紧密集成，形成顺畅的业务流，这既能减少下游的需求变动，又能掌握上游的供货能力、安心享受供给保障，不再虚增需求。

任务二　供应链中企业合作关系的协调

供应链中企业合作关系的协调

情景导入

供应链合作的典范——"宝洁－沃尔玛"模式

如果说，是两家公司使得"供应链协同"这个词家喻户晓，那这两家公司就是沃尔玛和宝洁。宝洁是全球最大的日用品制造企业，沃尔玛是全球最大的商业零售企业。它们之间的合作并非一帆风顺。曾几何时，有着"自我扩张欲的家伙"之称的宝洁与沃尔玛经历过长时间的"冷战"。宝洁总是企图控制沃尔玛对其产品的销售价格和销售条件，而沃尔玛也不甘示弱、针锋相对，威胁要终止宝洁产品的销售，或把最差的货架留给它。当然，双方很快认识到深度合作的好处。1987年，为了寻求更好的手段以保证沃尔玛分店里"帮宝适"婴儿纸尿裤的销售，宝洁负责客户服务的副总裁拉夫·德雷尔（Ralph Drayer）和沃尔玛的创始人山姆·沃尔顿（Sam Walton）终于坐到了一起。那个时刻，被认为是协同商业流程革命的开始。

"宝洁-沃尔玛模式"的形成其实并不复杂。最开始时，宝洁给沃尔玛开发并安装了一套"持续补货系统"，具体形式是：双方企业通过EDI和卫星通信实现联网，借助这种信息系统，宝洁公司除了能迅速知晓沃尔玛物流中心内的纸尿裤库存情况外，还能及时了解纸尿裤在沃尔玛店铺的销售量、库存量、价格等数据，这样不仅能使宝洁公司及时制订出符合市场需求的生产和研发计划，同时也能对沃尔玛的库存进行单品管理，做到连续补货，防止出现商品结构性机会成本（即滞销商品库存过多，与此同时畅销商品断货）。

而沃尔玛则从原来繁重的物流作业中解放出来，专心经营销售活动，同时在通过EDI从宝洁公司获得信息的基础上，及时决策商品的货架和进货数量，并由MMI（制造商管理库存）系统实行自动进货。沃尔玛将物流中心或者仓库的管理权交给宝洁公司代为实施，这样不仅沃尔玛不用从事具体的物流活动，而且由于双方企业之间不用就每笔交易的条件（如配送、价格问题）等进行谈判，大大缩短了商品从订货经过进货、保管、分拣到补货销售的整个业务流程的时间。

在持续补货的基础上，宝洁又和沃尔玛合力启动了协同计划、预测与补货（Collaborative Planning, Forecasting and Replenishment, CPFR）。这是一个有九个步骤的流程，它从双方共同的商业计划开始，到市场推广、销售预测、订单预测，再到最后对市场活动的评估总结，构成了一个可持续提高的循环。流程实施的结果是双方的经营成本和库存水平都大大降低，沃尔玛分店中的宝洁产品利润增长了 48%，存货接近于零。而宝洁在沃尔玛的销售收入和利润也大幅增长了 50% 以上。

dududidu

导入问题

1. 供应链合作关系有何重要性？
2. 为什么要实现"供应链协同"？
3. 什么是 CPFR ？
4. "宝洁 - 沃尔玛模式"有何启示？

🪐 第一步 ｜ 供应链合作关系的协调

供应链合作关系的协调具有重要意义，管理者可以采取行动以帮助克服供应链失调，从而达到供应链合作关系的协调。下面的管理行为可以增加供应链总利润并减弱信息扭曲。

一、使激励和目标一致

管理者可以通过使激励和目标一致来改进供应链的合作关系，供应链活动中的每个参与者通过共同努力可以使供应链总利润最大化。

1. 协调供应链的目标

协调供应链合作关系要求供应链的每个环节都关注供应链的总利润或者整个"蛋糕"，而不是各自"蛋糕"的大小。若非如此，供应链的所有环节都将丧失赚取更多利润的机会。当每个环节仅关注自己的利润最大化时，供应链总利润将减少。供应链中的强势环节必须认识到，协调供应链合作关系的关键是找出能够实现双赢的机会，供应链总利润随着所有供应环节利润的增长而增长。

2. 使各职能部门的激励目标保持一致

在公司内实现决策协调的关键是保证任何部门用来评估决策的目标与公司的目标保持一致。对所有决策的评估应该基于它们对利润的影响，而不是对总成本甚至是对局部成本的影响。这有助于避免制定降低运输成本决策却增加供应链总成本的情形发生。

3. 实现协调的定价

如果制造商的生产批量有着较高的固定成本，它就可以使用基于批量的数量折扣为该产品实现协调定价。如果公司对某产品拥有市场权力，它就可以用两部定价法和总量折扣来实现协调定价。由于需求的不确定性，制造商可以利用回购合同、收入分享合同以及数量柔性合同来促使下游零售商选择一个使供应链整体利润最大化的订货量。

4. 将销售人员的激励依据由购入量转变为售出量

改变销售人员向零售商强推产品的激励机制会减弱牛鞭效应。管理者应该将销售人员激励方案与零售商的售出量而不是购入量联系起来。此举可以消除销售人员鼓励零售商预先购买的动机，而消除预先购买有助于减小订单流的波动。如果销售人员的激励以滚动周期的销售量为依据，强推产品的动机还会进一步减少。这有助于减少预先购买，并减小订单波动。

二、提高信息的可见性和准确度

管理者可以通过提高供应链不同环节可获取信息的可见性和准确度来实现供应链协调。

1. 共享 POS 机数据

供应链各环节共享 POS 机（销售点情报管理系统）数据有助于减弱牛鞭效应。信息扭曲的主要原因是供应链的每个环节都使用接收的订单数量来预测未来需求。由于不同环节接收的订单数量不同，因此不同环节的预测也不相同。实际上，供应链需要满足的唯一需求来自最终顾客。如果零售商与其他供应链环节共享 POS 机数据，所有供应链环节就可根据顾客需求来预测未来需求。共享 POS 机数据有助于削弱牛鞭效应，是因为所有环节现在只对相同的顾客需求波动做出反应。共享综合的 POS 机数据就足以削弱牛鞭效应，不一定要共享详细的 POS 机数据。使用适当的信息系统有助于实现此类数据的共享。

沃尔玛已按惯例与它的供应商共享 POS 机数据。戴尔与许多供应商通过互联网共享需求信息及零部件库存状态信息，因而有助于避免供应和订单的不必要波动。宝洁公司已经说服许多零售商共享需求信息，然后再与供应商共享这些信息，从而改善了供应链的协调性。

2. 实施协同预测和计划

在共享了 POS 机数据之后，为了实现完全协调，供应链各环节还必须协同预测和计划。没有协同计划，POS 机数据的共享并不能保证协调。

3. 设计补货的单环节控制

设计一条由单环节控制整条供应链补货决策的供应链有助于消除信息扭曲。正如我们先前所提到的，信息扭曲的主要原因是供应链的每个环节把来自下一环节的订单当作它的历史需求。因此，每个环节都认为自己的作用就是满足下一环节的订单需求。实际上，关键的补货发生在零售商处，因为那里是最终顾客购买产品的地方。当采用单环节控制整条供应链的补货决策时，多头预测的问题就可以消除，随之供应链的协调就可以实现了。

三、提高供应链整体运作绩效

管理者还可以通过提高运作绩效和为短缺情况设计适当的产品分配方案来减弱信息扭曲。

1. 缩短补货提前期

管理者可以在供应链的不同环节采取多种措施来缩短补货提前期。通过互联网或 EDI 的电子订单都可以明显缩短下订单和信息传递的提前期。在制造工厂，提高柔性和实行单元制造可以明显缩短提前期。减少信息扭曲会进一步缩短提前期，因为它平稳了需求，改进了生产计划。这一点对生产多样化的产品尤为正确。提前发货通知（Advanced Shipping Note，ASN）可以用来缩短提前期，还可以减少收货工作。越库运输可以用来缩短在供应链不同环节之间运输产品的提前期。沃尔玛已经使用了许多先前提到的方法，从而明显缩短了供应链的提前期。

2. 减少补货批量

管理者可以通过减少补货批量、改进运作来减弱信息扭曲，并采取措施来减少每批产品的订货成本、运输成本及接收成本。沃尔玛和日本 7-11 便利店已经通过供应商的集中发货方式成功地减少了补货批量。

3. 共享信息，以限制博弈

为了缓解信息扭曲，管理者可以设计配给方案，以阻止零售商在供应短缺的情况下人为扩大订单。周转获利（Turn-and-Earn）方法就是根据零售商过去的销量而不是零售商目前的订单来分配供应。这种方法将配给与过去的销售联系起来，消除了零售商扩大订单的动机。通用汽车公司在供应短缺时一直使用这种机制分配产品。而其他公司，例如惠普，曾经根据零售商订单进行配给，现在也开始基于过去的销量进行配给。类似 Obermeyer 这样的公司为其大客户提供奖励，鼓励它们提前订购全年订货量的一部分。这种方法可以让该公司提高自己预测的准确度，相应地分配产能。一旦产能被适当地分配给各类产品，短缺情况就不太可能发生，从而抑制了人为扩大订单现象。柔性产能也可以阻止短缺情况发生，因为当某种产品的需求预期比另一种产品的需求低时，分配给它的产能可以很容易地转而生产另一种产品。

4. 设计定价策略以平衡订单

管理者可以通过设计鼓励零售商以小批量订购和减少预先购买的定价策略来缓解信息扭曲。此外，还可以通过取消降价促销和实施每日低价策略来削弱牛鞭效应，将基于批量的数量折扣转变为基于总量的数量折扣，基于总量的折扣带来了小批量，从而减少了供应链中的订单波动。惠普公司正在从基于批量的折扣向基于总量的折扣转变。

四、构建战略伙伴关系和信任机制

管理者会发现，当供应链内存在信任机制和战略伙伴关系时，先前讨论的管理杠杆更容易用来实现协调。共享各环节都信任的准确信息能更好地匹配整条供应链中的供给与需求，并降低成本。融洽的关系也能降低供应链各环节之间的交易成本。例如，如果供应商信任来自零售商的订单和预测信息，它就不必再进行预测了。类似地，如果零售商信任供应商的质量和发货，零售商就可以减少清点和验收工作。一般地，当存在信任和融洽的关系时，供应链的各环节可以消除重复工作。精确的共享信息降低了交易成本，又有助于加强协调。沃尔玛和宝洁公司一直在努力构建战略伙伴关系，以更好地协调它们的行为并且实现双赢。

库玛（Kumar, 1996）的研究表明，零售商越信任它们的供应商，它们越不会开发替代供应商并且会极大提高现有供应商产品的销售量。一般来说，高水平的信任让一条供应链的响应性更高而成本更低。类似信息共享、激励改变、运作改进和价格稳定的行为，通常有助于提高信任水平。

第二步 ｜ 认识 CPFR 的概念与模型

一、CPFR 的概念

协同计划、预测和补货（CPFR）是目前供应链管理中一个热门的研究领域。CPFR 是在要求供应链整合的背景下出现的一个新概念，是一种更高层次的基于合作的供应链管理技术，它既是一种管理理念，又是一系列活动和流程。CPFR 从开始提出发展到现在也经历了一个不断变革更新的过程。1995 年，北美跨产业商务标准自发联合会提出了"连续补货计划"，将经营视角从单一企业的库存，逐渐转移到如何提高整条供应链经营活动同步化的问题上来。

二、CPFR 模型

2000 年后，CPFR 委员会在全球商业规划协会（Global Commerce Initiative，GCI）的积极帮助下，吸收了促销计划、例外处理、多层协作和同步化等经营理念，借鉴了 100 多个实施 CPFR 项目的经验，于 2002 年 6 月公布了 CPFR 模型。

CPFR 最早从公司持续补货而来，是沃尔玛与宝洁为合作解决婴儿尿布缺货问题而产生的，其基本模型如图 2-1 所示。

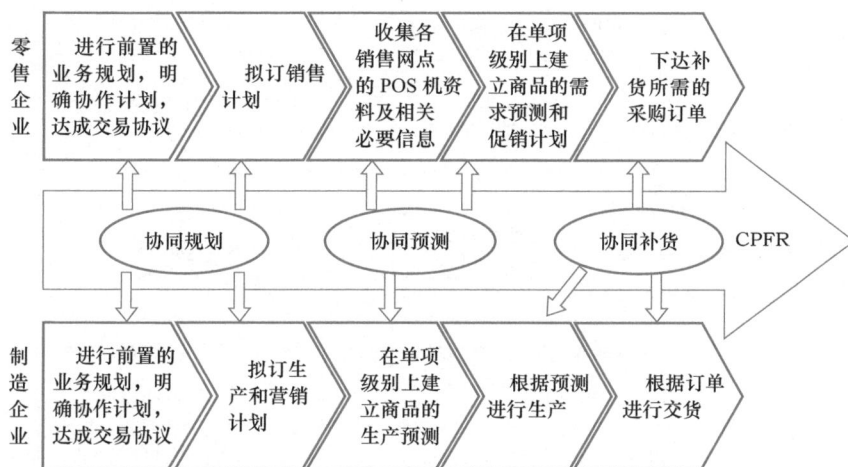

图 2-1　CPFR 的基本模型内容

CPFR 基本模型采用循序渐进的方法，先从协同规划开始，再经过协同预测，最终达到协同补货。三个阶段的具体情况如下：

阶段一：协同规划

这一阶段的主要目的是确定协同运作关系的基本参数、协同运作的商业流程，从而为后续各项工作的展开做好准备。

阶段二：协同预测

协同预测主要包括销售预测和订单预测。在预测工作责任之外，成员间必须共享信息，以求得对预测的共识。因此，必须在协同规划的架构下解决所有的分歧，达成需求和订单的共识。

阶段三：协同补货

在协同补货过程中，不论实际需求量如何，制造企业可以自行调整产量，以达到协同预测过程中共识的订单数量，为零售企业的实际采购订单做好先期准备。同时，这一过程也可确保零售企业的累积订单不会超过协议的总订单预测量。

🪐 第三步 | 了解实施 CPFR 的工作步骤及挑战

一、实施 CPFR 的工作步骤

CPFR 的理论模型定义了协同供应链的框架结构，在此基础上的流程模型根据实施情况进行相应的调整。在规划、预测、补货三个阶段中，主要包括九个步骤。CPFR 的基本流程及实施步骤如图 2-2 所示。

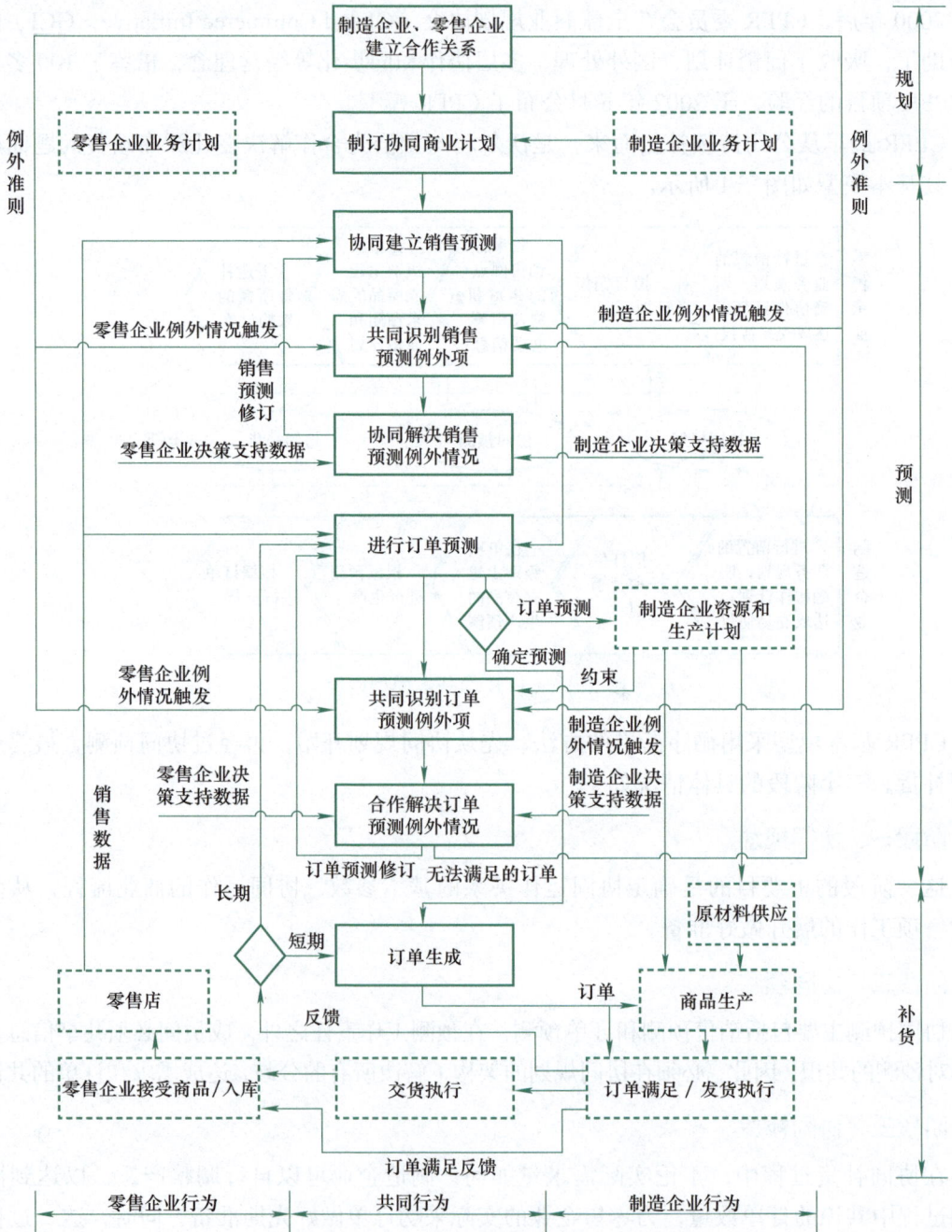

图 2-2 CPFR 基本流程及实施步骤

阶段一 协同规划

协同规划的目的是让供应链成员间的规划活动能取得一致的基本假设，以利后续各项合作活动的进行，共同的基本假设包括：①确定协同商务关系的基本参数，如协同合作的商品项目、共享的资料、异常状况的定义等；②确定协同商业流程范围，如合作的目标等。

步骤1 建立合作的关系：首先，买卖双方应共同拟定正式的商业协议。此协议仅在协同活动之初一次拟定，协议中应明确规定合作的目标及相关绩效衡量指标。

步骤2 制订协同商业计划：依据纳入合作的产品项，分别制定清晰的合作策略，包括买卖双方交流营运计划，以便制订出合作产品的营运计划；共同定义品项角色，制定品项销售目标和达成目标的战术；拟定品项订单的最小值（最小订单量）、品项出货的前置时间、订单的冻结期间和安全存量。

阶段二 协同预测

协同预测可细分成销售预测与订单预测两个阶段，前者单纯考虑市场需求，后者则以销售预测的结果，考虑产能现实状况，预测可能的订单。

步骤3 协同建立销售预测：根据最终消费者的消费资料，预测品项特定期间的销售情况，消费资料包括：POS机资料、仓储的出货资料、制造商的消费资料等。

步骤4 共同识别销售预测例外项：列出销售预测可能出现问题的例外品项，对于异常的销售情形，特别要时时监控，以调整策略。

步骤5 协同解决销售预测例外情况：当异常情况发生时，上下游应采取一些措施来增加或减少销售以降低对库存的冲击。

步骤6 进行订单预测：订单预测一般由供应商物流中心主导，供应商基于销售预测或实际销售的结果，并结合制造、仓储、运输产能等制约因素，预测未来各时段的订单量。其作业内容包括：对特定品项的订单进行预测；基于订单预测的结果，进行产能需求规划。

步骤7 共同识别订单预测例外项：此步骤特别要注意产品的实际销售与未完成订单的百分比，若比值大于一，代表将会有库存发生，比值越高意味着库存可能越多。可通过监控比值来掌握并处理订单异常状况。

步骤8 合作解决订单预测例外情况：通过共享的数据、电子邮件合作解决问题。基于共享信息，通过电话、交谈、会议等方式调查研究订单预测例外情况，并将产生的变化提交给订单预测管理部门。

阶段三 协同补货

步骤9 订单生成/交货执行：将订单预测转化为确定数量的订单，并交货。

二、实施CPFR的效益评估与挑战

1. 实施CPFR的效益评估

CPFR为供需双方带来的收益见表2-1。

表 2-1　CPFR 为供需双方带来的收益

受益者	应用 CPFR 带来的好处	百分比
供应商	库存降低	5%～30%
	无效运输费用减少	5%～10%
	仓库费用减少	5%～10%
	交货周期缩短	20%～50%
	客户满意度提高	10%
需求客户	库存降低	5%～10%
	销售增加	8%～10%
	服务费用减少	3%～4%
	交易成本降低	5%～8%

2. 实施 CPFR 面临的挑战

企业实施 CPFR 面临着一些不可忽视的挑战：首先是企业内部组织结构的进化问题。CPFR 高度强调企业与供应链伙伴之间的协作，因此需要对企业内部的组织结构进行调整，这必将涉及部分人员的利益，实施的阻力必然会增大。其次是选择最正确的合作伙伴问题。合作双方必须有长期良好的合作关系为基础，建立完善的信息共享机制，同时要求合作双方都有较强的合作意识。最致命的一点就是预测数据不真实，降低了预测的准确性。高的预测精度是 CPFR 成功的关键，这就要求 CPFR 合作各方建立稳固的预测沟通渠道。在实施的过程中，预测和补货的合作需要合作双方能随时查询对方销售、计划、在线库存等敏感的运作数据。一般企业将这些信息共享会感觉到不安全，尤其是在供货商利润最大化目标和客户成本最小化目标出现冲突时，共享信息可能使供应链中的某一节点企业在线公布一些战略数据（如财务报告、生产安排和库存值）时被另一节点企业利用，进而可能会出现虚假的基础数据，从而导致预测的准确性下降。

除此之外，信息技术带来的挑战也不能忽视。在 CPFR 的实施中，要充分利用信息技术来进行数据的收集、分析，获得基础数据。因此，需要企业有强大的信息技术系统作为 CPFR 实施的有力保障。由于信息系统的投入成本较高，导致企业很少会选择投入大量的研发费用、实施费用和系统升级费用等来进行开发。

总之，实施 CPFR 并不是单独一家企业的事，而是该企业与其供货商或是其顾客共同的问题。当要进行协同合作活动时，企业之间难免会因为涉及利益问题而迟迟无法取得共识。即使在利益分配或者绩效衡量指标上取得了共识，但因为协同合作活动需要企业改变自身的规划、预测、制造或补货等流程，也会使得企业裹足不前。北美跨产业商务标准自发联合会（2004）提出的这几点挑战，并非凭空想象，而是经过产业调查的结果。当企业有意愿与其他企业合作时，必须先考虑双方的互信程度。信任不足时，后续的各种活动都只是空谈；相反，建立了信任之后，才能开始进行规划、预测与补货的工作。

拓展阅读

"宝洁－沃尔玛"共建协同供应链

在持续补货的基础上，宝洁又和沃尔玛合力启动了 CPFR 流程。它从双方共同的商业计划开始，到市场推广、销售预测、订单预测，再到最后对市场活动的评估总结，构成了一个可持续提高的循环。

宝洁和沃尔玛接下来在信息管理系统、物流仓储体系、客户关系管理、供应链预测与合作体系、零售商联系平台以及人员培训等方面进行了全面、持续、深入而有效的合作，宝洁公司甚至设置了专门的客户业务发展部，以项目管理的方式密切与沃尔玛的关系，以求最大限度地降低成本、提高效率。灵活高效的物流配送使得沃尔玛在激烈的零售业竞争中技高一筹。沃尔玛可以保证，商品从配送中心运到任何一家商店的时间不超过 48 小时，沃尔玛的分店货架平均一周可以补货两次，而其他同业商店平均两周才补一次货；通过维持尽量少的存货，沃尔玛既节省了存储空间，又降低了库存成本，最终使得沃尔玛的销售成本比行业平均标准低了近三个百分点。而更大的利益其实是软性的。宝洁和沃尔玛的合作已经超越了单纯的物流层面，它们开始共享最终顾客的信息和会员卡上的资料。宝洁可以更好地了解沃尔玛和最终客户的产品需求，从而更有效地制造产品。例如：沃尔玛提出宝洁的产品容易失窃，宝洁便及时将玉兰油的包装盒改成蛤状，这样就更难打开；将佳洁士的美白牙贴也做大，并加上一层额外的塑料层。同时，宝洁还特意为沃尔玛设计了一些产品，如中档咖啡 Veneto，因其与其他公司的产品显著不同，也取得了不错的效果。

总而言之，供应链协同管理模式大大降低了整条供应链的运营成本，提高了对顾客需求的反应速度，更好地保持了顾客的忠诚度，为双方带来了丰厚的回报。

知识链接 **全球供应链的合作与可持续发展**

全球供应链的合作与可持续发展是当今世界面临的重要课题。全球供应链的合作是实现可持续发展的关键。各国企业之间的合作与协同能够提高资源利用效率，降低成本，提升产品和服务质量，从而满足人们日益增长的需求。同时，通过跨国合作，各国可以共同应对全球性挑战，如气候变化、资源短缺等，推动可持续发展目标的实现。

可持续发展是全球供应链合作的重要目标。企业在供应链管理中应注重环境保护，采用绿色供应链理念，减少碳排放，提高资源回收利用率。同时，要关注社会责任，保障工人权益，促进供应链各环节的公平与可持续发展。只有通过各方的共同努力，才能实现经济繁荣、环境可持续和社会公平，为全人类创造更美好的未来。

趣味小游戏 **"啤酒游戏"的角色模拟与体验**

一、游戏简介

该游戏是在生产与配销单一品牌啤酒的产销模拟系统中进行的。参加游戏的学员各自扮演不同的角色：零售商、批发商和制造商。他们只需每周做一个决定，那便是订购多少啤酒，唯一的目标是尽量扮演好自己的角色，使利润最大化。

二、游戏目的

此游戏是在出货时间延迟、资讯不足的产销模拟经济系统中进行的。在该游戏中，消费者需求的小幅变动通过整个系统的加成作用将产生很大的危机，首先是大量缺货，整个系统订单都不断增加，库存逐渐枯竭，欠货也不断增加，随后好不容易完成订单，大批交货，但新收到的订货数量却开始骤降。

通过该游戏，学员们能够认识到以下几点：

（1）时间滞延、资讯不足对产销系统的影响。

（2）信息沟通、人际沟通的必要性。

（3）扩大思考的范围，了解不同角色之间的互动关系，认识到自己若想成功，必须其他人也能成功。

（4）突破习惯性思维，只有进行结构性或系统性的思考，才能找到并解决问题。

三、角色设置

游戏中，教师扮演司机和消费者，并负责适时发布一定的信息。分组方案根据班级学生数量灵活确定。一条最简单的啤酒供应链包括一个制造啤酒企业（如青岛啤酒）、三个批发商（分区）和九个零售商（每个批发商分别对应三个零售商），共需要13位学生进行角色模拟。一个班可以分两组，可以增加不同企业的助理角色，尽量安排所有学员参与模拟。

四、时间安排（90～120分钟）

（1）赛前准备：设定情景与规则3～5分钟；角色分工5～10分钟；明确角色任务10～15分钟。

（2）竞赛模拟：60分钟；进行8～9周的数据模拟（第一周、第二周大约10分钟一轮，后面加快速度）。

（3）数据统计分析与小组总结反思：20～30分钟。

五、教学要点

（1）保证分组与角色安排合理，模拟角色之前先将规则讲解清楚。

（2）尽量简化规则，教师带领模拟第一周的情形，建议所有角色提前期统一简化为一周，所有零售商面临一样的市场需求量（由教师每周随机给出）。

（3）数据设置合理，如零售商、批发商、制造商初始安全库存分别为20箱、60箱和200箱；低于安全库存量不计库存持有成本，制造商一条生产线的初始最大产能为300箱，每期可以考虑是否增加生产线，并确定计划产出量。

（4）对市场需求量变化的幅度把握非常关键，如第一周市场需求量为20箱，第二周、第三周、第四周市场需求依次增加（40、60、80、100），前四周不追求变化的不可预测性，重点在于引导学生熟悉规则和流程及表单处理，沟通处理一些意外加急订单情形。

（5）从第五周开始，可以适度增加订单的变动幅度或意外情况，重点引导学生理解市场需求的不可预测性，掌握对极端异常情况的应变策略；第六周以后，可以根据情况变化急剧减少市场需求订单量。请将每周的数据填至表 2-2 ～表 2-4 中。

（6）控制进度，防范个别学员的不配合带来的时间延误，做好总结反思。

表 2-2 零售商情况统计总表

周次	期初库存	批发商送货量	批发商欠货量	啤酒市场需求量	实际销售量	期末库存量	期末订货量	本期利润
1								
2								
3								
4								
5								
6								
7								
8								
9								

表 2-3 批发商情况统计总表

周次	期初库存	制造商送货量	制造商欠货量	零售商订单量	实际销售量	期末库存量	期末订货量	本期利润
1								
2								
3								
4								
5								
6								
7								
8								
9								

表 2-4 制造商情况统计总表

周次	期初库存	制造产出量	批发商订单量	本期发货量	本期欠货量	期末库存量	计划生产量	本期利润
1								
2								
3								
4								
5								
6								
7								
8								
9								

知识测试

一、判断题

1. 不确定性是引起供应链中牛鞭效应的主要原因之一，也是引起供应链管理复杂性的主要原因之一。 （　　）

2. 提前期过长也是产生牛鞭效应的原因之一。一般来说，订货提前期越短，订货量越准确。 （　　）

3. 供应链成员间实时交流和共享信息，可以减少"牛鞭效应"的影响。 （　　）

4. 管理者不能通过提高供应链不同环节可获取信息的可见性和准确度来实现供应链协调。 （　　）

5. 在共享了 POS 机数据之后，供应链各环节没有协同计划，也能保证协调。 （　　）

6. CPFR 最早从持续补货而来，是沃尔玛与宝洁为合作解决婴儿尿布缺货问题而产生的。 （　　）

7. CPFR 基本模型采用循序渐进的方法，先从协调预测开始，经过协同规划，最终达到协同补货。 （　　）

8. 协同规划的目的是让供应链成员间的规划活动能取得一致的基本假设，以利后续各项合作活动的进行。 （　　）

9. 实施 CPFR 是核心企业为主推动的，不是供应链其他成员面临的共同问题。 （　　）

10. 宝洁公司与沃尔玛的合作，改变了两家企业的营运模式，实现了双赢。 （　　）

二、单选题

1. 牛鞭效应对供应链管理带来的不利影响不包括（　　）。
   A. 提升了供应链内产品的供给水平
   B. 增加了生产成本
   C. 延长了供应链的补给供货期
   D. 提高了供应链与送货相关的劳动力成本

2. 国内学者对于牛鞭效应进行了深入研究，以下不属于牛鞭效应的产生原因的是（　　）。
   A. 供应链存在的不确定性　　　　　B. 限量供应
   C. 对于需求预测的主观性　　　　　D. 价格波动的影响

3. 采用（　　）方式无法减小牛鞭效应带来的影响。
   A. 采用业务外包，建立合作伙伴关系　B. 打破批量订购，拉动供应链循环
   C. 延长订货提前期　　　　　　　　D. 加强合作，实现信息共享

4. EOS 代表（　　）。
   A. 高级计划与调度系统　　　　　B. 供应商管理库存

C. 电子订货系统　　　　　　D. 企业资源计划

5. QR 是指（　　　）。

A. 快速真实　　　B. 质量监测　　　C. 及时制　　　D. 快速响应

6. CPFR 中的 C 代表（　　　）。

A. 联合　　　　　B. 预测　　　　　C. 补货　　　　D. 计划

7. 预测不包括（　　　）步骤。

A. 协同建立销售预测　　　　　　B. 协同解决预测例外情况

C. 合作解决订单预测例外情况　　D. 订单生成

8. 管理者可以通过提高供应链不同环节可获取信息的可见性和准确度来实现供应链协调，以下（　　　）环节不能提高信息的可见性和准确度。

A. 实现协调的定价　　　　　　　B. 实施协同预测和计划

C. 设计补货的单环节控制　　　　D. 共享 POS 机数据

三、名词解释

1. LT

2. CPFR

3. TFC

四、简答题

1. 简述牛鞭效应的概念、影响、成因与解决对策。

2. 简述供应链协同的价值。

3. 简述 CPFR 的工作流程。

4. 简述"宝洁－沃尔玛"供应链协同模式的具体做法与启示。

实训任务　小米手机的供应链协同

任务要求

请结合案例回答以下问题：

（1）描绘小米手机供应链结构简图。

（2）分析小米手机供应链的特点。

（3）简要分析小米手机供应链协同的具体做法。

（4）请举例说明小米公司成功的经验与启示。

建议

分小组完成任务，并制作 PPT 汇报。

谈到小米的成功，大部分人都会将其归结于小米出色的营销能力。然而，作为一家新兴的互联网公司，其供应链管理也有很多鲜为人知却值得称道的亮点。小米手机与传统手机的供应链对比如图 2-3 所示。

图 2-3　小米手机与传统手机的供应链对比

"直销"是互联网公司的利器,在互联网上,它有个专用名词——B2C。小米自然也不例外。小米将传统手机供应链上的渠道商全部砍去,直接面对供应商和消费者。通常,传统手机厂商的销售渠道大多是从全国代理逐级往下细分到省级代理、地市级代理,至少要经过三级铺货,最终才能到达消费者的手中,这个过程往往需要两个月。这意味着供应链上的信息流、资金流和实物流都要经过这个长链条流通再反馈回来。链条很长会给决策者造成很多错觉,觉得卖得好就马上追加订单,但其实货都压在渠道里。不准确的市场预测给生产计划带来了挑战,也使供应链产生了巨大的风险。

小米省略了中间几个环节,可实时反馈销售数据,再根据准确的销售数据预估订单。这种信息反馈的优势可以帮助小米手机的供应链团队在需求发生变化的时候快速做出反应。小米手机的供应链协同如图 2-4 所示。

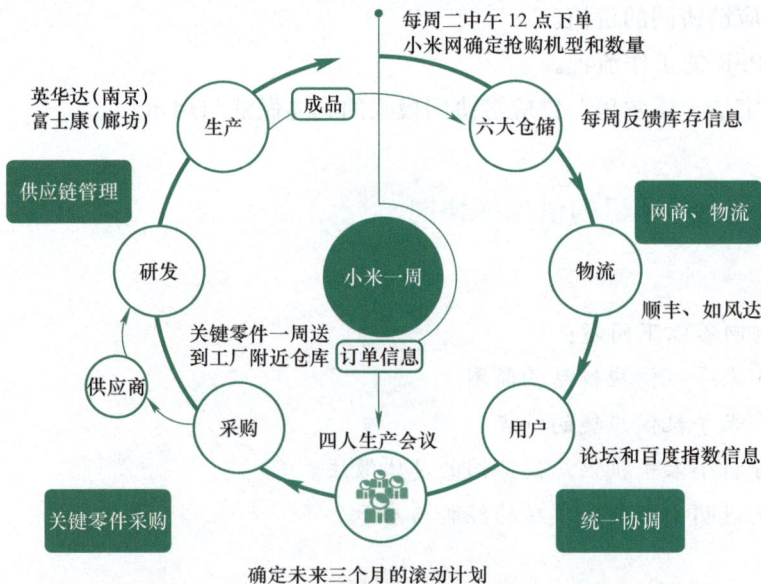

图 2-4　小米手机的供应链协同

如图 2-4 所示,每周二中午 12 点,小米网商都会开放在线抢购,具体型号和数量提前在论坛公布。事实上,这个数字是由小米六大仓储中心反馈的库存数据决定的,多一部也不卖。在此三天前,小米位于北京、上海、深圳、成都、沈阳和武汉的六大仓储中心,会将统计好的库存量发给小米网的同事，这就是小米论坛上预告销售量的来源。在每周二中午12点之前，有购买意愿的消费者都需要填写一份包括姓名、联系方式、收货地址、想要抢购的产品型号的预约信息，然后方能在当天进行抢购。这个预约数字是小米制订生产计划的重要参考指标之一，它将影响三个月之后的产量和开放购买的数量。

小米成立之初，雷军、林斌、黎万强、周光平每周都要凑在一起开一个小型生产会。这个会议召开的时间不定，通常不会超过半个小时，却十分重要，目的是确定三个月之后的订单量。这四名联合创始人是这样分工的：黎万强负责小米网电商和仓库，周光平负责供应链管理，林斌负责采购核心元器件，雷军作为CEO则负责统一协调。小型会议的当天下午，雷军签过字的生产计划表就会送到小米的供应链部门。这个团队要保证小米手机600多个元器件能在规定的时段内到达仓库，然后送上生产线。而他们所用的工具不是传统制造业普遍使用的ERP软件，只是一张简单的Excel表。每个细节都有专人负责，包括零部件的采购、下单时间、下单数量、每个批次的最优包装、运输时间、元器件到厂后的抽检。小米手机要用到600多个元器件，大到屏幕小到按键，所有元器件都是小米自己采购的。相比之下，手机行业内更普遍的做法是找一家外包的中间商来代替企业完成采购。

采购部依据四人小组会议上产生的订单数据采购元器件，并将其送到主要代工厂附近的仓库用于生产。小米手机的生产由英华达南京工厂和富士康廊坊工厂来完成，从采购备货到出货的时间大约为3个月，之后这些手机将会被送到北京、上海、深圳的仓储中心。小米通过自己开发的仓储管理系统清点当周的库存量，然后把数据发送给小米网的同事，通过小米论坛告知"米粉"下周二开放抢购的具体机型和手机数量。

小米重新设计产业链，减少中间环节，大幅削减成本，加快资金流转，采用先亏损后盈利的定价方式，这种盈利模式也可以为我们带来更多思考。传统手机厂商通常高于成本30%定价，然后随着成本与价格下降趋同，一个产品的生命周期就结束了，只有通过不断推出新品，才能保证利润。而小米先保证性价比，以此吸引用户，形成规模效应之后，成本曲线就会向下倾斜。产品生命周期越长，卖得越久，累计利润也就越多。这是互联网模式对价值曲线的一个改变。

然而，这种定价模式吸引了大批的粉丝，随着小米销售量的迅速增长，它与供应商谈判的能力也在不断增强。在手机产业，元器件的价格相对透明，规模越大，价格越低，对小米来讲更重要的是优先级的变化。

同时，自建渠道的另一个好处是，小米不用依附于运营商渠道，增强了谈判的话语权。实际情况是，小米可以要求运营商先付款再拿货。在话费补贴上，运营商也把小米放到了第一梯队，给予最优补贴。这些优势最终会体现在资金流上，使得小米的资金周转率要远高于其他手机厂商。通常，手机厂商的资金周转周期主要受到上游供应商和下游渠道影响。在芯片和内存等核心器件方面，小米和其他手机厂商一样需要先交订金，但在它的规模逐渐变大之后，相应的账期就会有所延长。小米主要缩短了销售回款周期，网上支付不提供货到付款，都可以立刻回款；而30%的运营渠道也是要先付款后拿货。因此，小米的库存周期短，回款周期也短，在小米的账面上几乎不会出现"应收账款"。这就让它在很大程度上与联想等传统制造业竞争对手拉开了距离。

直销带来快速反应能力，高库存周转带来良好现金流，全球采购带来价格优势，物流网络采用垂直结构。通过这四点，小米较好实现了与上下游的协同，并通过独特的定价和盈利模式，构建起很难被传统手机公司所复制的供应链竞争壁垒。

Project 3

项目三
供应链管理的策略性抉择

能 力 目 标

○ 能够比较分析推式供应链、拉式供应链、推－拉结合的供应链。

○ 能够合理设计推－拉边界，选择适宜的策略。

○ 能够比较分析 QR、ECR 的异同。

○ 能够运用费舍尔模型，选择适宜的供应链管理策略。

○ 能够对供应链管理策略案例的得失进行点评分析。

项 目 思 维 导 图

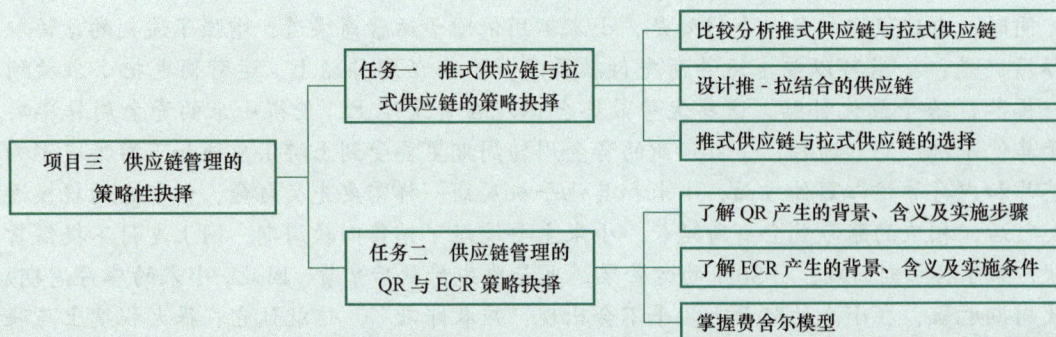

```
                                           ┌─ 比较分析推式供应链与拉式供应链
                        ┌─ 任务一  推式供应链与拉 ─┼─ 设计推 - 拉结合的供应链
                        │   式供应链的策略抉择    │
                        │                       └─ 推式供应链与拉式供应链的选择
项目三  供应链管理的 ──┤
    策略性抉择          │                       ┌─ 了解 QR 产生的背景、含义及实施步骤
                        │                       │
                        └─ 任务二  供应链管理的 ──┼─ 了解 ECR 产生的背景、含义及实施条件
                            QR 与 ECR 策略抉择   │
                                                └─ 掌握费舍尔模型
```

任务一 推式供应链与拉式供应链的策略抉择

推式供应链与拉式供应链的策略抉择

情景导入

推-拉边界决定成败

推-拉边界需要与时俱进。即使在同一个行业、同一个公司，这一结合点也可能随产品的生命周期而变化。戴尔刚创立直销模式时，计算机是创新型产品，机型配置多、成品降价速度快，成品层次的预测准确度低，库存风险成本高，直销模式是总成本最低的供应链模式。戴尔的直销模式在成品层次是典型的拉式供应链，不见订单不组装；但在零部件阶段，却是典型的推式供应链，因为这些原材料通用性高，用量可预测。惠普有名的延迟战略也是同理：产品的共同部分好预测，用推式生产，以取得规模效益、降低成本；差异化部分用拉式生产，以降低需求变动带来的库存风险。直销模式和延迟战略的成功，就在于完美结合"推"与"拉"。

但是，这些年计算机成为大众商品，配置越来越标准化，预测的准确性也越来越高。计算机行业这些新变化导致库存风险成本显著降低，此时直销模式带来的高昂运营成本不能通过库存风险成本节支来抵消，直销模式下的供应链总成本不再最低。为适应行业变化，必须有效转型供应链管理战略，实现推拉的最优组合，以支持产品战略。推拉的最优结合点应该从生产商转移到零售商，即生产商按照预测批量生产，批量供货给零售商，在零售商处变为"拉"，这样能最大限度地发挥了规模效益，降低供应链总成本。

导入问题

1. 什么是推式供应链，什么是拉式供应链，什么是推拉结合的供应链？
2. 什么是推-拉边界？
3. 为什么说当初，戴尔的直销模式与延迟战略的成功在于完美结合了"推"与"拉"？
4. 为什么说行业变化了，需要及时调整供应链实现推拉的最优结合？

🌏 第一步 ｜ 比较分析推式供应链与拉式供应链

一、推式供应链

推式供应链是以制造商为核心企业，根据产品的生产和库存情况，有计划地把商品推销给客户，其驱动力源于供应链上游制造商的生产。其模式如图3-1所示。

原材料   成品   商品   商品

原材料供应商 → 制造商 → 批发商 → 零售商 → 终端客户

图 3-1　推式供应链模式

推式供应链的生产基于对未来长期的预测。通常，制造商根据经销商的库存状态来预测需求。因此，在推式供应链中，制造商需要花更长的时间对变化的市场做出反应，对市场变化反应迟钝。

推式供应链是最传统的供应链模式，在这种模式下，供应链上游根据客户的需求预测提前组织采购、生产、囤积库存，并根据销售计划将库存推向下游市场。许多传统制造企业的供应链管理模式通常都是所谓的"推式"，这是从福特在 1913 年开创"T 型车大规模制造模式"时兴起的。大规模的推式生产有效地提高了企业的供应链运营效率，在提高产量的同时大幅度地降低了成本、提升了质量，直到今天，它依旧是企业进行供应链管理架构时的标准选项之一。然而，我们常常说"万事俱备，只欠东风"，这种根据计划提前触发采购制造和备货的供应链模式，最大的风险就是"欠东风"，这里的"东风"就是客户的需求。一旦客户需求与销售预测不匹配，就会出现缺货待料或者物料呆滞等问题。

二、拉式供应链

拉式供应链以客户为中心，比较关注客户需求的变化，并根据客户需求组织生产。拉式供应链模式如图 3-2 所示。

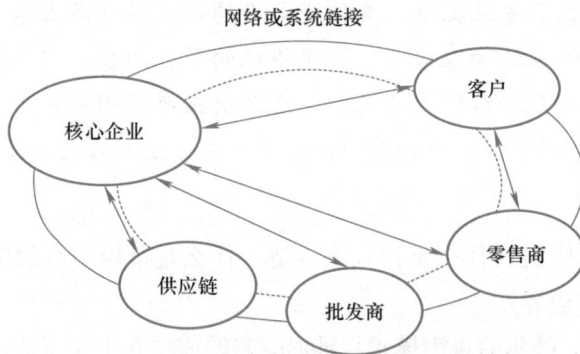

网络或系统链接

图 3-2　拉式供应链模式

在这种运作方式下，供应链各节点集成度较高，有时为了满足客户差异化需求，不惜追加供应链成本，属买方市场下供应链的一种表现。这种运作方式对供应链整体素质要求较高，从发展趋势来看，拉动方式是供应链运作方式发展的主流。

拉式供应链与推式供应链正好相反，在这种模式下，供应链下游由客户的真实需求所驱动，将需求信息转化为物料补货的信号，并将这种信号向供应链的上游传递，上游在收到补货信号后，将其转换成采购、生产、发货等信号，从而满足客户的实际需求。拉式供应链最典型的例子就是丰田所倡导的"即时生产模式"以及"看板管理模式"。为了追求零库存，工厂里看不到制造企业里常见的仓库，最引人注目的就是那些开着小车忙忙碌碌不断为各个工位进行补货、回收周转箱的工人，为了保证补货的效率，他们动作熟练，甚至还在某些地方小跑几步。别小看这几步小跑，只要提高了补货的速度和效率，也就降低了库存。这就是丰田所追求的"极致零库存"。美资企业里也讲零库存，但要做到如此极致的态度，丰田可谓技高一筹。

三、推式供应链和拉式供应链的比较

任何事物都有两面性，与推式供应链一样，拉式供应链也并非完美无瑕。它为供应链带来高柔性、低库存的同时，也增加了供应链的管理复杂性。这体现在上下游计划和执行的总体协调，对合作伙伴之间信任关系的建立和维护，也从某种程度上推高了供应链的协调成本。推式供应链和拉式供应链的优缺点见表 3-1。

表 3-1　推式供应链和拉式供应链的优缺点

推式供应链	拉式供应链
优点： ❖ 规模效应 ❖ 便于计划 ❖ 供应稳定 ❖ 成本优势	优点： ❖ 柔性高 ❖ 批量小 ❖ 反应快 ❖ 不容易产生呆滞库存
缺点： ❖ 柔性差、缺货 ❖ 批量通常比较大 ❖ 反应比较慢 ❖ 容易产生呆滞库存	缺点： ❖ 计划复杂 ❖ 协调难度大 ❖ 供应波动大 ❖ 成本较高
适合经济型供应链	适合响应型供应链

在推式供应链中，生产和分销的决策都是根据长期预测的结果做出的。准确地说，制造商是利用从零售商处获得的订单进行需求预测。因此在推式供应链中，经常会出现由于紧急的生产转换引起的运输成本增加、库存水平变高或生产成本上升等情况。推式供应链对市场变化做出反应需要较长的时间，可能会导致一系列不良反应。例如：在需求高峰时期，难以满足客户需求，导致服务水平下降；当某些产品需求消失时，会使供应链产生大量的库存，甚至出现产品过时等现象。

在拉式供应链中，生产和分销是由需求驱动的，这样生产和分销就能与真正的客户需求而不是预测需求相协调。在一个真正的拉式供应链中，企业不需要持有太多库存，只需要对订单做出反应。拉式供应链具有以下优点：①通过更好地预测零售商订单的到达情况，可以缩短提前期。②由于提前期缩短，零售商的库存可以相应减少。③由于提前期缩短，系统的变动性减小，尤其是制造商面临的变动性变小了。④由于变动性减小，制造商的库存水平将降低。⑤在拉式供应链中，系统的库存水平有了很大的下降，从而提高了资源利用率。当然，拉式供应链也有缺陷，最突出的表现是由于拉动系统不可能提前较长一段时间做计划，因而生产和运输的规模优势也难以体现。

🪐 第二步 | 设计推－拉结合的供应链

一、为什么要设计推－拉结合的供应链

拉式供应链虽然具有许多优势，但要获得成功并非易事，需要具备相关条件：其一，必须有快速的信息传递机制，能够将客户的需求信息（如销售点数据）及时传递给不同的供应链参与企业。其二，能够通过各种途径缩短提前期。如果提前期不太可能随着需求信息缩短，拉动式系统是很难实现的。推式供应链和拉式供应链各有利弊，推－拉结合的供应链避免了各自的缺点，既能快速响应市场需求变化，又能降低库存，实现规模效应等，有利于更好地解决库存与外部需求不确定性的关系，减少牛鞭效应的影响。

1. 拉式供应链更适合响应型供应链，而推式供应链更适合经济型供应链

响应型供应链匹配的是创新型产品，创新型产品的客户需求变化大，采用推式供应链很难进行灵活调整，因此拉式供应链更为适合；经济型供应链匹配的是功能型产品，这类产品需求稳定，采用推式供应链可以提高效率、节约成本。

2. 在成本允许的情况下，能"拉"尽可能"拉"，"拉"不动就只能靠"推"

为什么我们强调在设计供应链的时候，不是一上手先设计推动部分，而是从拉动部分入手，能"拉"尽可能"拉"？因为我们知道，随着物质产品的逐渐丰富，客户的需求也变得越来越多样、越来越难以预测，这是社会发展的必然趋势。在这种趋势之下，采用以推为主的供应链会变得反应迟钝。相比之下，拉式供应链更能体现精益的精神，库存低、反应快、柔性高，但同时设计难度也更大。

二、什么是推－拉边界

什么是推－拉边界？在推拉式战略中，供应链的某些层次，如最初几个层次以推动的形式经营，同时其余的层次采用拉动战略，推动层和拉动层的接口处被称为推－拉边界，如图 3-3 所示。

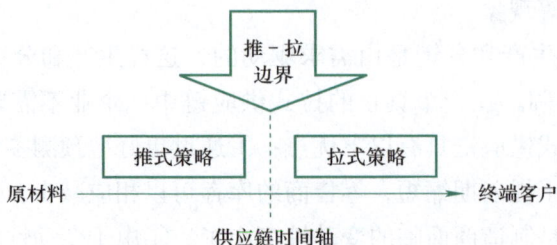

图 3-3　推－拉结合的供应链举例

推动式与拉动式的分界点也常被称为客户需求切入点（CODP），如图 3-4 所示。

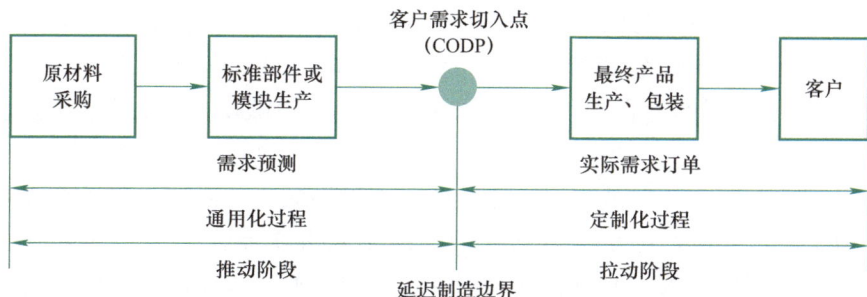

图 3-4　客户需求切入点示意图

客户需求切入点是供应链产品增值过程的分岔点，切入点前后经营目标侧重点会有明显不同。切入点前追求的是低成本，最大限度地发挥规模效应；切入点后追求的是产品柔性，最大限度地满足客户个性化需求。延迟制造是以切入点的选择来进行前后平衡，决定"规模"与"变化"的程度，实现供应链整体效应的最大化。

三、推－拉边界的设计原则

推－拉边界选择适当，会有效地平衡供应链的响应速度、成本和服务水平。相反，推－拉边界选择失当，则会造成诸多问题，增加供应链的总成本。

1. 定制化程度越高，预测准确度越低，推－拉边界离最终客户越远

例如，在多种少量的设备行业，产品配置多样化，制造商主要依赖客户订单来驱动生产组装，推－拉边界在零部件采购环节——对于通用零部件，制造商会按照预测驱动供应商生产（"推"），等到客户订单来了，再进行最后产品的组装（"拉"）；对于通用程度低的零部件，制造商往往等到客户订单后再给供应商下单，推－拉边界离客户更远。相反，标准化程度越高，预测准确度越高，推－拉边界就与终端客户越近。

2. 对产品的时效性要求越高，推－拉边界就离消费者越近

例如大型设备的关键备件，一旦停机待料，损失就非常大，所以在很多行业，备件供应链的推－拉边界就设在客户的生产设施附近。若库存离客户太远，就没法满足客户需求。将库存"推"到客户附近，提高了服务水平，代价就是很高的库存水平，很低的库存周转率。

🪐 第三步 ｜ 推式供应链与拉式供应链的选择

一、供应链战略匹配的重要性

战略的本质是弹性的、长远的、多面向的、大格局的。它们强调的是如何成长或扩大利润这类的成果，而不是某个可衡量的目标。同时战略所提供的是一个大方向，而非达到成功的唯一方式。供应链战略属于业务战略，整合了传统的采购、销售、生产、运输与仓储战略，需要技术、信息、组织、财务与人员战略的支持，强调供应链中各职能战略的协同。任何一家公司要想成功，其供应链战略与竞争战略必须相互匹配。

战略匹配是指竞争战略与供应链战略拥有相同的目标。也就是说，竞争战略设计用来满足客户的优先目标与供应链战略旨在建立的供应链能力目标之间相互协同一致。获取战略匹配，是供应链的战略或设计阶段的一项重要内容。供应链战略执行的成败与以下两个关键要素密切相关。

（1）竞争战略与所有职能战略必须相互匹配，以构成一个协调一致的总战略。每一项职能战略必须支持其他职能战略并帮助公司实现竞争战略目标。

（2）公司的不同职能部门必须恰当组织其流程与资源，以便成功实施这些战略。公司失败的原因，或者是由于战略不匹配，或者是因为流程与资源的组合不能形成支持预期战略匹配的能力。首席执行官的首要任务是协调核心职能战略与总体竞争战略之间的关系，以获取战略匹配。如果不能在战略层取得协调一致，不同的职能战略的目标便会发生冲突，并导致不同职能战略以不同的客户群为优先目标。

要获取供应链战略与竞争战略之间所有重要的战略匹配，公司需要做些什么？竞争战略或简要或精确地说明，公司希望满足的是一个或多个客户群。为实现战略，公司必须确保其供应链能力能够支持其满足目标客户群的能力。获取战略匹配的三个基本步骤如下：

第一步，理解客户。公司必须理解每一个目标客户群的客户需求，它能帮助公司确定产品成本和服务要求。通常，不同客户群的客户需求在多个方面表现出不同的特性。例如：每个客户群中所需产品的数量；客户愿意忍受的反馈时间；要求的服务水平；产品的价格；预期的产品创新周期；潜在需求不确定性（要求供应链满足的需求部分存在的不确定性）。

第二步，理解供应链。供应链有很多种类型，每一种都设计用来完成不同的任务。公司必须明确其供应链设计用来做什么。在理解了公司的客户需求特点之后，下一个问题是：公司怎样才能满足上述需求。创建供应链战略，使之能最好地满足公司目标客户群特定类型的需要，是建立战略匹配的全部内容，其实质就是在供应链反应能力与赢利水平之间进行权衡，找到最佳结合点。供应链反应能力包括很多方面。例如：对大幅度变动的需求量的反应、满足较短供货期的要求、提供多品种的产品、生产具有高度创新性的产品、满足特别高的服务水平的要求等。供应链拥有的上述能力越多，供应链的反应能力就越强。然而，反应能力是有代价的。例如，要提高对大幅度变动的需求量的反应能力，就必须提高生产能力，产品成本就会随之增加。成本的增加则将导致供应链的赢利水平降低。每一种提高反应能力的战略，都会付出增加成本的代价，从而降低赢利水平。所以，在给定成本与反应能力达到平衡的情况下，确定供应链的反应能力水平，是任何一条供应链都必须做出的重大战略抉择。

第三步，获取战略匹配。概言之，获取战略匹配，也就是确保供应链的运营与目标客户的需求协调一致，并且供应链反应能力的高低应该与潜在需求不确定性吻合。潜在需求不确定性增加，则要求相应的反应能力增加，反之亦然。

要实现全面的战略匹配，公司必须考虑价值链中的所有职能战略彼此相互协调，并支持公司的竞争战略目标。抛开竞争战略，就不存在正确的供应链战略。对于给定的竞争战略，存在正确的供应链战略。获取战略匹配的驱动力量应该源于最高级的组织机构。而实际上，在许多公司中，竞争战略和职能战略是由不同的部门制定的。在这种情况下，如果没有适当的沟通，诸如首席执行官这样的高层管理者之间如果缺乏协作，这些战略可能很难实现匹配。对于大多公司来说，获取战略匹配的失败，是企业失败的主要原因。

二、供应链的推－拉策略矩阵

和自制或外购决策（Make or Buy）一样，推与拉是供应链管理最根本的决策之一。推式生产有规模效益，但库存风险大；拉式生产降低了库存风险，但同时也丧失了规模效益。片面宣传任何一种方式，尤其是这些年对拉式供应链的热捧，都忽视了供应链管理的根本准则，误导大过指导。这也要求职业人能够透过现象看本质，不但能理解"是什么"，而且要明白"为什么"，就如密歇根大学的华莱士 J. 霍普（Wallace J. Hopp）教授在《供应链科学》（*Supply Chain Science*）一书中说的，要理解供应链的科学部分，关键要合理地结合推－拉策略。在实践中，供应链的推－拉策略，可以借助图 3-5 辅助决策。

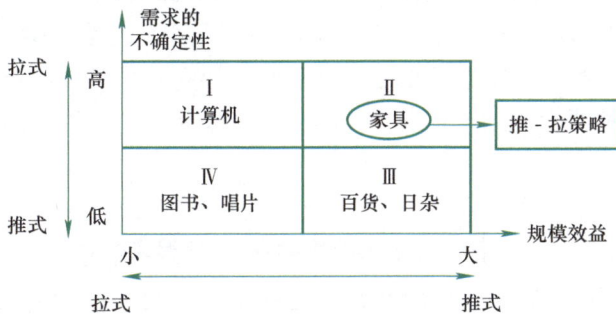

图 3-5　推式供应链与拉式供应链策略选择矩阵

对一个特定的产品而言，应当采用什么样的供应链战略呢？企业应该采用推动战略还是拉动战略？在实际的供应链管理过程中，不仅要考虑来自需求端的不确定性问题，而且还要考虑来自企业自身生产和分销规模经济的重要性。

在其他条件相同的情况下，需求不确定性越高，就越应当采用根据实际需求管理供应链的模式——拉动战略；相反，需求不确定性越低，就越应该采用根据长期需求预测管理供应链的模式——推动战略。同样，在其他条件相同的情况下，规模效益对降低成本起着重要的作用，如果组合需求的价值越高，就越应当采用推动战略，根据长期需求预测管理供应链；如果规模经济不那么重要，组合需求也不能降低成本，就应当采用拉动战略。

三、典型行业的应用案例

1. 汽车供应链的推－拉边界

汽车制造业的生产线流程可以分为设计、采购、生产、装配、库存和销售这几个步骤。这几个步骤形成一条完整的供应链。在这条供应链中，客户订单流程从销售环节往上推进，企业的产品生产流程从设计环节往下推进，客户订单流程与汽车生产流程汇合的点，即为供应链中的推－拉边界。拉动流程经常受限于推动阶段的库存和生产能力决策。考虑供应链设计的策略决策时，就需要找出推－拉边界，使供应链能够实现供给与需求的有效匹配。

汽车制造业的推－拉策略如图 3-6 所示。

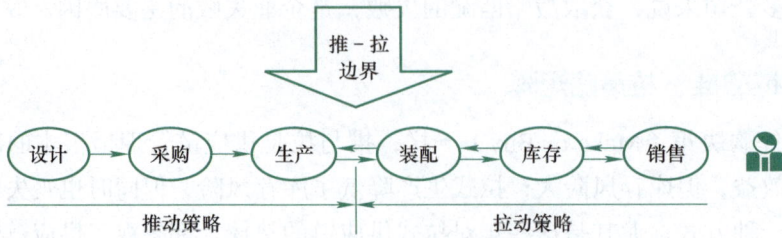

图 3-6　汽车制造业的推－拉策略

2. 服装供应链的推－拉边界

时尚行业的推－拉边界应该在哪里？在品牌商处。因为品牌商设计时装，对流行时尚的理解最深，而且可以整合不同经销商的需求，需求预测的准确度更高。这道理其实也不难，深受订货会之苦的时尚行业也懂得。订货会之所以存在，是因为经销商、品牌商是不同的业务实体，有不同的利益诉求，订单是经销商对品牌商的承诺，是双方博弈的结果。但从供应链的角度看，这种博弈的结果是次优化的，会造成品牌商、经销商的双输局面。

拓展阅读

丰田汽车生产中的推－拉模式

众所周知，丰田的零库存是通过准时制生产方式（JIT）和"看板"（Kanban）管理结合的管理模式来实现的。丰田汽车生产中的推－拉模式如图 3-7 所示。

图 3-7　丰田汽车生产中的推－拉模式

JIT 和看板管理模式是典型的需求拉动模式。JIT，即只在需要的时候提取恰当数量的物料，而这个恰当的数量是通过"看板"来实现的。"看板"规定了所生产的零件及其数量。后道工序根据实际的用量向前道工序提取物料，并通过"看板"将需求信息传递给上一道工序，通过这样的方法，一道一道地由后道工序向前道工序传递需求指令。在 JIT 和看板管理模式下，计划部门只对最后一道工序下达生产指令，而不会将主生产计划按照物料清单分解到各个工序。

　　从表面上看，JIT 和看板管理模式是一种单纯的拉动模式，但事实上，为了维持这个拉动系统的正常运作，在工序和工序之间，丰田巧妙地植入了一个推动系统，即看板的大小。看板的大小即看板容器里的物料数量，它是由"单位时间内物料的需求量""容器容量""看板的周转时间""安全缓冲库存量"所决定的，公式如下：

　　看板大小 = 单位时间内物料的需求量 / 容器容量 × 看板的周转时间 + 安全缓冲库存量

　　安全缓冲库存是采用推动模式提前生产出来的，同样满足我们前述的拉动原则，即拉动的周期要小于或等于客户期望的交付期，不能满足的部分需要通过建立缓冲库存来进行补偿。这里客户期望的交付期是"即时供应"，随时取随时有，但客户会按照一定的间隔时间进行取货，而不是一直不停地取货。因此，我们就必须在这个客户期望的间隔时间段内准备好足够的库存，实现所谓的"即时供应"。

　　事实上，丰田还存在着另外一种拉动模式，即"JIS"和"E-看板"配合模式。顺序生产方式（Just in Sequence，JIS）是指根据车辆的生产计划，得到虚拟的车辆生产顺序，由此来预测未来各个工序车辆部件的使用顺序和时间，并由此指导部件厂商的供应顺序。由于是基于虚拟的生产顺序生成的拉动信号，因此这种看板信号被称为"E-看板"。

任务二　供应链管理的 QR 与 ECR 策略抉择

供应链管理的
QR 与 ECR
策略抉择

情景导入

ZARA 和优衣库的 QR 与 ECR 策略选择

　　ZARA 和优衣库虽然都是经营服装企业，但 ZARA 和优衣库的客户定位与供应链运营方式却截然不同。为了满足不同的客户定位，ZARA 和优衣库在搭建供应链管理模式时也采取了不同的供应链管理策略，如图 3-8 所示。

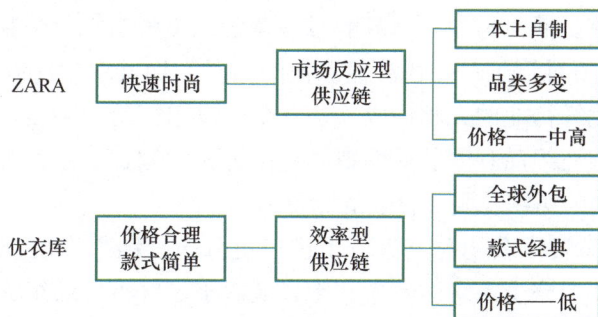

| ZARA | 快速时尚 | 市场反应型供应链 | 本土自制 / 品类多变 / 价格——中高 |

| 优衣库 | 价格合理款式简单 | 效率型供应链 | 全球外包 / 款式经典 / 价格——低 |

图 3-8　ZARA 和优衣库的供应链管理策略

　　ZARA 面对的是热衷时尚的客户群体，他们追逐潮流、喜新厌旧，乐意为了时尚而多付出一些成本，却又不愿意为了只穿几次的衣服而花费巨资；ZARA 所销售的服装是典型的创新性产品，具有不确定性高、生命周期短、可预测性差、过时风险高、缺货损失高等特点。为了匹配这种需求特点，ZARA 搭建了所谓的"极速供应链模式"，这是一种典型的市场反应型供应链：采用小批量、多频次、快速补货的方式，来满足客户对于时尚产品的需求，同时降低高库存所带来的风险。

优衣库的产品以百搭和休闲为主。相较于 ZARA 而言，优衣库的产品更倾向于功能型产品。我们在优衣库往往会重复购买同样款式的产品，这些产品由于重复购买量大，预测准确性高、生命周期长，且不容易过时。为了匹配功能型产品的需求特性，优衣库搭建的是效率型供应链，它强调的是高效且成本低廉。为了降低成本，优衣库采用全球外包的模式，但是外包的最大挑战是供应商的管理难度大、供应的不确定性也很高。为了降低供应的不确定性，优衣库采用了标准化的产品设计方案，无论是产品的款式还是面料，在保证品质的前提下，优衣库都尽可能地推行标准化。标准化的产品降低了供应商制造加工的难度，降低了供应的不确定性，同时也为优衣库推行全球外包带来了诸多的便利。当然，也正是因为优衣库销售的主要是功能型产品，这种标准化的方式才有可能大规模地实现。

导入问题

1. 什么是 QR？
2. 什么是 ECR？
3. ZARA 采取了哪种供应链运作模式和管理策略，为什么？
4. 优衣库采取了哪种供应链运作模式和管理策略，为什么？

🪐 第一步 | 了解 QR 产生的背景、含义及实施步骤

一、QR 产生的背景

20 世纪六七十年代，美国的服装行业面临着国外进口商品的激烈竞争。国外进口的服装占据了美国市场的 40%。面对与国外商品的激烈竞争，美国纺织与服装行业在 20 世纪 70 年代和 80 年代采取的主要对策是在寻找法律保护的同时，加大现代化设备的投资。1984 年，美国服装、纺织以及化纤行业的先驱们成立了一个"以用国货为荣委员会"，该委员会的任务是为购买美国生产的纺织品和服装的消费者提供更大的利益。该委员会拿出一部分经费，研究如何长期保持美国的纺织与服装行业的竞争力。

1986 年，美国一家咨询公司对其进行了供应链分析。结果发现，尽管系统的各个部分具有较高的运作效率，但整个系统的效率却十分低。于是纤维、纺织、服装以及零售业开始寻找那些在供应链上导致高成本的活动。结果发现，供应链的长度是影响其高效运作的主要因素。整个服装供应链，从原材料到消费者购买，时间为 56 周。1 周在制造车间，40 周在仓库或转运，15 周在商店。这么长的供应链不仅导致各种费用增多，更重要的是，建立在

不精确需求预测基础之上的生产和分销，因数量过多或过少造成的损失非常大。整个服装供应链系统的总损失每年可达 25 亿美元，其中 2/3 的损失来自零售商或制造商对服装的降价处理以及在零售环节的缺货。进一步的调查发现，消费者离开商店而不购买的主要原因是找不到合适尺寸和颜色的商品。

这项研究导致了快速反应（Quick Response，QR）策略的应用和发展。零售商及其供应商密切合作应用快速反应策略。零售商和供应商通过共享 POS 系统信息，协同预测未来需求，发现新产品营销机会等，对消费者的需求做出快速的反应。从运作的角度来讲，它们要用 EDI 来加快信息的流动，并共同重组业务活动，以缩短订货前导时间，使成本降低。在补货中应用 QR 策略可将交货提前期缩短 75%。

二、QR 的含义

中华人民共和国国家标准《物流术语》（GB/T 18345—2021）给快速反应下的定义是："供应链成员企业之间建立战略合作伙伴关系，利用电子数据交换（EDI）等信息技术进行信息交换与信息共享，用高频率小批量配送方式补货，以实现缩短交货周期，减少库存，提高顾客服务水平和企业竞争力为目的的一种供应链管理策略。"

虽然 QR 是从美国纺织服装业供应链管理实践中发展起来的一种方法，但随着竞争的全球化和企业经营的国际化，QR 系统管理迅速在其他行业得到广泛应用。QR 的重点是对客户需求做出快速反应，通过提高供应链整体运作效率，减少供应链总体反应时间，可以减少库存，降低成本。

三、实施 QR 的益处

成功实施 QR 的收益很大，远远超过其投入，可以节约销售费用，并且大幅度增加销售额和提高商品周转率，降低需求预测误差。具体来说，实施 QR 后的效果主要体现在以下几个方面：

1. 提高销售额

条码和 POS 扫描技术使零售商能够跟踪各种商品的销售和库存情况，这样零售商就能够准确地了解存货情况，在库存真正降低时才订货，缩短订货周期。零售商采用自动补货系统，能够保证在客户需要商品时可以得到现货。

2. 降低管理费用，减少损失及流通费用

因为不需要手工输入订单，所以采购订单的准确率提高了。额外订货和发货的减少降低了管理费用。在货物发出之前，仓库对运输标签进行扫描并向零售商发出预先发货清单，这些措施都降低了管理费用。需求预测误差可减少到 10% 左右，使得库存商品能够最大限度地满足客户的需求，减少了客户需求不足的商品的库存，从而减少了降价处理的损失。同时由于集成了对客户需求的预测和生产规划，就可以提高库存周转速度，需要处理和盘点的库存量减少了，从而降低了流通费用。

3. 提高客户服务水平

由于相应成本的降低、流通速度的加快，生产商和零售商能够及时把握客户的实际需求，并按需求生产，所以能够在最短的时间内满足客户的需求，并且由于流通成本降低，最终使得客户也能从中获益。

4. 更好地计划生产

由于可以对销售进行预测并能够得到准确的销售信息，生产商可以准确地安排生产计划。

5. 加快库存周转

实施 QR 后，生产商按市场需求生产，零售商按客户需求订货，可以根据需求随时补充货源，从而加快库存的周转。

四、QR 的实施条件与步骤

美国学者布莱克本（Blackburn）在对美国服装行业 QR 研究的基础上总结出 QR 成功实施需要具备的五个前提条件。

（1）改变传统经营方式、经营意识和组织结构。

（2）开发和应用现代信息处理技术。

（3）与供应链成员建立战略合作伙伴关系。

（4）充分的信息共享。

（5）供应商必须缩短生产周期，降低商品库存。

在具备以上五个基本条件后，可以按图 3-9 的六个步骤实施 QR 系统。

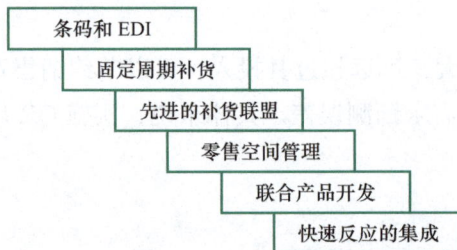

图 3-9　实施 QR 系统的六个步骤

每个步骤需要以前面的步骤作为基础，而且往往后面的步骤比前面的步骤有更高的回报，但是需要额外的投资。

第二步 | 了解 ECR 产生的背景、含义及实施条件

一、ECR 产生的背景

进入 20 世纪 80 年代，特别是到了 90 年代以后，零售商和生产商之间为取得供应链的主导权展开了激烈的竞争。这种竞争使得供应链各个环节间的成本不断转移，导致供应链整

体成本上升。在这期间，从零售商的角度来看，随着新的零售业态，如仓储商店、折扣店的大量涌现，它们能以相当低的价格销售商品，从而使日杂百货业的竞争更趋激烈。而从生产商的角度来看，日杂百货商品的技术含量不高，大量无实质性差别的新商品被投入市场，使生产商之间的竞争趋同化。生产商为了获得销售渠道，通常不惜牺牲自身的利益而采用直接或间接的降价方式作为向零售商促销的主要手段。因此，如果生产商能与供应链中的零售商结成更为紧密的联盟，将不仅有利于零售业的发展，同时也符合生产商自身的利益。另外，从客户的角度来看，过度竞争往往会使企业在竞争时忽视客户的需求。客户不能得到他们需要的商品和服务，他们得到的往往是高价和不满意的商品。对于这种状况，客观上要求企业从客户的需求出发，提供能满足客户需求的商品和服务。

在上述背景下，美国食品市场营销协会联合包括可口可乐、宝洁公司等六家企业与流通咨询企业科特·塞门一起组成研究小组，对食品业的供应链进行调查、总结、分析，于1993 年提出了改进该行业供应链管理的详细报告。该报告系统地提出 ECR 的概念体系。经过美国食品市场营销协会的大力宣传，ECR 的概念被零售商和制造商接纳并被广泛地应用于实践中。几乎同时，欧洲食品杂货行业为解决类似问题也采用 ECR 策略，并建立了欧洲 ECR 委员会以协调各国在实施 ECR 过程中的技术和标准等问题。

二、ECR 的含义

有效客户反应（Efficient Consumer Response，ECR）是一种以更好、更快并且成本更低的服务满足客户为目的的供应链管理战略。ECR 通过生产商、批发商和零售商等组成供应链的各方成员相互协调和合作，达到商品供应流程和服务最优化。例如，在食品杂货分销系统中，批发商和供应商会为消除系统中不必要的成本和费用，给客户带来更大效益而进行紧密合作。

三、ECR 的实施条件

要在供应链系统中成功实施 ECR 策略，首先应联合整个供应链所涉及的供应商、批发商以及零售商，改善供应链中的业务流程，使其最合理有效；然后以较低的成本，使这些业务流程自动化。在具体实施 ECR 的过程中还需要具备以下几个方面的前提条件：

1. 为变革创造氛围，赢得公司高层支持

对大多数组织来说，改变对供应商或客户的内部认知过程，即从敌对态度转变为将其视为同盟的过程，将比实施 ECR 策略的其他相关步骤更困难，时间花费更长。为创造实施ECR 策略的最佳氛围，可以进行内部教育以及通信技术和设施的改善，采取新的工作措施和奖惩机制，同时必须赢得公司高层领导强有力的支持。

2. 建立战略同盟关系

对于大多数刚刚实施 ECR 策略的公司来说，建议成立 2 ～ 4 个初期同盟。每个同盟都应首先召开一次会议，来自各个职能区域的高级同盟代表将对 ECR 策略及怎样启动 ECR 策略进行讨论。以上计划的成功将增强公司的信誉和信心。

3. 开发支持 ECR 的信息技术

信息技术的应用可以发挥 ECR 系统的优势。这些技术包括条码技术、EDI 系统、POS 系统和计算机辅助订货系统等。把这些技术集成起来，在供应链（从生产线直至付款柜台）之间建立一个无纸系统，可以确保产品能不间断地由供应商流向最终客户，同时信息流能够在开放的供应链中循环流动。

四、ECR 的核心策略

ECR 以信任和合作为基础，以创造消费者价值为目标。整个系统包含四大核心策略，分别是：有效的新产品导入、有效的店内空间布局、有效的商品促销和有效的商品补货。ECR 四大核心策略如图 3-10 所示。

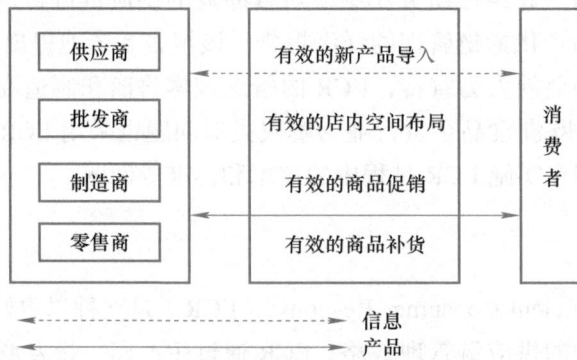

图 3-10　ECR 四大核心策略

1. 有效的新产品导入

通过信息共享，及时准确分析消费者的需求趋势，正确制定产品价格策略，向市场推出新产品。

2. 有效的店内空间布局

实施这种策略目的是通过有效地利用店铺的空间布局来最大限度地提高商品的获利能力。零售商已通过计算机化的空间管理系统来提高货架的利用率。有效的商品分类要求店铺储存客户需要的商品，把商品范围限制在高销售率的商品上，这样可以提高所有商品的销售业绩。企业应经常监测店内空间分配，以确定产品的销售业绩。优秀的零售商至少每月检查一次商品的空间分配情况，有的零售商甚至每周检查一次。通过分析各种商品的投资回报率，可以帮助企业了解商品的销售趋势。了解商品的销售趋势有助于企业对商品的空间分配进行适当的调整，以保证商品的销售能够实现事先确定的投资收益水平。

3. 有效的商品促销

实施这一策略的目的主要是简化贸易关系，将经营重点从采购转移到销售。快速周转的消费品行业现在把更多的时间和资金用来促销，并对促销活动的影响进行评估，客户将从这些新型的促销活动所带来的低成本中获利。

4. 有效的商品补货

有效的补货可以降低系统的成本，从而降低商品的售价，其目的是将正确的产品在正确的时间和正确的地点，以正确的数量和最有效的方式送到客户手中。因此，供应商采用连续补货计划系统工具来进行有效的补货。有效补货借助的技术有：POS 机扫描、店铺商品预测系统、电子收货系统、商品的价格和促销数据库、动态的计算机辅助订货系统、集成的采购订单管理系统、厂商订单履行系统、动态的配送系统、仓库电子收货系统、直接出货系统、自动化的会计系统等。

🪐 第三步 ｜ 掌握费舍尔模型

供应链管理的经典理论中，美国教授费舍尔提出的费舍尔模型以其简单明了的表述和对公司的准确定位而为人们所推崇。马歇尔·L. 费舍尔（Marshall L. Fisher）认为，供应链的设计应以产品为中心，首先要明白用户对企业产品的需求是什么。此外，产品生命周期、需求预测、产品多样性、提前期和服务的市场标准等都是影响供应链设计的重要因素。

一、费舍尔模型的基本概念界定

（一）创新型产品与功能型产品

费舍尔根据表 3-2 中的各项指标，判断客户需求的产品是创新型产品还是功能型产品。不同的产品类型对供应链设计有不同的要求，边际利润高、需求不稳定的创新型产品的供应链设计就不同于边际利润低、需求稳定的功能型产品。

表 3-2　功能型产品与创新型产品各项指标对比

需求特征	功能型产品	创新型产品
产品生命周期	超过两年	一年
边际贡献	5%～20%	20%～60%
产品多样性	低（每一产品目录 10～20 个）	高（每一产品目录上千）
预测的平均边际错误率	10%	40%～100%
平均缺货率	1%～2%	10%～40%
预测的平均季节降价率	0	10%～25%
按订单生产的提前期	6 个月至 1 年	1 天至 2 周

由表 3-2 可以看出，功能型产品一般用于满足客户的基本需求、变化很少、具有稳定可预测的需求和较长的生命周期，但它们的边际利润较低。为了避免低边际利润，许多企业在式样或技术上革新以寻求客户的购买，从而获得较高的边际利润。创新型产品的需求一般不可预测，生命周期也较短。

（二）效率型供应链与反应型供应链

为什么不同的产品类型需要不同的供应链？主要是因为供应链起作用的方式不同。按照物理调节功能可以将供应链划分为效率型供应链和反应型供应链两种类型。

效率型供应链主要体现供应链的物理功能，即以最低的成本将原材料转化成零部件、半成品、产品，并交付给最终消费者；实质上就是选择了供应链管理策略中的 ECR，管理侧重减少成本和消除供应链的浪费，提高供应链整体运行效率。

反应型供应链主要体现供应链的市场中介功能，即将产品分配到满足客户需求的市场，对未预知的需求做出快速反应等，实质上就是供应链管理策略中的 QR，管理侧重缩短时间，快速响应客户需求。

二、费舍尔模型与策略匹配矩阵

费舍尔模型将需求的性质和供应链的功能联系在一起，形成一个矩阵，矩阵的四个部分代表供应链类型和产品类型组合的四种可能，如图 3-11 所示。根据产品需求的性质，可以把需求分为两类，即可以预测的功能型产品的需求和不可预测的创新型产品的需求；而根据供应过程的侧重点，供应链也可分为两类，即追求成本最小的效率型供应链和追求反应速度最快的反应型供应链。

费舍尔建立如图 3-11 所示的策略匹配矩阵，帮助企业判断供应链类型与产品类型是否匹配，方便进一步改善供应链管理策略与投资计划。

	功能型产品	创新型产品
效率型供应链	匹配	不匹配
反应型供应链	不匹配	匹配

图 3-11　费舍尔模型的策略匹配矩阵

企业可以利用这个矩阵来为它们的每一个产品族设计一种供应链战略，首先应该标绘出每一个产品族在矩阵中实际的位置，然后决定产品族在矩阵中应该占据的位置，最后根据这些定位制订建立合适的产品供应链的计划。矩阵的四个方格代表了两种产品类型与两种供应链类型的组合。

1. 功能型产品与效率型供应链的匹配

对功能型产品来说，高效的供应链是一个很好的搭配。由于需求可以预测，市场协调很容易，企业可以仅仅集中于最小化实物成本，因为大多数功能型产品都具有价格敏感性，所以这一点是至关重要的。对于功能型产品，由于边际贡献率低，平均缺货率也不高，产品的生命周期长，生产这类产品的企业所在的供应链系统，选择 ECR 供应链管理策略构建效率型供应链是合适的（战略匹配），管理优先考虑消除浪费，提高供应链效率，减少成本可以为客户创造价值。企业如果采用 QR 供应链管理策略就可能不合适（不匹配），因为提高供应链的市场反应速度必然会导致投入额外巨资，增加成本，这与产品对应的目标客户需求特征不一致，是得不偿失的。例如，宝洁公司的许多产品属于功能型产品，该公司采用了供应商管理存货策略，使库存维持在较低水平，降低成本，公司和客户都可从中受益。企业通常只要制订一个合理的最终产品的产出计划，并借助相应的管理信息系统协调客户订单、生产、采购，就能使得供应链上的库存最小化，提高生产效率，缩短提前期，从而增强竞争力。

对于一种典型的边际效益为 15% 的功能型产品，1% 的平均脱销率意味着因缺货而造成的利润损失仅为销售量的 0.15%（15%×1%），这个成本可以忽略，因此不值得花过多的钱去提高反应速度和灵活性。

2. 创新型产品与反应型供应链的匹配

对于创新型产品来说，关于存货和生产能力的决定，不是要最小化成本，而是应该在供应渠道的某个环节上设置战略储备和超额的生产能力，来更好地防范需求的不确定性，根据速度和灵活性来选择供应商。对于市场反应不明确的创新型产品来说，缺货和供应过度的风险是相当高的。虽然提高供应链的反应速度导致了额外投资，但由于创新型产品在上市初期的边际利润贡献率（超过 40%）较高，快速抢占市场获得超额利润可以覆盖额外的支出，还是有利可图的。相反，生产创新型产品的企业若采取 ECR 供应链管理策略，就是不合适的（不匹配），因为过度注重成本的降低，必然会牺牲供应链反应速度，往往会导致新产品上市速度变慢。这样一来，市场变化和新替代产品进入的风险非常大，所以是不适合的。例如，欧美、日本等不少发达国家将基本的功能型产品放在低成本的发展中国家生产，而将时尚流行性或生命周期短的产品放在本土生产，虽然有可能增加劳动力成本，但通过对市场的快速反应而获得的利润足以抵消这种不利影响。

考虑一种典型的创新型产品，边际收益为 50%，平均脱销率为 20%。由于缺货致使利润损失是巨大的，相当于销售量的 10%（50%×20%），这一数字通常超过公司的税前利润。日本服装制造商 World 公司，它在低成本的其他国家工厂生产一些基本的样式，而在本国生产时髦的样式，这使其对新出现的服装潮流能快速做出反应，这种优势足以弥补日本劳动力成本高昂的不足。

三、常见的不匹配情形及对策

功能型产品需要一个高效的供应过程，而创新型产品需要一个快速的供应过程，当一个产品族在矩阵中处于右上角或者是左下角，意味着在某一方面出了问题。

1. 矩阵右上角：创新型产品与效率型供应链的不匹配

现实中最常见不匹配的情形中是矩阵右上角，生产功能型产品的企业常常过度创新，但经营体系和理念还是未变，就导致了矩阵右上角不匹配的情形。由于功能型产品需求稳定容易引起竞争，这是符合逻辑的。广泛竞争的结果就是低利润率，为了避免低利润率，公司引入创新机制，给客户一个购买本公司产品的理由，并且证明更高的定价是合理的，其中时装和计算机最为典型。但是，有时候我们会在一些意想不到的领域见到成功的创新，例如在食品行业，典型的生产功能型产品的公司，如 Ben & Jerry's、Mrs. Fields 和星巴克（Starbuck），都想通过产品的多样性和创新性，来赢得竞争优势。创新可以使公司获得更高的利润，但也正是由于创新型产品的"新"，而使得产品需求更加难以预测，而且创新型产品的生命周期短，通常只有短短的几个月，还会有仿制者来侵蚀现有创新型产品的竞争优势，因此企业必须有稳定的创新源泉。

由于这些变化都是慢慢发生的,所以企业往往意识不到这些变化,而继续强调供应链的高效,结果就出现了需求的性质与供应链的侧重点不相匹配的情况。这些不匹配发生的概率有多高呢?很少有美国公司归入矩阵的左下角,它们会设计功能型产品与快速的效率型供应链搭配。然而很多美国公司归入了右上角,它们的产品是创新型的,但是供应链却追求高效和低成本,而不是反应速度。

在这种情况下,管理者一定很早就注意到了这个问题,但为什么要用如此长的时间来做出反应呢?一方面,不匹配的成本往往是不可见的,它并不是看得见、摸得着的东西,管理者们看到的是他们满足消费的水平神秘地下降了,或者是存货水平到了警戒线。这时候他们只能羡慕那些并没有改变产品战略的竞争对手,这些对手存货水平很低,但满足需求的水平很高。他们甚至会将对手分管后勤的副总裁挖过来,认为如果聘请对方的后勤副总裁的话,自己也会降低存货水平,提高满足需求的水平。新的副总裁同样是根据以前的环境来制订改善计划,也就是削减存货,要求营销人员把需求预测固定下来,然后和供应商们一起建立固定、及时的运送计划。但对于公司面临的不可预测的环境而言,这是完全错误的战略。

先来解决创新型产品与侧重于高效的供应链之间的不匹配。换句话说,我们首先来解决如何走出右上角误区的问题。如果处于右上角,此时有两种选择,可以往下移,使供应链反应敏捷,或者往左移,重新使产品成为功能型产品。这样的例子很多,如计算机、包装好的消费品、汽车等行业,因为竞争者数目的不断增加,现有竞争者不断努力提高利润率,所以企业都尽力把传统的功能型产品转化为创新型产品,但它们的重点仍然放在供应链的节约成本上。这样,它们最终的位置,还是回到了右上角,并且正是在这些行业中,受过专业培训的经理人处于过剩的状态。

戴尔公司通过往下移动建立快速供应链,实现了产品类型与供应链类型的匹配。它建立了一个反应高速敏捷的个人电脑的定制程序,消费者可以通过互联网根据自己的喜好定制一台戴尔电脑。处于右上角的公司,克服不匹配的另一个方法就是使产品重新成为功能型产品。

如何确定企业是要向左移动还是向下移动呢,正确的方法取决于利润率的大小,如果可以由产品创新得到足够多的额外盈利,来弥补建立快速供应链的成本,企业就应该向下移动;相反,向左移动的标志是一条产品线的产品种类很多,但是利润率低,牙膏就是一个很好的例子。在当地的市场里,只挑一个品牌的牙膏,可能有多种不同的牙膏,每一种的配料都基本相同,区别都是装饰性的,大部分都在包装上。宝洁公司一直在精简许多产品线和定价策略,管理者得出结论,牙膏这类产品也许应该向左移动才更合理,至少在削减大部分并不会给客户带来什么好处的新产品种类的意义上是这样。

2. 矩阵左下角:功能型产品和反应型供应链的不匹配

这种情形并不多见,因为实际上这是对资源的一种浪费。这种情形通常发生在一些刚刚起步的公司,它们没有足够的业务去利用全部的生产能力;或者是那些日趋衰落的公司,它们的生产能力过剩。例如在医疗领域中常发现类似的例子,美国人有时仅仅因为一些常见的疾病如感冒而去急诊室就医。可以将急诊室比作反应型供应链，它应该能对各种未知的问题做出快速的反应，但是与其他医疗形式相比，这是一种非常昂贵且没有效率的形式。真正的急症就像一种创新型产品，它们需要急诊室能快速做出反应，急症发作的时候如果得不到治疗，就相当于缺货一样，可能造成死亡，这也跟创新型产品一样，缺货的成本是很高的。另一方面，治疗感冒等其他常见的医疗程序可以被比作功能型产品，在反应迅速的急诊室里治疗感冒，就像我们看到的反应型供应链和功能型产品不匹配的例子。

费舍尔的理论在很大程度上为许多企业的产品和供应链设计提供了方向，但在现实中，我们发现很多费舍尔认为不匹配的企业获得了比那些恪守理论原则的公司多得多的利润增长。最明显的一个例子就是一向以特立独行而著称的苹果公司，按照费舍尔模型，苹果属于生产创新型产品却追求高盈利水平的不匹配状态，但正是这种状态让苹果公司从 iPod、iPhone 以及苹果电脑的全球热销中获得了巨大的利益。而对于生产功能型产品的企业来说，由于竞争对利润的挤压已接近极限，因此另辟蹊径在售后服务等环节提高反应能力反而成了新的业务增长点。

拓展阅读

"松下" National Bike 自行车通过减少不确定性实现快速供应

对创新型产品来说，不确定性应该被认为是一种好现象。如果产品的需求可以预测的话，那么这种产品可能就不够创新，从而无法实现很好的利润。驾驭风险通常就是减少风险、避免风险和防范风险三者的结合。"松下" National Bike 自行车（以下简称 "National Bike"）为我们提供了一个通过避免不确定性实现快速供应的典型例子。

多年来，National Bike 一直颇受欢迎，虽然规模小，但是运作得很成功。而到了 20 世纪 80 年代中期，它陷入了困境。在日本，自行车作为交通工具，仅仅是一种廉价的功能型产品，也就是一种在价格较低的情况下才能卖得出的商品。日本的劳动力成本很高，这使得 National Bike 竞争不过便宜的中国自行车和韩国自行车。1986 年，为了改变这种状况，松下公司任命了一位新总裁 Makoto Komito。"松下" National Bike 自行车有一条高盈利的产品线，专门生产以娱乐为目的的运动型赛车，消费者多为富有之人。Makoto Komito 认为，National Bike 最好集中精力深耕这一部分细分市场，利用公司的力量去开发一条快速供应链。

我们一起来看看 National Bike 的供应链。先从 10 种不同类型的钢管说起，10 种钢管可以被切割、焊接成 300 种不同的框架，每种框架可以选用的油漆颜色有 70 种，于是就有了 21 000（300×70）种框架。此外，还有不同类型的零部件，如车轮、车链、车闸等，平均每种零部件有 10 种样式，这样一来，组合的数目就更大了。一般来说，每种漆过的框架可以采用 100 种不同类型的组合装配，这意味着工厂可以生产 200 万种自行车。为什么到了零售商这一环节时，产品的样式达到了 30 亿种呢，是零售商对自行车做了某些改动吗？答案是否定的。但是我们可以把地域看成是另一种变化形式，因为 National Bike 有 1 500 位零售商，考虑到地域因素，产品样式的数目就是 30 亿种（1 500×200 万）。

要处理如此复杂的事情一定很难。但 National Bike 的供应链在种类增多的点上反应很快，使得它能够顺利地解决这个问题。我们来重新看一下它的供应链。National Bike 获得钢管和零件需要大约 40 天，除此之外，其他任何更进一步的加工都不超过两天，因为钢管和每一种零部件都只有 10 种样式，各节点可以存储一部分钢管和零部件，以便在供货期很长的情况下也能立即组织生产，而且因为供应链上的每个节点反应都很快，种类的多样性并不会带来坏处。总的原则就是，在供应链的每一个点上，要么供货期很短，要么变化的种类不多。最显而易见的办法就是要么缩短供货期，要么削减变化的种类，但是还有不那么显而易见的办法。例如，当一个供货期短、变化种类多的步骤后面跟着一个供货期长而变化种类并没有增多的步骤时，可以通过改变次序来提高反应的敏捷性。National Bike 采用的计划被称作"全面定做"，也就是通过大量产品的定做来使公司有能力以接近批量生产的价格来提供定做产品，许多公司已经采用了批量定做战略。

批量定做并不一定便宜，National Bike 的定做生产需要的劳动力比装配线生产多三倍。劳动力成本的差额与 20 世纪初亨特·福特遇到的情形是一样的，只不过他采用了相反的策略，从单个生产变成了批量生产，因而将劳动力成本降至原来的 1/3。那现在发生了什么样的变化使得定做生产重新变得可行了呢？

因为客户变了，现在我们拥有更多的愿意为创新产品支付高价的富有客户。创新型产品需要一个比功能型产品"T 型车"更昂贵、反应更迅速的生产过程。再次回顾驾驭风险的三种方式，National Bike 是一个很好的例子。

知识链接　国家政策对供应链管理策略的影响

供应链管理策略的选择不仅仅是企业自身的决策，还受到国家政策的重要影响。国家政策可以通过多种方式对供应链管理策略产生影响，例如：

（1）环保政策：国家对环保的要求日益严格，出台了一系列环保政策。这些政策促使企业在供应链管理中更加注重绿色发展，选择环保材料和生产工艺，推动绿色供应链的建设。

（2）产业政策：国家的产业政策鼓励企业进行产业升级和技术创新，这促使企业在供应链管理中加强与高新技术企业的合作，引入先进的技术和管理经验，提高供应链的竞争力。

（3）税收政策：税收政策对企业的成本和利润有直接影响。国家通过税收优惠等政策，鼓励企业在供应链管理中加大对本土化和区域化的支持，促进地方经济发展。

（4）贸易政策：国际贸易政策的变化会影响企业的供应链布局。国家的贸易政策可以引导企业调整供应链结构，加强国际化合作，拓展海外市场。

（5）数字化政策：国家鼓励企业进行数字化转型，提高供应链的信息化水平。相关政策支持企业在供应链管理中应用大数据、人工智能等技术，实现供应链的智能化管理。

综上所述，国家政策对供应链管理策略性选择具有重要的引导和推动作用。企业应密切关注国家政策的变化，积极响应政策号召，将政策要求纳入供应链管理策略的制定和实施中。同时，企业也应根据自身实际情况，合理选择供应链管理策略，实现经济效益和社会效益的双赢。

知识测试

一、判断题

1. 推式供应链以客户为中心，比较关注客户需求的变化。　　（　　　）
2. 拉式更适合反应型供应链，而推式更适合效率型供应链。　　（　　　）
3. CODP 切入点后追求的是低成本，最大限度地发挥规模效应。　　（　　　）
4. CODP 切入点前追求的是产品柔性，最大限度地满足客户个性化需求。　　（　　　）
5. 定制化程度越高，预测准确度越低，推－拉边界离最终客户越近。　　（　　　）
6. 对产品的时效性要求越高，推－拉边界就离消费者越近。　　（　　　）
7. 功能型产品一般用于满足客户的基本需求、变化很少、具有稳定可预测的需求和较长的生命周期。　　（　　　）
8. 对于创新型产品，产品生命周期短，市场变化快，改善供应链的市场反应能力就非常重要。　　（　　　）
9. 现实中最常见的不匹配情形是矩阵右上角（创新型产品与效率型供应链），企业常常过度创新，但经营体系和理念还是未变。　　（　　　）
10. 费舍尔模型中右上角不匹配的情形，确定企业是要向左移动还是向下移动，正确的方法取决于利润率的大小。　　（　　　）

二、单选题

1. 推式供应链的优点有（　　　）。
   A. 反应比较慢　　　　　　　　　　B. 批量小
   C. 计划复杂　　　　　　　　　　　D. 成本优势
2. 拉式供应链的缺点有（　　　）。
   A. 供应波动大　　　　　　　　　　B. 批量小
   C. 容易产生呆滞库存　　　　　　　D. 反应快
3. 推－拉边界选择适当，会有效地平衡供应链的响应速度、成本和（　　　）。
   A. 服务水平　　　B. 服务质量　　　C. 库存　　　D. 协调难度
4. 对产品的（　　　）要求越高，推－拉边界就离消费者越近。
   A. 性质　　　　　B. 成本　　　　　C. 质量　　　D. 时效性

5. 拉动流程经常受限于推动阶段的库存和（　　）决策。

  A. 生产能力   B. 管理能力   C. 采购能力   D. 销售能力

6. QR 的重点是对客户需求做出快速反应，通过提高供应链整体运作效率，不能够（　　）。

  A. 减少供应链总体反应时间   B. 减少库存

  C. 降低成本   D. 增加成本

7. 以下（　　）产品属于功能型产品。

  A. 智能手机   B. 电饭煲   C. 矿泉水   D. 太阳眼镜

8. 费舍尔模型中右上角不匹配的情形，确定企业是要向左移动还是向下移动，正确的方法取决于（　　）的大小。

  A. 库存量   B. 反应速度   C. 成本   D. 利润率

9. National Bike 通过大量产品的定制使公司有能力以接近批量生产的价格来提供定制产品，它所采用的计划被称作（　　）。

  A. 全面定制   B. 批量生产   C. 大量定制   D. 全面生产

三、名词解释

1. CODP
2. QR
3. ECR

四、简答题

1. 比较推式供应链和拉式供应链的优劣。
2. 如何设计推 – 拉边界？
3. 简述 QR 的含义和实施步骤。
4. 简述 ECR 的含义和实施条件。
5. 简述费舍尔模型的策略矩阵及核心思想。
6. 简述费舍尔模型右上角不匹配情形的常见原因及对策，并举例说明。

实训任务　服装行业品牌企业的供应链管理策略比较分析

🎯 任务要求

分析案例并回答以下问题：

（1）比较分析全球服装行业发展情况、竞争格局及上、下游企业供应链总体情况？

（2）结合案例分析 ZARA 公司，重点分析 ZARA 是如何打造极速供应链的？

（3）结合案例分析国内服装品牌安踏，重点分析安踏供应链数字化转型？

（4）结合国内外服装企业的发展经验，谈谈你对本土服装企业未来发展的具体建议？

💬 建议

小组合作制作 PPT 汇报。

案例一：ZARA：极速供应链成就快时尚传奇

一、ZARA 的供应链模式

1. "纵向一体化+横向一体化"的独特模式

ZARA 的供应链可分为四大阶段，即产品组织与设计、采购与生产、产品配送、销售与反馈。ZARA 为保证其供应链的快速响应能力，在供应链系统的组建上，采取了与众不同的模式。

首先，ZARA 将生产时尚产品的基地设在西班牙。ZARA 公司在生产基地拥有 22 家工厂，其所有产品的 50% 通过自己的工厂来生产，以保证绝对的快速。然后，ZARA 把人力密集型的缝制工作外包给其生产基地周边的 400 多家代工厂，虽然这些工厂的劳动力在欧洲是很廉价的，但还是比中国同行高出 6～16 倍。尽管外包给西班牙本地的厂家成本很高，但是这意味着更快速的运营效率，不仅比竞争对手高出几个量级的速度，还省掉了预测客户偏好的麻烦。

为了提高生产过程中的物流效率，减少半成品在各个环节的等待时间，ZARA 花费巨资在西班牙方圆 200 英里的各个生产单位之间架设地下传送带网络。地下传送带网络将染色、裁剪中心与周边缝制加工工厂连接起来进行流水式传送，保证了运输的高效快速性和生产的连贯性，极大地缩短了服装的生产周期。

2. 产品设计与生产的高效协同

ZARA 设计师的主要任务不是创造产品，而是在艺术指导决策层的指导下重新组合现有产品，诠释而不是原创流行。

ZARA 主要利用以下方式整合流行信息：

（1）根据服装行业的传统，高档品牌时装公司每年都会在销售季节前 6 个月左右发布时装信息，一般是 3 月发布秋冬季时装，9 月发布春夏季时装。这些时装公司会在巴黎、米兰、佛罗伦萨、纽约、伦敦、东京等世界时尚中心发布它们的新款服装，而 ZARA 的设计师就坐在 T 台旁边的观众席，他们从这些顶级设计师和顶级品牌的设计中获取灵感。

（2）ZARA 在全球各地都有极富时尚嗅觉的买手，他们购买当地各高档品牌或主要竞争对手的当季流行产品，并把样品迅速集中返回总部做"逆向工程"。

（3）ZARA 有专人搜集时装展示会、交易会、咖啡馆、餐厅、酒吧、舞厅、大学校园等场所和时尚杂志以及街头艺人、影视明星、街头行人展示的流行元素与服装细节。例如 2001 年 6 月，麦当娜到西班牙巴塞罗那举行演唱会，为期三天的演出还在进行中，就发现台下已经有观众穿着麦当娜在演唱会上穿的衣服，之后西班牙大街上更是迅速掀起了一股麦当娜时装热，而服装都来自当地的 ZARA 专卖店。

（4）ZARA 全球各专卖店通过信息系统返回销售和库存信息，用于总部分析畅销/滞销产品的款式、花色、尺码等特征，以供完善或设计新款服装时参考。另外，各专卖店可以通过系统把销售过程中客户的反馈意见，或者它们自己对款式、面料或花色的一些想法和建议，甚至是来自光顾 ZARA 专卖店的客户的可借鉴元素等各种信息反馈给 ZARA 总部。

ZARA 的总部有一个由设计专家、市场分析专家和买手（负责采购样品、面料、外协和生产计划等）组成的专业团队，一起探讨将来可能流行的服装款式、花色、面料等，讨论大致的成本和零售价格等问题，并迅速达成共识。然后，由设计师快速手工绘出服装的样式，再进一步讨论修改。设计师利用计算机进行设计和完善，以保证款式、面料纹路、花色等搭配得更好，并给出详细的尺寸和相应的技术要求。最后，这个团队进一步讨论、确定成本和零售价等问题，决定是否投产。在产品组织与设计阶段，ZARA 与大多数服装企业不同的是：它是从客户需求最近的地方出发并迅速对客户的需求做出反应，始终迅速与时尚保持同步，而不是去预测 6～9 个月后甚至更长时间的需求。

二、设计与生产的速度奇迹

1. 灵感捕捉与快速转化

ZARA 设计师在参加时装发布会时，会将获得的灵感与现有的服装款式进行结合，并在短时间内制作出多款新的设计图纸。这些图纸随后会被发送到工厂，工人们根据图纸进行裁剪和缝制。通过这种快速转化的方式，ZARA 能够迅速推出符合潮流的新款服装。

2. 生产周期的大幅缩短

据统计，ZARA 每年设计和投入市场的服装新款大约 12 000 种，平均每款有 5～6 种花色、5～7 种型号。相比之下，其他时尚品牌每年推出的新款数量通常只有几百种。ZARA 每年投产的产品类型约有 30 万个，不重复出样。这种高效的生产模式使得 ZARA 能够迅速响应市场需求，并提供丰富多样的产品选择。

三、采购与物流的精准运作

1. 与供应商的紧密合作

ZARA 与供应商建立了密切的合作关系，通过共享信息和数据，实现了供应链的高效运转。例如，ZARA 会向供应商提供销售数据和库存情况，以便供应商能够及时调整生产计划和原材料供应。这种合作关系不仅提高了供应链的效率，还降低了成本。

2. 物流中心的高效管理

ZARA 在全球拥有多个物流中心，这些物流中心采用了先进的自动化技术和管理系统，能够快速处理和分配货物。据报道，ZARA 的物流中心每天可以处理数以万计的货物，并且能够在短时间内将货物配送到全球各地的专卖店。

四、销售与反馈的实时互动

1. 专卖店的信息反馈

ZARA 在全球各地拥有 2 000 多家专卖店，这些专卖店会及时将销售数据和客户反馈发送到总部。通过分析这些数据，ZARA 可以了解哪些产品畅销，哪些产品滞销，以及客户的喜好和需求。这些信息对于 ZARA 调整生产计划和设计方向非常重要。

2．顾客意见的重要作用

ZARA非常重视顾客的意见和建议，通过信息系统收集客户的反馈，并将其应用到产品设计和生产中。例如，ZARA曾经根据客户的反馈，推出了一款畅销的T恤，这款T恤在短时间内就成了热销产品。

案例二：安踏：数字驱动的供应链创新变革

在数字技术的推动下，本土服装品牌安踏实现了爆品经验的沉淀、新品上新的闭环以及对消费者需求的有效洞察，成功搭上了国潮风，焕发出新的生机。

一、大数据驱动的精准营销

以消费大数据为核心的数字化转型是安踏近年来的重要战略。安踏与国内互联网及体育品牌咕咚开展了三年的长线战略合作，进军大数据市场，全面收集和分析线上平台消费者对跑鞋的意见、倾向和喜好，将大数据力量注入新产品研发过程。通过大数据和数字化手段，安踏实现了"内容和渠道"的精细化匹配，能够精准定位具有不同标签的目标受众。例如，针对"女神月"，安踏通过大数据标签匹配推出了"花木兰"和"百雀龄"的联名商品战略，大幅提高了女性消费者占比。基于大数据的深刻洞察，安踏打造了符合年轻消费者价值观的品牌形象和专业化商品，增强了品牌与年轻消费者的黏性，最大限度地吸引了年轻消费者。

二、全渠道数字化战略的实施

根据2020年财报数据，安踏集团电商业务增长超过50%，收益突破90亿元。安踏品牌线上业务占比超过20%，增速超过30%。同时，安踏在2021年继续加大"全覆盖"投入，线上线下两大引擎同步推动。安踏于2020年三季度启动的DTC数字化转型计划，旨在构建以消费者大数据驱动商品运营的模式，逐步实现商品全价值链从自动化到智能化的进阶，进一步提升销售商品效率。DTC战略的目的是通过平台化方式，打造一个覆盖全集团、多品牌、全价值链、线上线下打通且支持国际化业务的技术平台。安踏的DTC转型核心是利用数字化直接面对消费者，打通"人、货、场"，为消费者创造更好的价值。

三、智能中台提升效率

2018年3月，安踏全渠道中台项目进入实施阶段，打造全渠道智能中台系统，实现全局库存共享统一视图和全局订单链路统一视图，赋能新零售战略落地，构建未来新零售生态圈。中台系统为安踏集团提供了多种智慧能力。

（1）实现商品主数据统一视图和集中管理。整合安踏集团的八大品牌，将多个独立品牌系统整合为一个系统，进行集中管理，实现信息化统一视图。原本安踏拥有多个系统，接口各不相同，E3+企业中台系统能够包容多个系统，整合商品主数据，进行统一管理。统一的商品主数据有利于管理多样化的商品属性，并依据属性设置进行价格管控。

（2）实现全渠道库存共享应用。首先，业务与仓库分离，区分各业务渠道对库存数量的划分和实际库存商品数量的划分，并根据一定关系进行库存增减。其次，门店共享可用库存，门店上传的库存为可供O2O使用的库存，避免影响正常业务销售。此外，通过分配策略，简化业务人员排单和退货相关工作量。

（3）实现全渠道业务智能化管理。采取超过百项无人值守的智能服务策略，通过不同组合和配置适应各种业务场景，提高员工工作效率，降低成本，包括库存分配策略和订单免审策略等。线上线下融合给消费者带来便利的同时，也增加了业务结算的复杂性。为此，需要建立快速业务结算模型，完成全渠道业务结算。

四、数字化设计降低成本与时间

安踏的产品设计充满黑科技和数字化。在数字化设计平台上，安踏直接使用数字化设计的 3D、AI 虚拟样品设计图进行选品，从 4 000 个虚拟样品配色方案中挑选 300 ～ 400 个虚拟样品，然后制成实体，大大减少了实体样品的数量，降低了打样成本和时间。总成本约为原来的 1/5。为加快产品开发，安踏充分利用 AI 技术自动生成拼色设计和 3D 技术建模打样，还通过快速抓取我国社交媒体资讯数据，进行信息抓取和分析，通过系统进行不同配色，最后提供给设计师。整个过程不到两周，而以前需要两个月以上。

安踏的供应链数字化定位明确，全品类都在进行数字化设计变革，运动生活品类事业部率先实现了大规模应用，并尝试了整个流程，目标是实现包括供应链平台数字化在内的全链路数字化。

第二部分　业务执行

Project 4

项目四
供应链需求管理与商业模式创新

能力目标

- ○ 能够初步运用需求预测方法进行需求分析。
- ○ 能够进行用户研究描绘典型用户画像。
- ○ 能够理解并运用商业模式画布。
- ○ 能够分析典型案例的商业模式创新。

项目思维导图

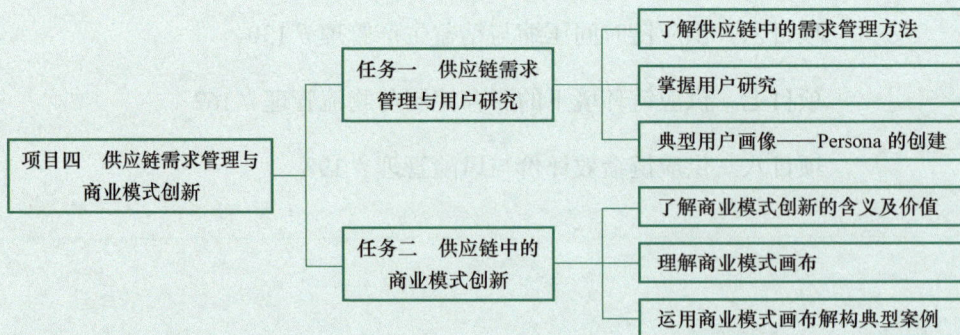

```
                                              ┌─ 了解供应链中的需求管理方法
                         ┌─ 任务一 供应链需求 ─┼─ 掌握用户研究
                         │   管理与用户研究     └─ 典型用户画像——Persona 的创建
项目四 供应链需求管理与 ─┤
   商业模式创新           │                      ┌─ 了解商业模式创新的含义及价值
                         └─ 任务二 供应链中的 ─┼─ 理解商业模式画布
                             商业模式创新        └─ 运用商业模式画布解构典型案例
```

任务一 供应链需求管理与用户研究

情景导入

传音手机凭什么卖遍非洲

深圳有一家企业在非洲手机市场占有很高的市场份额。它就是传音。为什么是这家企业？虽然很多企业都可以做手机，但它结合非洲消费者的特点、生活习惯开发手机的功能。拍照，它比三星更能拍出当地人的风采；音乐一打开，就能营造出令非洲人喜欢的舞蹈气氛。这也是创新。

传音在非洲市场具有领先优势的秘诀是本地化、差异化、贴近消费者需求、长跑心态等。

为了发展出适合黑肤色用户的美肌模式，传音特别成立工作小组，大量搜集当地人的照片，进行脸部轮廓、曝光补偿、成像效果的分析。与一般手机拍照时通过脸部识别不同，传音手机通过眼睛和牙齿来定位，在此基础上加强曝光，帮助非洲消费者拍出更加满意的照片。贴近消费者需求是很多企业都明白的道理，但传音的做法有些特别。传音发布的 Boom J8 手机主打音乐功能，并随机赠送一个定制的头戴式耳机。这款手机在喜欢音乐的非洲用户中广受欢迎。

传音打开非洲市场的利器之一是在国内市场并不稀奇的双 SIM 卡手机。2007 年，传音在非洲市场试水，其旗下的 TECNO 第一款双卡双待手机 T780 成为非洲手机市场的第一款品牌双卡手机。2008 年是传音正式进入非洲市场的第一年，TECNO 第一部四卡机器 4Runner 上市，广受好评。非洲消费者大多有数张 SIM 卡，却没有消费多部手机的能力。正是看准了这种刚需，传音率先在非洲推出双卡手机，不出意料，产品很受欢迎。2011 年，TECNO 被誉为"非洲双卡手机第一品牌"，当时距离传音正式进入非洲市场不过 3 年。传音在全球累计已售出超过 2 亿部双卡手机，在非洲积累了数以亿计的粉丝。

如何深度了解非洲消费者的需求？据介绍，传音不仅在深圳、上海、重庆拥有研发中心，在法国巴黎拥有合作的设计团队，而且在非洲第一人口大国尼日利亚的拉各斯、肯尼亚的首都内罗毕设立了研发中心，后两个研发中心主要是进行本地化的工作，致力改善 App 功能应用等，以提升用户体验。

导入问题

1. 什么是用户研究？用户研究为何重要？
2. 传音手机是如何深度了解非洲消费者需求的？

🪐 第一步 | 了解供应链中的需求管理方法

一、需求管理工作内容

需求管理作为供应链管理的关键一步，会对供应链关键绩效指标带来重大的影响和显著的收益。由于市场竞争的加剧，产品生命周期不断缩短，配置化产品持续增值影响了供应链的财务绩效。因此，将市场和客户的需求纳入供应链加以重点考虑，并迅速满足这些需求是企业成功的基础。

需求管理主要由需求预测、需求计划、需求分析报告、需求监控与关键绩效评估四个部分组成。

1. 需求预测

需求预测是成功实现需求管理的第一步，它是制订需求计划的依据和基础。它的精确度越高，需求计划的可靠性和可行性也就越高。

2. 需求计划

需求计划用来实时支持供应链目标。掌握、协调和控制需求计划，可以协调与需求相关的其他业务环节，并使它们之间不断交流信息，达成一致。

3. 需求分析报告

需求分析报告通过其基于 Web 的报告应用工具，将客户创建定制的报告与 Excel 或其他第三方报告工具集成，或自行定义一套可由所有客户访问的通用异常事件报告集。实时提供需求分析输出报告，可以使管理者及时了解需求变化的情况。

4. 需求监控与关键绩效评估

需求监控与关键绩效评估可以为管理人员进行例外分析和发布消息提供帮助，它与供应链管理其他部分集成，使用多维的功能为需求管理提供所需的关键信息，监控和评估需求计划的执行进程，并对例外情况发出预警，及时通知管理人员防止意外发生。

以上四个部分是相互关联和相互影响的，每个部分对于做好需求管理工作都是必要的。在进行需求管理的过程中，最主要的是做好需求预测和需求计划。

二、需求管理的难题

需求管理是企业所有计划的驱动源，供应链运作参考模型（Supply-Chain Operations Reference-model，简称 SCOR 模型）中第一大模块就是计划（Plan），因此需求管理在企业运作体系中占有举足轻重的地位。同时，企业直接通过需求管理协调外部市场和内部运作，需求管理既需要面对复杂多变的市场环境，又需要兼顾标准化、规范化的内部流程，特别是在供应链逐渐由链式向网式发展中，需求管理越来越复杂化，因而现代企业面临着各种需求管理的难题。

难题一：如何进行有效的需求预测

需求预测是需求管理的基础。一般认为，需求预测越准确越好。其实不然，预测的误差是无法避免的，需求预测的目标应该是努力将误差控制在合适的范围内，而不是追求零误差。因此，实行有效的需求预测流程及选择合适的需求预测方法就显得尤为重要，这也是企业在进行需求管理的时候需要解决的最基本的问题。当然，随着定制化的兴起，也有一种论调强调不进行准确的需求预测，而是依赖供应链的快速响应，实时对市场变化做出反应。但实际上由于生产时间和配送时间的客观存在，是无法达到在同一时刻同时完成从原材料生产到最终客户交付的全部流程的。因此快速响应供应链的基础并不是不进行需求预测，而是尽量缩短需求预测的时间跨度，当跨度足够短时，一般认为可以通过科学的方法使预测需求近似等于真实需求，将库存积压的风险降到最低。

难题二：如何平衡推动式生产和拉动式生产

推动式生产（Push Production）是指按照 MRP 的计算逻辑，各个部门都按照公司规定的生产计划进行生产。在这种模式下，上道工序无须为下道工序负责，生产出产品后按照计划把产品送达后道工序即可。推动式生产以较为精确的需求预测为基础制订需求计划，以库存满足市场需求，能够最大限度地发挥生产的规模效应，但必然造成对市场变化反应的滞后，可能造成大量的库存积压浪费。

拉动式生产（Pull Production）就是指一切从市场需求出发，根据市场需求来组装产品，借此拉动前面工序的零部件加工。每个生产部门、工序都根据后向部门及工序的需求来完成生产制造，同时向前向部门和工序发出生产指令。在拉动式生产方式中，计划部门只制订最终产品计划，其他部门和工序的生产是按照后向部门和工序的生产指令来进行的。根据"拉动"方式组织生产，可以保证生产在适当的时间进行，并且由于只根据后向指令进行，因此生产的量也是适当的量，从而保证企业不会为了满足交货的需求而保持高水平库存产生浪费，但也在一定程度上牺牲了规模效应，增加了运作成本。

因此，制造企业普遍采用推拉结合的方式，来平衡推动式生产的低成本、高效率和拉动式生产的柔性、快速响应。推动式生产和拉动式生产对需求管理的不同要求，也使得推 - 拉分界点的确定，成为如何使需求管理效益最大化的一个难题。

难题三：如何解决牛鞭效应？

1995 年，宝洁公司管理人员在考察婴儿一次性纸尿裤订单分布规律时发现，供应链中存在需求变化放大的效应。它类似于挥动鞭子时手腕稍稍用力，鞭梢就会出现大幅度摆动的现象，因此被称为牛鞭效应。简单地讲，牛鞭效应就是指供应链下游消费需求轻微变动而导致的上游企业生产、经营安排的剧烈波动的现象。当市场上一种商品的消费需求发生细微变动时，这种波动会沿着零售商、批发商、分销商直至制造商逆流而上，并逐级扩大，在需求资讯达到最终源头时，供应商获得的需求资讯和实际消费市场中的顾客需求资讯发生了很大的偏差，需求资讯严重扭曲或失真。"牛鞭效应"的存在给企业造成严重的后果：由于要保持比实际需求大得多的库存，导致企业产生经营风险加大、库存成本上升、利润下降、产品积压、占用资金等问题，从而削弱企业的竞争力。同时，它也导致了整个供应链的运作效率低下。

三、需求预测方法的合理选择

供应链中的需求不同于经济学中的需求，除了包含消费者对产品需求量和价格信息外，还需包含消费者需要的产品类别、规格、型号、质量，以及需求时间、地点等信息。精确的需求预测是提高整个供应链效率的关键。因此，需求预测已经成为供应链管理的一个重要领域，需求预测也是成功实现需求管理的第一步。

影响需求预测准确性的因素有很多，包括市场变化、供给、产品等相关因素。所以需求预测的结果一定是不准确的，但预测不准确并不意味着不能采取某些手段来提高预测的准确性。这就要求企业组建有力的团队，识别并把握主要影响因素，并选择合适的预测方法来进行需求预测。

在做预测时，对于不同的需求问题需要采用不同的预测模型、方法和工具。常见预测方法可以分为定性预测法（基于判断和直觉）和定量预测法（应用数学模型和相关的历史数据进行预测）两大类。最近的一份研究显示，在被调查者中，有60%的企业都经常使用时间序列分析法进行预测。其他流行的预测方法是移动平均法和简单趋势法。在被调查者中，有24%的企业使用相关模型预测，其中回归分析法的应用最为普遍。

1. 定性预测法

定性预测法基于评估和判断，多用于数据有限、不可获得或者不直接相关的情况。调查发现，当没有可供参考的数据的时候，8%的企业应用定性预测法。这种方法成本低，预测的有效性取决于预测者的经验和技巧及相关信息的数量。定性预测法经常用于对未来形势的估计，特别是当现有数据不太有用，或者推出新产品没有可供参考的现有数据时。下面介绍四种定性预测法。

（1）集体讨论法。集体讨论法是指召集在市场、竞争对手、商业环境方面具有丰富经验的一组高级部门主管围绕特定问题展开讨论，汇总所需要的信息进行预测的一种方法。这种方法的优势在于几个经验丰富的人在一起工作，如果其中一人的看法可以左右讨论的话，那么讨论结果的价值和可靠性就会减弱。这一技巧适用于制定长期规划及新产品的引入。例如对时尚服装市场进行预测，因为没有历史数据可供参考，所以预测准确的风险比较大。公司通过采购委员会成员的一致意见来预测需求，但因为委员会中一名成员的意见具有主导性，所以预测的结果具有潜在的偏差和不准确性，公司应将每名成员的预测平均后形成总体需求预测。

（2）德尔菲法。采用该方法时预测小组成员不需要实际见面，以避免某个或某几个专家在讨论中起主导作用。总的调查结果通过每一轮的结果累加得出。然后预测小组将结果反馈给每个参与的专家，这样每个专家也可以根据专家组的汇总意见修正自己的看法。这个过程会不断重复直到达成一致意见。这种方法耗时间、费用高，预测的质量主要依赖于参与专家的知识，适用于高风险技术的预测、大型项目的预测，或者是主要的新产品推介。

（3）销售人员意见汇集法。销售人员的意见在很大程度上可以反映市场情况。这种预测方法建立在销售人员对市场的认知和对客户需求的预期基础之上。由于销售人员最接近客户，这种预测应该比较可靠，但个人认识上的偏差可能会对这种方法产生不利的影响。例如，如果实际销售超过预测能得到奖金，那么预测的数字可能会偏低。

（4）消费者调查法。针对顾客设计一份调查问卷，就一些主要问题了解顾客未来的购买习惯、对新产品的设想、对现有产品的看法。通过电话、信件、互联网或者当面交流来完成调查工作。将收集到的数据通过统计工具进行分析和判断，形成一套有指导意义的结果。例如，惠氏制药就是应用这种方法来预测新产品。这种方法面临的难题是如何从广大的人群中选取有代表性的调查对象，并可以确保在一定的期限内完成该项调查任务。

2. 定量预测法

定量预测法对历史数据和相关变量进行分析，形成需求预测。常用的两种方法是时间序列预测法和相关预测模型法。

（1）时间序列预测法。时间序列预测法基于一种假设，即未来是过去的延续，因此可以用历史数据来预测将来的需求。时间序列预测法中的一些具体方法包括：简单移动平均法、权重移动平均法、指数平滑法和趋势调整指数平滑法。具体的应用参见有关参考书，在本书中不做具体介绍。

（2）相关预测模型法。相关预测模型法假设一个或更多的因素（自变量）与需求有关，可以用来预测将来的需求。一般应用回归分析法预测将来的需求，即确定一个或几个与需求有关的外部变量用来预测需求，一旦变量和需求之间的关系确定就成了预测模型。一些常用的预测模型有简单变量回归预测模型、多变量回归预测模型等。

因为定量预测法完全依赖过去的需求数据，而且变量之间关系非常复杂，干扰项多，所以当预测的时间跨度很大时，定量分析就不是很准确。因此当参考长时间跨度进行预测时，推荐使用定量和定性相结合的方法进行分析。

🪐 第二步 ｜ 掌握用户研究

一、用户研究概述

1. 用户研究的定义和特征

用户研究是以用户为中心的设计流程（UCD）中的第一步。它是一种理解用户，将用户的目标、需求与企业的商业宗旨相匹配的理想方法。用户研究的首要目的是帮助企业定义产品的目标用户群，明确、细化产品概念，并通过对用户的操作习惯、知觉特征、认知心理特征的研究，使用户的实际需求成为产品设计的导向，使企业的产品更符合用户的习惯、经验和期待。

用户研究与一般性市场调研之间存在一定的区别。用户研究强调，对于不同文化背景的用户根据系统的心理模型研究定位产品设计方向，关注用户的价值观、基本的知觉特性、操作习惯和思维方式。这些因素是稳定的、可持续的，能够真正对产品的开发有用。一般的市场调研关注产品现有的销售情况、使用优缺点、用户现有的态度和看法，关注用户行为数据的收集，这些因素容易受外界因素的影响而变化，是不稳定的，难以对未来的设计和产品开发起指导作用。

2. 用户研究的价值

用户研究不仅对公司设计产品有帮助，而且能让产品的使用者受益，是对两者都有利的。对公司设计产品来说，用户研究可以节约宝贵的时间、开发成本和资源，创造更好、更成功的产品。对用户来说，用户研究使得产品更加贴近他们的真实需求。通过对用户的理解，我们可以将用户需要的功能设计得有用、易用并且强大，能解决实际问题。要实现以人为本的设计，必须把产品与用户的关系作为一个重要研究内容，先设计用户与产品关系。

3. 用户研究的内容

一般来说，用户研究应该了解的内容包括以下几点：

（1）场景。用户与目标产品发生接触的典型情形。

（2）行为。用户使用目标产品时的行为表现。

（3）动机。行为想要达成的目的，即行为背后最直接的心理动因。

（4）需求。尤其是未满足需求：用户内心较普遍和稳定的需要（需要是更深层的心理驱动力）。要区分软件工程中的需求（Requirements）和用户研究中的需求（Needs）的差别，在与多方沟通时千万不要混淆。

（5）痛点。用户在产品使用中遇到的常见问题、麻烦，现有情况下无法解决。这是产品创新的机会所在，为用户解决现有问题。

相反，以下内容通常不适合通过用户研究来直接获取，这也是很多人误用用户研究的地方：

（1）偏好。偏好类问题受个体差异影响很大，所谓萝卜青菜各有所爱，除非有较大的样本，否则意义不大，甚至可能会产生误导。

（2）对想象中的产品的评价。用户没有能力对想象中的产品做出评价，其结果也可能产生误导。使用原型给用户评价会缓解这一问题，但还是需要谨慎。

（3）对功能的期望。用户的期望包含了比较多的随意臆想的成分，不能以此为依据来设计功能，而是应从对用户现有行为的分析中挖掘机会点。

（4）具体的设计建议。用户不是设计师，设计师也不应该由用户来教导怎么做设计。所以，不应由用户给出具体的设计建议。工作中经常遇到这样的情况，设计师或者产品经理会让用户研究人员向用户"转达"有关具体设计建议的提问，但其实这是不妥当的，因为这等于是把产品设计的复杂性传递给用户，让用户来化解这种复杂性。例外的情况是，如果是对使用经验十分丰富且对该产品领域有深入研究的专家用户，可以进行以上提问。这也是麻省理工教授埃里克·冯·希普尔的观点，他认为越来越多的企业通过让专业的用户参与到设计中来可以让企业获益良多。但是，对于一般的用户而言，询问有关如何设计某个产品的问题是不合适的。

二、用户研究的步骤、方法与目的

用户研究的步骤、方法与目的见表4-1。

表 4-1　用户研究的步骤、方法与目的

步骤	方法	目的
前期用户调查	访谈法（用户访谈、深度访谈）；背景资料问卷	目标用户定义；用户特征设计；客体特征的背景知识积累
情景实验	验前问卷 / 访谈、观察法（典型任务操作）、有声思维、现场研究、验后回顾	用户细分；用户特征描述；定性研究；问卷设计基础
问卷调查	单层问卷、多层问卷；纸质问卷、网页问卷；验前问卷、验后问卷；开放型问卷、封闭型问卷	获得量化数据，支持定性和定量分析
数据分析	单因素方差分析、描述性统计、聚类分析、相关分析等数理统计分析方法 主观经验测量（常见于可用性测试的分析）、Noldus 操作任务分析仪、眼动绩效分析仪	用户模型的建立依据；提出和设计简易解决方法的依据
建立用户模型	任务模型；思维模型（知觉、认知特性）	分析结果整合，指导可用性测试和界面方案设计

三、用户研究的基本文档

（1）问卷调查：问卷设计报告、问卷调查表、问卷调查结果分析报告。

（2）用户访谈：被访用户筛选表、访谈脚本、配合记录表、被访用户确认联系列表、访谈阶段总结报告。

（3）焦点小组：焦点小组用户筛选表、焦点小组执行脚本、焦点小组参与用户确认联系列表、焦点小组影音资料。

（4）项目最后：用户研究分析报告。

🪐 第三步 ｜ 典型用户画像——Persona 的创建

一、什么是 Persona

Persona 就是一个虚拟的人物，这个人物代表了企业的产品或者服务的主要用户群（注意：主要用户群未必就是数量上最庞大的用户群）。一个 Persona 可以比任何一个真实的个体都更有代表性。一个代表典型用户的 Persona 的资料包括名字、照片、好恶、习惯、背景、期望和其他可以帮助开发团队去认同用户的信息。最重要的是，Persona 列出了用户的关键目标。

二、如何获得建立 Persona 的信息

通过分析从用户调研中所掌握的信息，就可以定位主要用户群。然后选取最能代表一个用户群的性格特征，利用这些性格特征去创建 Persona。平时常用的用户调研方式有：情境访谈（观察法）、单独访谈（访谈法）、在线调查、焦点小组访谈、可用性测试等。

三、Persona 的描述方式

一个 Persona 包括一个虚构的名字和一系列特征，这些特征描述了所定位的主要用户群。

范例：珠宝网购典型用户角色

姓名：××× 人物类型：主要用户	【关键差异】 ● 购买用途：结婚 ● 购买品种：戒指（婚戒），钻石定制 ● 有网购经验 ● 喜欢货比三家 ● 有较强的消费能力 ● 注重款式、售后服务

【人物简介】

×××是一名经理助理，在贸易公司上班，今年27岁。以前在珠宝购物网站购买过手镯。比较喜欢也经常网购，喜欢比较，有一定的消费能力

与男友相识数年，如今正准备挑选一款结婚戒指。因为男友最近工作比较忙，而且去商铺挑选比较麻烦，于是决定网购钻戒

×××想要购买一款结婚戒指，材质以钻石为主，定制婚戒，款式要求比较时尚精致

【个人信息】 ● 职业：行政 / 管理人员 ● 公司：外贸公司 ● 年龄：27 岁 ● 学历：本科 ● 收入：2001 ～ 5000 元 【计算机和互联网经验】 ● 计算机水平：熟练 ● 上网经验：8 年以上 ● 主要使用方式：信息浏览、资料搜索 ● 每天上网时间：8 小时以上	【用户行为】 ● 预计花费：3 001 ～ 7000 元 ● 珠宝网购的时间：1 ～ 2 年 ● 使用过的珠宝网购平台：其他 ● 网购频率：半年及以上 ● 网购珠宝的种类：戒指 ● 网购珠宝的材质：钻石 ● 网购珠宝的用途：结婚 【用户目标】 ×××访问网站是为了： ● 购买戒指 ● 购买材质：钻石（选择钻饰成品或者送钻石、嵌式定制） ● 购买价格：3 001 ～ 7000 元	【用户态度和观点】 ● 网购珠宝的关注点：款式、安全、信誉口碑、售后服务 ● 网购珠宝的原因：方便、好奇 ● 网购珠宝的满意度：不错 ● 网购珠宝担心的问题：商品质量、商品配送 ● 珠宝电子商务的劣势：信心不足、知名度不高、安全性 ● 认为最好的珠宝网站：××× ● 可能会继续网购珠宝 ● 会购买的珠宝品牌：国内知名品牌，门店多，价格较贵 【网站目标】 我们想让该用户： ● 购买钻石钻饰：戒指 ● 定制戒指 ● 成为婚钻卡会员 ● 购买项链、首饰等其他产品

四、建立用户原型 Persona 的价值

建立用户原型 Persona 的价值包括以下几点：①用户的目标和需求变成了团队的共识。②团队可以集中精力为一组可管理的 Persona 进行设计，并且知道 Persona 代表了一群什么样的用户。③经常问问"×× 会不会用这个呢？"可以避免团队跌入陷阱，这个陷阱就是有时用户咨询的功能未必是他使用的功能。④可以根据 Persona 排出优先级。⑤在参考 Persona 时会挑出设计决策的不一致意见。⑥可以使用 Persona 来评价设计，在可用性测试中找到更好的设计方案。

福特汽车、微软等众多公司都开发和使用 Persona，他们也从中受益良多：能够更好地理解客户，缩短了设计周期，改进了产品质量。

拓展阅读

全球首款 3D 打印汽车 Strati 与红点设计冠军车型

红点设计大奖（Red Dot Award）源自德国。起初，它纯粹只是德国的奖项，可以一直追溯至 1955 年，但它逐渐成长为国际知名的创意设计大奖。现在，可以说红点设计大奖已是与 iF 奖齐名的一个工业设计大奖，是知名设计竞赛。评委们对参赛产品的创新水平、功能、人体功能学、生态影响以及耐用性等指标进行评价后，最终选出获奖产品。红点设计大奖与德国"iF 奖"、美国"IDEA 奖"并称为世界三大设计奖。能够获得红点设计大奖的汽车都不一般。红点设计大奖评选的标准极为苛刻，评选会严格按照"通过筛选和展示认定资格"的标准进行，只有上市不到两年的产品才具备参选资格。同时，形成参选产品与同类产品的区别，为设计者提出了更高的要求。所以，获得过红点设计大奖的汽车都是经典之作。

2014 年 10 月，美国亚利桑那州的 Local Motors 汽车公司用 3D 打印机"造"了一辆车，名为"Strati"。整辆车的材料成本仅为 3 500 美元，打印时间长达 44 小时，是全球首款能开上路的 3D 打印汽车。

Strati 只有 40 个零部件。除了动力传动系统、悬架、电池、轮胎、车轮、线路、电动机和风窗玻璃外，剩余的包括底盘、仪表板、座椅和车身在内的零件均由 3D 打印机打印。其打印设备能够打印约 90 厘米×152 厘米×305 厘米的零部件，打印材质为碳纤维增强热塑性塑料。Local Motors 是美国亚利桑那州的一家汽车公司，公司包括首席执行官在内只有 10 名正式员工，与福特、通用、克莱斯勒等汽车巨头相比，Local Motors 简直微不足道。虽然没有规模化的研发中心，没有装配车间与营销团队，但该公司却秉承着"开源造车、个性化定制"的理念，打造了具有颠覆性的汽车产品。2010 年 10 月 16 日，目击者拍到了由该公司的"微型工厂"（Micro-Factory）生产出来的汽车，这款汽车凝聚了全球大约三万研发人员、技师和制造商的共同心血，车身及底盘由 Local Motors 本身制造，其余配件皆由本田、通用和大众提供。他们通过 Local Motors 网络社区进行设计交流，并于 2014 年芝加哥国际制造技术展览会上展示了他们利用 3D 打印技术制作（仅限于车身与底盘，其他材料依旧采用传统工艺）的设计比赛冠军车型 Strati。这不仅是云制造模式转化为产品的现实案例，更是运用用户研究和互联网技术对资源协同创新的有力论据。

任务二　供应链中的商业模式创新

供应链中的商业模式创新

情景导入

比亚迪的低成本商业模式创新

这里，我们将比亚迪公司的商业模式进行分解，总结出四大特征，以此解释了其低成本创新之道。

1. 避免陷入"卓越制造孤岛"和"卓越技术孤岛"

只有明确了真实市场的存在,并确认资本投入有助于消除产业价值链隔阂时,其所产生的成本节约与效率提升,才可能从根本上提升公司的毛利率水平与长期利润率。反之,任何专注于自身业务环节生产状态改善的资本投入或成本控制策略,都只能改变公司自身经营性毛利率水平与绝对成本。

2. 提升技术创新能力

比亚迪专注于模具开发及应用技术研究,实质上提升了公司市场快速响应能力。从市场应用性的角度逆向思考自身研发投入和方式,可以使传统制造型企业避免陷入"卓越技术孤岛"的境地。实际上,在消费者对于弹性制造能力需求越来越高的今天,制造商都在思考如何把一项卓越技术快速转化为价格可以令消费者接受的商品。尽管基础研究十分重要,但依靠灵活的生产工序,在短时间内能够向市场提供多元化产品选择的技术创新能力,也是十分重要的。

3. 注重质量

显然,低成本创新并不意味着质量欠佳;相反,质量提升应成为创新效果的体现。注重质量包括两个层面:①产品质量稳健、可信;②产品供给灵活多变且及时。

4. 业务模式让位于商业模式

鉴于大多数产业的制造过程充满了分工协作精神,一味追求相关多元化或纵向一体化的业务模式都不是最佳商业选择。比亚迪也是一样,从长期来看,公司依然存在退出"卓越制造孤岛"和"卓越技术孤岛"逐渐消失的业务领域。对于大多数制造商而言,业务模式创新体现了其对产业链剩余价值的获取手段与能力,像比亚迪一样,可以借助低成本创新实现公司价值增长。

导入问题

1. 什么是商业模式?
2. 商业模式创新有何价值?
3. 比亚迪的商业模式创新之处是什么?
4. 如何运用商业模式画布解构案例?

🪐 第一步 | 了解商业模式创新的含义及价值

一、什么是"商业模式"

要理解什么是商业模式创新,首先需要知道什么是商业模式,虽然最初对商业模式的定义有争议,但到 2000 年前后,人们逐步形成共识,认为商业模式概念的核心是价值创造。商业模式是指企业价值创造的基本逻辑,即企业在一定的价值链或价值网络中如何向客户提供产品和服务并获取利润,通俗地说,就是企业是如何赚钱的。商业模式不仅仅是一个解释模型,更是一个指导工具,可以帮助你设计商业模式,或者创新现有的商业模式,以便制定更好的商业策略。

《哈佛商业评论》发表的论文《如何重塑商业模式》对商业模式的定义如下：商业模式就是创造和传递客户价值与公司价值的系统。这篇文章的作者是马克·约翰逊、克莱顿·克里斯坦森和孔翰宁，其中约翰逊是 Innosight 公司的联合创始人和董事长，克里斯坦森是哈佛大学教授，孔翰宁则是 SAP 公司的联席首席执行官。文章指出，商业模式由四个密切相关的要素构成：客户价值主张、盈利模式、关键资源和关键流程。其中，客户价值主张是指企业为客户创造的不可替代的价值；盈利模式是指企业如何从为客户创造价值的过程中获得利润；关键资源是企业竞争力的表现，企业利用内部关键资源来为客户提供价值；关键流程不仅指企业的工作流程，还指企业的可持续发展流程，企业的内部制度和文化应保持创新，以实现其客户价值。客户价值主张和盈利模式分别明确了客户价值和公司价值，关键资源和关键流程则描述了如何实现客户价值和公司价值。

就创新而言，商业模式创新是指企业以新的有效方式获取利润，比产品创新和服务创新更为重要，因为它涉及整个公司的价值创造系统。真正的变革绝不局限于伟大的技术发明及其商业化，它们的成功在于把新技术和恰到好处的强大商业模式相结合。

二、商业模式创新的价值

同样是创新，从 1997 年到 2003 年，苹果侧重于产品创新，虽然也获得了消费者的认可，但体现在公司市值方面却不甚理想。到了 2003 年以后，由于苹果开始创新自己的商业模式，创造了一个商业史上的奇迹。苹果正是把新技术、新产品和新商业模式完美结合的典范。

商业模式创新可以改变整个行业格局，让价值数十亿美元的市场重新洗牌。这种创新由来已久，无论是沃尔玛还是百思买，无论是西南航空还是亚马逊，都是商业模式创新造就成功的典范。从 1998 年到 2007 年，成功晋级《财富》世界 500 强排行榜的企业有 27 家，其中有 11 家认为它们的成功关键在于商业模式的创新。高原资本公司创始人鲍勃·希金斯在谈及自己从业 20 年的体会时说："回顾公司的发展，我认为每次失败都归于技术，每次成功都归于商业模式。"我国著名企业家任正非也说过："公司运转依靠两个轮子，一个轮子是商业模式，另一个轮子是技术创新。"

三、如何创新商业模式

商业模式涉及公司的方方面面——包括战略、运营、人力资源、创新、财务等，因此创新商业模式是一个系统工程，其难度也要比单一功能的创新难得多。在设计或者创新商业模式时，应该以"客户价值主张"的创新为核心，以关键资源和关键流程为依托，以盈利模式为财务安全的基准线，寻求各个方面的协调发展，这样才能获得长期的成功。

如何创新自己公司的商业模式呢？正如苹果公司做的那样，第一步就是要明确客户主张。也就是说要明确：客户到底需要什么？关于这一点，管理大师德鲁克有句名言："企业的目的不在自身，必须存在于企业本身之外，必须存在于社会之中，这就是造就顾客。顾客决定了企业是什么，决定企业生产什么，企业是否能够取得好的业绩。由于顾客的需求总是潜在的，企业的功能就是通过产品和服务的提供激发顾客的需求。"

　　这就意味着，企业要去发现一个新的市场，这个市场往往不是通过市场调查得出来的。哈佛商学院市场营销学教授西奥多·莱维特（曾担任《哈佛商业评论》主编）曾告诫他的学生："顾客不是想买一个 1/4 英寸的钻孔机，而是想要一个 1/4 英寸的钻孔！"在明确客户主张的时候，首先要问对问题。比如说，用户买 iPad 仅仅是为了买一台平板电脑吗？答案绝对是否定的！那些客户之所以想要买 iPad，除了被那些炫目的功能吸引之外，阶层认同感也是一个重要的因素。

　　用《蓝海战略》中的价值创新理论（这个理论最早也是发表在《哈佛商业评论》上的）去解读客户价值主张，往往会有异曲同工之妙。利用价值创新曲线，重新审视对消费者真正有诱惑力的价值主张，并用自己的资源和流程去满足消费者，就完全有可能创造出一个新的市场。创新商业模式的企业往往不会选择一个现有的市场和竞争对手火拼，而是重新审视消费者的价值主张，选择提供一个和现有产品不同价值主张的产品，从而创造一个新的市场。

🌑 第二步 | 理解商业模式画布

一、商业模式画布的含义

　　商业模式画布是一种用来描述商业模式、可视化商业模式、评估商业模式以及改变商业模式的通用语言与工具。《商业模式新生代》一书的作者亚历山大·奥斯特瓦德和伊夫·皮尼厄则把商业模式分成九个要素：价值主张、客户细分、渠道、客户关系、关键业务、核心资源、重要伙伴、收入来源和成本结构。分析这九个要素，就会发现价值主张和客户细分关系到客户价值主张，收入来源和成本结构关系到盈利模式，其他五个要素则可以分别归结为关键资源和关键流程。其中"客户价值主张"是商业模式的核心要素，也是其他几个要素的预设前提。商业的本质是价值交换，要交换价值就得首先创造价值，因此有两个问题创业者一定要搞清楚：你的目标客户是谁？你能为他们提供什么价值？

二、商业模式画布九要素的含义

　　商业模式画布包括九个要素，其含义如下：

1. 价值主张

　　价值主张是指企业为特定客户细分创造价值的系列产品和服务。价值主张要素包括：①新颖，产品或服务满足客户从未感受和体验过的全新需求。②性能，改善产品和服务性能是传统意义上创造价值的普遍方法。③定制化，以满足个别客户或客户细分群体的特定需求来创造价值。④把事情做好，可通过帮客户把某些事情做好而简单地创造价值。⑤设计，产品因优秀的设计脱颖而出。⑥品牌/身份地位，客户可以通过使用和显示某一特定品牌而发现价值。

2. 客户细分

　　客户细分是指企业想要接触和服务的不同人群或组织。客户细分群体类型包括：①大众市场。价值主张、渠道和客户关系全都聚集于一个大范围的客户群组，客户具有大致相同的需求和问题。②小众市场。价值主张、渠道和客户关系根据某一小众客户群的具体要求量身打造，企业产品或者服务满足的是一小部分人群的某种或者某一类特定的需求。

3. 渠道

渠道是指企业接触其客户细分并传递其价值主张的途径。渠道类型包括：①自有渠道（直接渠道）：自有店铺、销售队伍、在线渠道。②合作伙伴渠道（非直接渠道）：合作伙伴店铺、批发商。

4. 客户关系

客户关系是指公司与特定客户细分群体建立的关系类型。

5. 关键业务

关键业务是指企业为确保其商业模式可行，必须做的最重要的事情。关键业务类型包括：①制造产品。与设计、制造及发送产品有关，是企业商业模式的核心。②平台 / 网络。网络服务、交易平台、软件甚至品牌都可以看成平台，与平台管理、服务提供和平台推广相关。③问题解决。为客户提供新的解决方案，需要知识管理和持续培训等业务。

6. 核心资源

核心资源是指让商业模式有效运转所必需的最重要因素。核心资源类型包括：①实体资产，包括生产设施、不动产、系统、销售网点和分销网络等。②知识资产，包括品牌、专有知识、专利、版权、合作关系和客户数据库。③人力资源，在知识密集型产业和创意型产业中，人力资源至关重要。④金融资产，包括金融资源或财务担保，如现金、信贷额度或股票期权池。

7. 重要伙伴

重要伙伴是指企业让商业模式有效运作所需的供应商与合作伙伴的网络。合作关系类型包括：①在非竞争者之间的战略联盟关系。②竞合。在竞争者之间的战略合作关系。③为开发新业务而构建的合资关系。④为确保可靠供应的购买方与供应商关系。

8. 收入来源

收入来源是指公司从每个客户群体中获取的现金收入（包括一次性收入和经常性收入）。收入来源包括：①资产销售收入；②使用收费；③订阅收费；④租赁收费；⑤授权收费；⑥经纪收费；⑦广告收费。

9. 成本结构

成本结构是指运营一个商业模式所引发的所有成本。

三、商业模式画布九要素的相互关系

商业模式画布九个要素的逻辑顺序与相互关系，如图 4-1 所示。

重要伙伴 7	关键业务 5	价值主张 1	客户关系 4	客户细分 2
谁是我们的核心合作伙伴	我们的价值主张需要通过哪些关键业务来体现 核心资源 6 哪些是我们价值主张需要的核心资源 （供应商等）	我们要帮助客户解决他们的哪些问题？或客户的哪些需求是我们能满足的 我们的具体新产品和服务是什么 我们的哪些功能能满足客户的需求	我们怎样来接触、保持和扩大用户群 渠道 3 我们要通过哪些渠道来覆盖我们的用户	我们为哪些用户解决问题或满足哪些用户的需求 谁是我们的用户？我们的价值定位能满足他们的需求吗？ 我们面对的是单边市场还是多边市场
成本结构 9			收入来源 8	
在我们的商业模式中哪些是最重要的成本			收入模式是怎样的？定位策略是什么？提供什么样的价值用户愿意买单	

图 4-1　商业模式画布九个要素的逻辑顺序与相互关系

🪐 第三步 ｜ 运用商业模式画布解构典型案例

一、特斯拉新能源汽车的商业模式创新

特斯拉在初期主要是定位在高端市场。按照特斯拉的车型开发规划，其第一阶段先推出豪华型纯电动车，售价约 10 万美元；第二阶段推出年产 2 万辆、售价 7 万美元的 Model S 车型；第三阶段才是普及期，推出价格亲民的普通家用车，年产 50 万辆。

由于一开始电动汽车锂电池的成本较高，相比普通的燃油汽车，需要一定的补贴才能大规模推广，因此，特斯拉公司首先主打豪华车市场，通过环保理念和品牌，吸引有环保意识的高收入人士和社会名流，特别是硅谷的青年才俊和好莱坞的明星——这也是早期特斯拉公司 Roadster 和 Model S 跑车的用户定位。

特斯拉公司公布的财报显示，2023 年总收入达 967.7 亿美元，净利润为 149.97 亿美元，与 2022 年相比均增长 19%。

特斯拉作为全球领先的电动汽车制造商之一，在商业模式上有许多创新之处，以下是其中一些主要的方面：

1. 客户细分

毋庸置疑，在传统汽车向新能源汽车过渡的初期，能主动去接受新能源汽车的大部分都是环境保护意识较强的人群，而这部分人群往往资产净值也较高，富人居多。再加上困扰电动车发展的"充电困难""里程焦虑"等问题棘手，电动车彻底沦为"富人们的玩具"。而特斯拉的商业模式是激进型的，以纯电动车为主。所以，特斯拉第一款量产电动跑车 Roadster 客户群体瞄向了富人。Model S 系列也进行了高配、中配、低配三档划分，基本上满足了中高端客户的不同需求。以大众消费为目标的 Model 3 于 2017 年正式推出，特斯拉从豪华品牌入手，逐渐向中低端品牌渗透。

2. 价值主张

特斯拉有别于传统的汽车产业区域布局，它选址于美国硅谷，因而其商业模式中数字化色彩浓烈，强调以数字化为核心。

特斯拉致力提高续航里程、降低造价，打造性价比高的电动车。最开始，特斯拉 Model S 电动车（高配版）的电池组由 8 000 个电池单元组成，续航里程达到 483 千米。由于电池组安放在座舱下，相比传统内燃机汽车更容易放大座舱空间。车头的"发动机舱"被作为行李舱使用，乘客舱可轻松容下五位成人，甚至还能增添两个向后的儿童座椅。新车的外形设计动感又不失优雅，线条流畅自然，带有一些捷豹 XFL 的风韵。Model S 电动车的性能以及续航里程大幅提升，售价也极具竞争力。美国联邦政府退税、州地方政府补贴以及极低的保养支出和燃料费用，这一切使得 Model S 的竞争力大增。

3. 客户关系

特斯拉更多的是提供了全产业链服务模式，直接打消了消费者从买车到使用，再到保修以及增值等所有环节的顾虑。

综合来看，特斯拉已经帮助消费者考虑了从买车到用车、从保修到充电等各个环节的所有问题，消费者需要做的就是付钱提车而已。

4. 渠道

特斯拉在营销方面效仿苹果的直销模式，由于电动车有别于内燃机汽车，其产品讲解、销售、保养都需要专业人员负责。直营店可以提供更专业的服务以及更好的品牌展示。特斯拉更讲究体验，有别于传统的 4S 店经营模式。同时，特斯拉同样仿效苹果模式，通过体验店的方式发展网上销售端，从渠道来看，销售模式及方式与传统的汽车 4S 店模式大相径庭。

5. 关键业务

特斯拉关键业务主要集中于三个开发制造平台，即最早的修改版的莲花 Elise 平台、Model 平台和 Model 3 平台。公司还有部分研究开发服务，这部分营收来自向其他汽车制造商提供电动汽车动力系统及组件的设计开发服务，特斯拉认为目前这是一种可持续也可行的营收创造手段。开发合同中会标定一些技术节点，当开发服务满足某节点时，相应部分会被确认为递延收入，直至全部满足后确认为营收。从目前已投产的两个平台产品来看，特斯拉产品的续航指标要大幅领先于同行业其他厂商的续航里程，关键业务平台优势明显。

6. 核心资源

特斯拉自身拥有的核心技术是电池管理系统或电控系统，具有一定的领先优势，而其他技术方面优势并不明显。就电动车的核心技术电池而言，特斯拉所使用的电池是钴酸锂系列的锂电池，优点是单位重量的比能更高，这就使得特斯拉使用同等单位体积和重量的电池，可以产生更多的能量。也正是因此，Model S 在一开始便拥有了 483 千米的续航里程。

特斯拉所使用的电池包在使用过程中安全性较低，锂电池的燃烧爆炸问题一直是影响安全性的主要因素。燃烧爆炸的原因在于：①局部损坏和短路导致温度升高，有机电解液发生燃烧泄漏。②几百上千块电池串并联，热管理和充放电管理难度较大。针对这方面的担忧，特斯拉 Model S 启用了电池组水冷系统，就系统本身而言，技术优势和亮点并不明显。

特斯拉成功的最核心资源还在于其资源的整合力。特斯拉商业模式的创新和应用有别于大部分电动车厂商的运作模式，使其并非特别亮眼的技术构成部件组合起来具有了震撼力。

7. 重要伙伴

从特斯拉的重要合作伙伴来看，这个要素深深地印刻着资源整合的烙印。例如，公司最早同莲花汽车合作，弥补其车身及相关设计方面的不足，后期引入戴姆勒、奔驰和丰田作为战略合作伙伴，彻底补足了其在汽车制造领域底蕴不足的缺憾。在电动车最核心的电池部件方面，特斯拉与松下合作，使得锂电池的配套成本不断降低，推动市场需求的释放。此外，对于充电装置，特斯拉坚持走小型化路线，将其外包给马斯克控股的 SolarCity 公司。特斯拉具有深深的数字化烙印，公司已与硅谷的谷歌等 IT 企业建立了合作关系。

8. 成本结构

特斯拉的成本结构主要包括研发成本、生产成本、电池成本和运营成本等。其中，研发投入用于技术创新，生产成本涉及原材料和制造，电池成本占比较大，运营成本包括销售和售后服务。通过优化这些方面，特斯拉能够降低成本，提高竞争力。研发成本：据报道，特斯拉在 2022 年的研发支出约为 209 亿美元。生产成本：特斯拉通过大规模生产和优化供应链管理，降低了生产成本。例如，其新款电池 4680 的成本降低了 14%。营销成本：相比传统汽车制造商，特斯拉的营销成本较低。它主要依靠社交媒体和口碑传播来推广品牌。运营成本：特斯拉通过直销模式和在线销售，减少了中间环节，降低了销售成本。同时，其高效的售后服务也有助于降低运营成本。电池成本：随着技术进步和生产规模扩大，电池成本逐年下降。例如，据估计，特斯拉的电池成本在过去几年中降低了约 30%。充电设施成本：特斯拉在全球范围内建设了大量的超级充电站和目的地充电站，虽然建设成本较高，但提供的便捷充电服务增加了用户的黏性。

9. 收入来源

特斯拉的收入来源主要包括以下几个方面：

（1）汽车销售：特斯拉通过销售电动汽车来获取收入，其汽车销售量一直保持较高增长，尤其是 Model 3 的销售量。2022 年，特斯拉财报显示，汽车销售业务占其营收总量的 8 成以上。

（2）能源产品销售：特斯拉通过销售太阳能电池板和储能产品等能源产品来获取收入。特斯拉通过整合太阳能发电、储能和电动汽车等领域，提供全面的能源解决方案，为用户提供可持续的能源服务。

（3）软件收入：主要包括 EAP 和 FSD，即增强辅助驾驶和完全自动驾驶，马斯克预计 2025 年软件收入将增加到 50 亿美元。

（4）政策补贴：一些国家和地区为鼓励电动汽车的发展，提供了购车补贴和税收减免等政策，特斯拉能够从中获得一定的经济支持。

二、宜家的商业模式创新

1. 宜家的商业模式

宜家摒弃传统的"前店后厂"经营方式，抓住了产品研发和销售这两个利润最大的环节。同时将服务融入销售环节中去，其余利润回报较低的环节，如生产制造、物流运输则采用外包的方式完成全产业链的协同。

（1）产品矩阵。宜家从多个维度来为自己的产品布局，最后形成了 $4×4×N$（N 是品类和系列）的超细分、高覆盖率的产品矩阵，如图 4-2 所示。

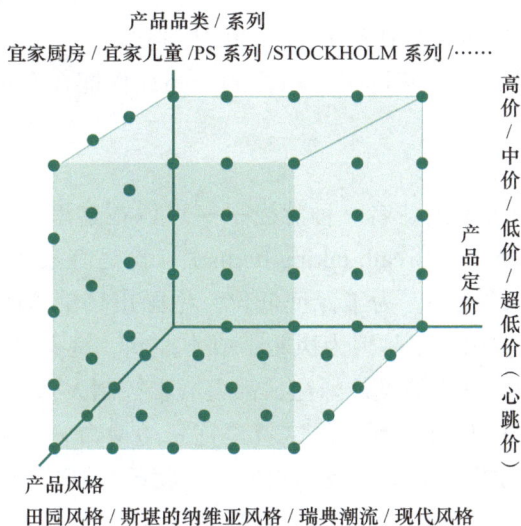

图 4-2　宜家产品矩阵

这个产品矩阵的好处很多，对宜家商场来说，可对展厅和仓库的摆放进行搭配设计。对于客户来说，可挑选到中意且定价合适的产品。对宜家设计团队来说，能依照这样的矩阵规则，非常精准而便捷地开发一个又一个的新产品。这样的产品矩阵相继影响了后来很多公司的产品开发规则，包括苹果的个人电脑的产品规划，从使用场景维度到性能维度都形成了相应的矩阵。宜家的商品按需求科学排列，把分类摆放和整体布局科学地搭配起来，把展示销售和仓储式销售统一起来，把大件家具和小件饰品统一起来，让人看起来增见识、长学问，有层次感又不累。

（2）高效的商场。宜家商场呈现的每一个产品展示和空间搭配，都是经过强大的数据分析，并结合店长本人和资深团队的经验，以及本地化的调查研究才展现出来的。宜家注重细节，在客户想把感兴趣的商品记下来的瞬间，铅笔和小纸条唾手可得。当你在购物累了的时候，你会发现不远处刚好有一个地方可以让你休息。宜家商场天花板上的各种设备清楚记录着客户购买商品的整个流程，客户的惊喜之情以及对比、迟疑、下决定等细节，都是宜家深入分析，制定更合理、更高效的销售策略的有效数据。宜家会将整个商场划分为超热区、热区和冷区，进而为商品设置更合理的布局。

（3）体验式营销。宜家商场一般有三层。宜家会拿出其中一层来做生活场景展示，并且每年都会根据家居潮流的变化趋势推出年轻人喜欢的若干种生活方式情景间，将最新家居潮流直接呈现在消费者面前。宜家正是通过生活方式情景间这种展示形式，实现了设计师语言与终端消费诉求的无缝对接，使消费者想要下单购买成为水到渠成的事情。除了对情景间的强势打造，宜家的摆场也另有奥妙，"回字形"的情景间＋集中展示的单体组合形式，最终发挥了临门一脚的作用。正是这种摆场形式，让消费者积极"对号入座"，还原家庭使用的真实场景，最终促成购买。增强客户对于产品和服务的参与感，是针对消费者实施的商业策略。

2. 宜家的运营模式

（1）调研是王道，用户研究是宜家扩张计划的核心。

（2）宜家的成功之处在于，它展示了同样的产品如何能在全世界不同的文化中都行得通、吃得开。

（3）微调以适应不同的文化。

（4）低价。宜家试图带给消费者一种感受——可以在这里买到不可思议的便宜货，按照宜家的说法叫作"窒息货"（Breath-taking Items）。这是宜家商业模式的一部分，为整个商场营造出一个物美价廉的光环。为了保证低价，中国市场销售的宜家产品80%都是当地生产的，目的是减少运输费用。正是因为执着于成本控制，宜家总是能把商品的价格压低。

（5）设计与成本控制。宜家的设计师往往都是成本控制大师。

为大众"创造更美好的日常生活"，这就是宜家的使命。它不是从产品出发，也不是从品牌出发，而是从大众出发。宜家以此为出发点，就已经胜了一筹。

> **拓展阅读**
>
> #### 苹果公司的成功源于商业模式的颠覆性创新
>
> 据胡润研究院发布的《2023胡润世界500强》，苹果公司市值以19.2万亿元人民币居首，其产品和服务在全球范围内广受欢迎，从iPhone到iPad，再到Mac电脑和Apple Watch和最新头显Vision Pro，无不体现了苹果公司强大的创新能力和品牌影响力。在《商业周刊》评选出的全球最伟大公司中，苹果公司排名第一。而在《哈佛商业评论》推出的最伟大CEO排行榜上，乔布斯也是当仁不让地排名第一。
>
> 苹果公司的过人之处，不仅在于它为新技术提供时尚的设计，更重要的是，它把新技术和卓越的商业模式结合起来。苹果公司颠覆性的创新商业模式举例如下：
>
> （1）硬件＋软件＋服务的生态系统：苹果公司通过将硬件、软件和服务紧密结合，创造了一个强大的生态系统。例如，App Store为开发者提供了一个平台，让他们可以为苹果设备开发应用程序，并通过应用内购买等方式获得收入。根据2023年的数据，App Store上的开发者已经获得了超过3 200亿美元的收入。
>
> （2）高端定位和品牌形象：苹果公司一直致力于打造高端品牌形象，其产品价格通常较高。这种定位策略使苹果公司能够获得较高的利润，并吸引了一批追求高品质的消费者。例如，最新款的iPhone手机在市场上的价格相对较高，但仍然受到消费者的青睐。

（3）创新的产品设计：苹果公司的产品设计一直以来都以简洁、美观和易用性著称。例如，AirPods无线耳机的推出改变了人们使用耳机的方式，成为市场上的热门产品。

（4）服务业务的增长：苹果公司逐渐将重点从硬件销售转向服务业务。例如，Apple Music、Apple TV+、iCloud等服务的用户数量不断增长，为苹果公司带来了稳定的收入来源。截至2023年，苹果公司的服务业务已经成为其营收的重要组成部分。

（5）可持续发展承诺：苹果公司在可持续发展方面也采取了一些举措，如使用可再生能源、减少产品包装等。这些行动不仅有助于环境保护，还提升了公司的品牌形象。

这些颠覆性的创新使得苹果公司在科技行业中保持了领先地位，并为其带来了持续的商业成功。当然，随着市场的变化和竞争的加剧，苹果公司也在不断调整和创新其商业模式，以适应新的挑战和机遇。

经过分析苹果公司在商业模式上的创新，可以看出，苹果公司在明确客户主张和公司盈利模式方面做了很多创新，从而在为客户创造价值的同时，也为公司创造了价值，并得到了投资者的认可。

知识链接　创新驱动，打造供应链新格局

在全球化的时代浪潮中，供应链创新正成为国家经济发展的新动力。为了提升产业竞争力，实现经济的可持续增长，国家积极推动供应链创新，以激发潜能，创造更美好的未来。国家致力于打造开放包容的创新环境，鼓励企业在供应链领域大胆尝试、勇于创新。通过政策引导和资金支持，激发企业的创新活力，促进供应链各环节的协同发展。

科技是供应链创新的核心驱动力。国家鼓励企业加大对科技研发的投入，推动大数据、人工智能、物联网等新兴技术在供应链中的应用。智能化的供应链将提高效率、降低成本，为企业带来更大的竞争优势。人才是供应链创新的关键。国家重视人才培养，加强供应链领域的专业教育和培训，培养一批具有创新精神和国际视野的供应链人才。

供应链创新不仅是企业的责任，更是全社会的共同使命。让我们携手共进，以创新为引领，打造高效、智能、绿色的供应链体系，为国家的经济发展注入新的活力！

知识测试

一、判断题

1. 需求管理主要由需求预测、需求计划、需求分析报告、需求监控与关键绩效评估四部分组成。　　　　　　　　　　　　　　　　　　　　　　　　　　　　　（　　）

2. 需求预测是需求管理的基础，一般认为，需求预测越准确越好。　　　（　　）

3. 常见预测方法可以分为定性预测法（基于判断和直觉）和定量预测法（应用数学模型和相关的历史数据进行预测）两大类。　　　　　　　　　　　　　　　（　　　）

4. 因为定量预测法完全依赖过去的需求数据，当时间跨度很大时，定量分析也很准确。
　　　　　　　　　　　　　　　　　　　　　　　　　　　　　　　（　　　）

5. 用户研究与一般性市场调研存在一定的区别，它更关注用户的价值观、基本的知觉特性、操作习惯和思维方式。　　　　　　　　　　　　　　　　　　（　　　）

6. Persona 就是一个虚构的人物，这个人物代表了企业产品或者服务的主要用户群。
　　　　　　　　　　　　　　　　　　　　　　　　　　　　　　　（　　　）

7. 商业模式就是创造和传递客户价值与公司价值的系统。　　　　　　　　（　　　）

8. 商业模式创新和产品创新与服务创新一样重要。　　　　　　　　　　（　　　）

9. 商业模式画布是一种用来描述商业模式、可视化商业模式、评估商业模式以及改变商业模式的通用语言与工具。　　　　　　　　　　　　　　　　　　（　　　）

10. 价值主张是为特定客户细分创造价值的系列产品和服务。　　　　　　（　　　）

二、单选题

1. 需求管理主要由（　　　）四个部分组成。
   A. 需求预测、需求计划、需求分析报告、需求监控与关键绩效评估
   B. 需求预测、需求计划、需求分析、需求监控与关键绩效评估
   C. 需求检测、需求计划、需求分析报告、需求监控与关键绩效评估
   D. 需求预测、需求计划、需求分析报告、需求监控

2. SCOR 是（　　　）。
   A. 供应链参考模型　　　　　　　　　　B. 供应链运作参考模型
   C. 供应链运转参考模型　　　　　　　　D. 供应链运作参考造型

3. 以下关于需求预测的描述中说法正确的是（　　　）。
   A. 快速响应供应链的基础是不进行需求预测，而是尽量缩短需求预测的时间跨度
   B. 需求预测的目标应该是努力将误差控制在合适的范围内，而不是追求零误差
   C. 预测的误差是可以避免的
   D. 需求预测越准确越好

4. 以下不是推动式生产造成的影响的是（　　　）。
   A. 其库存可以满足市场需求　　　　　　B. 能够最大限度地发挥生产的规模效应
   C. 增加了运作成本　　　　　　　　　　D. 对市场变化反应滞后

5. 平时常用的用户调研方式不包括（　　　）。
   A. 焦点小组访谈　　B. 情境访谈　　　C. 单独访谈　　　　D. 实验法

6. 用户研究进行情景实验的目的是（　　　）。
   A. 定义目标用户　　　　　　　　　　　B. 获得量化数据
   C. 细分用户　　　　　　　　　　　　　D. 用户模型的建立依据

7. 商业模式的核心要素是（　　）。

    A. 客户细分　　　　B. 客户价值主张　　C. 客户关系　　　　D. 渠道

8. 商业模式画布有（　　）个要素。

    A. 9　　　　　　　　B. 10　　　　　　　C. 11　　　　　　　D. 12

9. 商业模式画布要素中的直接渠道不包括（　　）。

    A. 销售队伍　　　　　　　　　　　　　B. 自有店铺

    C. 合作伙伴店铺　　　　　　　　　　　D. 在线渠道

10. "特斯拉致力提高续航里程、降低造价，打造性价比高的电动车。"这是商业模式画布要素中的（　　）要素。

    A. 客户细分　　　　　　　　　　　　　B. 关键业务

    C. 客户关系　　　　　　　　　　　　　D. 价值主张

三、名词解释（中英文全称及含义）

1. SCOR

2. BMC

3. VP

4. KP

四、简答题

1. 简述需求管理的难点。

2. 简述常见的需求管理方法。

3. 简述如何开展用户研究。

4. 如何构建典型用户画像？

5. 什么是商业模式创新，如何创新？

6. 简述商业模式画布的九要素及其相互关系。

实训任务　用"商业模式画布"解构小米的商业模式

任务要求

结合案例分析并回答以下问题：

（1）分析小米手机商业模式的特点。

（2）用商业模式画布简要描绘小米手机的商业模式。

（3）简要介绍九宫格中每个要素的含义。

建议

分小组分析以上问题，并制作 PPT 汇报。

一、小米公司发展简介

小米公司成立于 2010 年，是一家快速发展的中国科技企业。自成立以来，小米公司以其创新的商业模式和高性价比的产品迅速崛起，并在智能手机、智能家居和消费电子领域取得了显著的成就。

小米公司的发展可以追溯到其创始人雷军的愿景。雷军致力于打造一家能够为消费者提供高品质科技产品的公司，并通过创新的商业模式打破传统行业的格局。在早期，小米公司以生产和销售高性价比的智能手机为主要业务，并逐渐扩展到其他领域。

随着时间的推移，小米公司不断推出各类智能硬件产品，如智能手环、智能电视、智能路由器等，构建了一个丰富的智能生态系统。此外，小米公司还积极进军海外市场，扩大了其全球业务版图。

二、商业模式创新之处

1. 互联网直销模式

小米公司采用了互联网直销的商业模式，通过自己的官方网站和电商平台销售产品，减少了中间环节，降低了成本，并直接与消费者建立联系。这种直接面向消费者的模式使得小米能够更好地控制产品价格和质量，同时提供更个性化的用户体验。

例如，小米通过线上销售模式，避免了传统渠道的层层加价，将节约下来的成本反馈给消费者，从而实现了高性价比的产品定价。消费者可以通过小米官网轻松购买到小米手机和其他产品，享受便捷的购物体验。

2. 粉丝经济与用户参与

小米注重培养用户忠诚度和参与度，通过社交媒体和社区与用户互动，让用户参与产品的研发和改进过程。这种粉丝经济模式激发了用户的热情和创造力，形成了强大的品牌口碑。

例如，小米论坛为用户提供了一个交流和反馈的平台，用户可以分享使用体验、提出建议和问题，小米公司会根据用户的反馈及时进行产品优化和更新。这种互动使得用户感受到自己的声音被重视，增强了对品牌的认同感和忠诚度。

3. 快速迭代与敏捷开发

小米公司秉持快速迭代的理念，不断推出新产品和更新版本，以满足市场需求和用户反馈。敏捷开发流程使得公司能够快速响应变化，提高产品的竞争力。

例如，MIUI操作系统的每周更新就是小米快速迭代的体现。开发团队根据用户的反馈和市场趋势，及时改进系统功能和用户体验，不断提升产品的竞争力。

4. 生态系统构建

小米公司不仅是一家智能手机制造商，还通过投资和合作构建了一个庞大的生态系统。这个生态系统包括智能硬件、互联网服务、电子商务等多个领域，实现了多元化的收入来源。

例如，小米的智能家居产品如智能灯具、智能摄像头等，与小米手机和其他智能设备实现了无缝连接，为用户提供了更便捷、智能化的生活体验。同时，小米还通过与合作伙伴共同开发和推广产品，扩大了其生态系统的影响力。

5. 成本控制与高效供应链管理

小米公司在成本控制方面表现出色，通过优化供应链、大规模采购和高效的生产流程，实现了产品的高性价比。同时，与供应商建立长期合作关系，确保了原材料和零部件的稳定供应。

例如，小米通过与供应商的紧密合作，实现了规模化生产和成本优势。在保证产品质量的前提下，有效控制了成本，使得小米产品在价格上具有竞争力。

三、举例说明

1. 小米手机的爆款策略

小米手机以其高性价比和互联网直销模式赢得了消费者的青睐。例如，小米早期推出的红米系列手机，以低廉的价格提供了相对高性能的配置，迅速在市场上引起轰动，吸引了大量用户。

2. MIUI 的个性化定制

MIUI 操作系统为用户提供了丰富的个性化定制选项，如主题更换、图标排列等。用户可以根据自己的喜好和需求，打造独特的手机界面，增强了用户对品牌的归属感。

3. 小米生态链产品的协同发展

小米生态链中的智能硬件产品相互协同，形成了更强大的用户体验。例如，小米手环与小米手机的无缝连接，实现了数据同步和智能控制，为用户带来了便捷和智能化的生活方式。

小米公司的商业模式创新使得它在竞争激烈的科技市场中脱颖而出。通过互联网直销、粉丝经济、快速迭代、生态系统构建和成本控制等创新策略，小米成功地打造了一个具有强大竞争力的品牌。这些创新实践为其他企业提供了宝贵的经验和启示，展示了在不断变化的市场环境中，持续创新和满足用户需求的重要性。

Project 5

项目五
供应链采购与供应商管理

能力目标

○ 能够运用供应链中的采购工作流程和采购方法。

○ 能够运用采购定位模型分品类采取不同采购策略降低采购成本。

○ 能够有章可循地进行供应商管理。

○ 能够发展战略合作伙伴关系。

项目思维导图

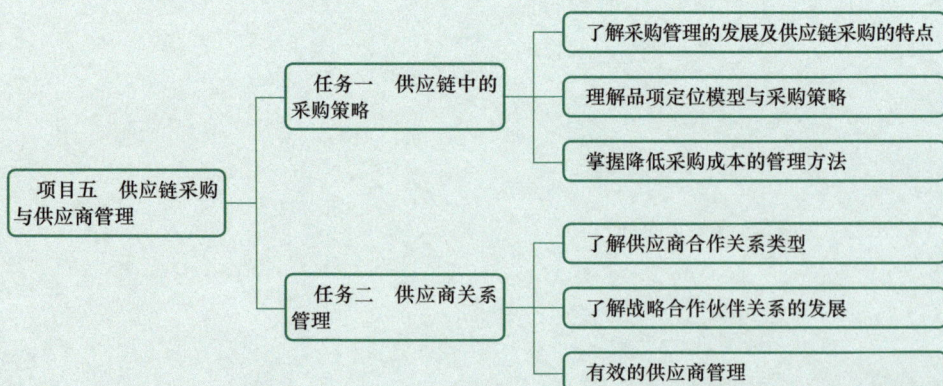

```
                                          ┌─────────────────────────────────┐
                                          │ 了解采购管理的发展及供应链采购的特点 │
                                          └─────────────────────────────────┘
                     ┌──────────────┐    ┌─────────────────────────────────┐
                     │ 任务一  供应链中的│    │ 理解品项定位模型与采购策略         │
                     │ 采购策略      │    └─────────────────────────────────┘
                     └──────────────┘    ┌─────────────────────────────────┐
                                          │ 掌握降低采购成本的管理方法         │
┌──────────────┐                          └─────────────────────────────────┘
│ 项目五  供应链采购│
│ 与供应商管理   │                          ┌─────────────────────────────────┐
└──────────────┘                          │ 了解供应商合作关系类型            │
                                          └─────────────────────────────────┘
                     ┌──────────────┐    ┌─────────────────────────────────┐
                     │ 任务二  供应商关系│    │ 了解战略合作伙伴关系的发展         │
                     │ 管理         │    └─────────────────────────────────┘
                     └──────────────┘    ┌─────────────────────────────────┐
                                          │ 有效的供应商管理                 │
                                          └─────────────────────────────────┘
```

任务一 供应链中的采购策略

供应链中的采购策略

情景导入

未来高收入的职业：国际时尚领域专业买手

根据美国劳工统计局的调查显示，2008—2018 年，全球零售商专业买手的就业指数以每年 5% 的数量稳定增长，而中国作为亚洲最大的时尚产业市场，其对时尚领域专业买手的需求也呈不断上升的趋势。可见，时尚领域专业买手已经成为未来高收入人群中，职业发展潜力最大的职业，接受时尚领域专业买手培训快速晋升职业买手，已经成为必然趋势！

国际时尚领域专业买手不仅要具备极高的专业素养，更要反应快速，具备十分冷静、清晰的商业头脑。作为一个时尚领域专业，最大的挑战就是与时间赛跑——"你必须具备控制局面的能力，任何一个小的波动都会影响你的生意！"时刻挑战着专业买手的因素有很多：竞争对手更低的价格、世界范围内的（地域的）经济环境、产品的地域接受度、原材料生产情况、物流成本变化等，这些都会让局面失控，直接影响销售情况，让一切脱离专业买手的控制。

因此，作为国际时尚领域专业买手，需要具备超前的意识和能力。专业买手应该能够快速统计、分析、整合数据，控制成本，分析消费报表，与供货商谈判协商，跨地域合作沟通，懂得商务社交礼仪，具备冷静清晰的头脑，此外，还要具备十分敏锐的对销售情况控制的能力。职业买手的收入非常高，然而，与销售情况直接挂钩的薪酬体制，就直接挑战了买手的专业能力："你的薪酬直接取决于你采买的货品入店之后的销售情况和市场反应。"

导入问题

1. 优秀的专业买手需要具备什么职业能力？
2. 采购工作对企业有何重要价值？
3. 供应链环境下，如何做好采购工作？

🪐 第一步 | 了解采购管理的发展及供应链采购的特点

一、采购的含义

采购是各个企业所共有的职能，也是企业经营的开始环节，同样也为企业创造价值。随着企业规模的不断扩大及精细管理与信息技术的广泛应用，采购的作用日益突出。它不仅是保证生产正常运转的必要条件，而且也为企业降低成本、增加盈利创造条件。采购具有狭义和广义两方面的含义。在狭义上，采购可以被定义为企业购买货物和服务的行为。然而，采购过程不仅仅是一项活动的终点，而且是一系列跨越组织边界的活动得以成功实现的起点。采购是供应链的一项重要职能。从广义的角度来看，采购环节联结着供应链中的各个成员，同时协调物料在供应链合作组织成员之间移动。在供应链的每个节点上，采购都后向传递有关客户的信息，并前向传递有关供应商可提供的物料的信息。供应链中的采购活动如图 5-1 所示。

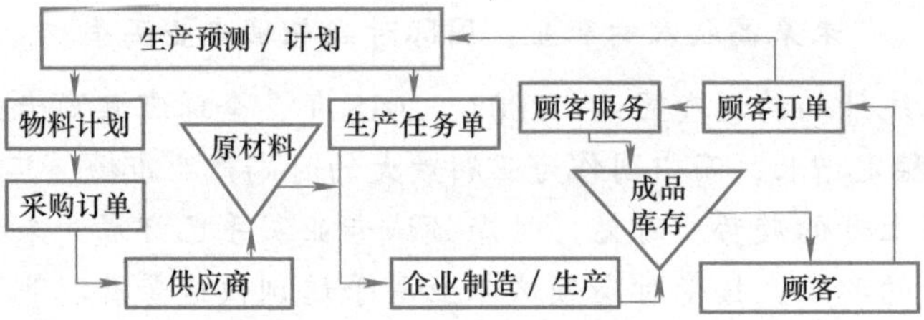

图 5-1　供应链中的采购活动

二、采购对供应链企业的重要性

采购是一项很重要的职能，是取得竞争优势的源泉之一。每个组织的物料供给都由采购职能负责。如果采购工作完成得不好，就会引起物料短缺、交货种类错误、数量差错、交货时间延误、物料质量低等问题，会影响产品的质量和服务的质量。采购不仅重要，而且也是一项主要的支出。对于一个典型的制造商而言，大约 60% 的支出用于物料采购，如通用汽车公司每年的物料支出超过 500 亿美元，所以采购是公司的主要支出，一个相对小的改善就能取得很大的经济回报。

管理供应链具有明显的复杂性，当一些企业通过降低成本来改进绩效以增加客户价值时，另一些公司则将它们的注意力转向采购和供应链管理，供应链管理的重点是公司内的货物和服务管理。企业将重点放在采购和供应链管理后带来的利益如下：

1. 成本降低

采购是一个潜在的节约成本的主要领域。20 世纪 80 年代，日本汽车公司通过良好的供应商管理，给日本汽车业带来每辆汽车 300 ～ 600 美元的成本收益。

2. 循环周期缩短，包括产品开发周期

通过与供应商的合作，把非核心业务外包给供应商，并在产品开发和市场推广方面深入交流，可以提高新产品的上市速度。

3. 质量提高

采购和供应链管理对产品和服务的质量也有显著的影响。企业应根据提供的产品和服务能否满足客户的需求，尝试对自己的不足之处进行改进，以便提高自身的专业化水平，增强竞争力，更好地满足客户的要求。

4. 产品与技术开发流程得以完善

采购管理能够改善产品和流程设计，并有助于将新技术更快地应用于产品和服务。例如，克莱斯勒公司生产新型汽车时，公司意识到采购费用将占该车售价的 70%。为了降低成本，公司邀请了诸如座椅、轮胎、变速器等核心制造商的工程师到克莱斯勒的机械部门进行科技攻关，结果该车不但节省成本，而且拥有了预期的所有功能。

三、采购部门的工作职责

传统观点认为，采购部门的工作职责是对内部的需求做出反应，从而获取商品或服务。现在的采购部门已经打破了这一传统观念，其主要职责包括如下几点：

1. 保证适时适量供应，保证公司运营需求

采购部门必须执行一系列的活动以满足内部客户需求，这正是采购部门的传统角色。通常，采购部门通过购买原材料、配件及服务等来满足所有的运作需求。

2. 选择和发展供应商

采购部门的重要目标之一就是选择和开发供应商，这正是战略供应的全部内容。

3. 支持公司总体目标

采购部门最为重要的一个目标就是支持公司的总体目标。实际上，采购部门的目标并不一定与公司的目标相一致，采购部门需要从整体的角度来看待工作职能和目标。在环境变化、价格上涨、物料短缺、新产品推出时，采购部门应尽量赢得供应商的支持，与供应商达成合理的价格和条件，同时保证原材料的质量。

4. 使采购工作更有成效

采购部门必须使其内部管理有成效。为使其管理富有成效，可采取的措施包括：①确定职员水平；②确定及坚持中心预算；③提供职业培训并为雇员增加培训机会；④采用能提高生产效率和提供更好选择的采购系统。采购管理限制了在采购流程中要素的可利用性，因而需要不断工作以改进对这些要素的利用程度。

5. 与其他工作团队紧密配合

采购部门应与其他部门进行更为密切的交流。如果制造部门的人员抱怨从某一供应商处收到的零部件有问题，那么采购部门就应与该供应商更密切地联系以改进零部件质量。为了达到这个目标，采购部门必须与诸如市场、制造、质量、工程和财务等部门之间保持合作与密切接触。

四、常规采购工作流程

采购流程会因采购的来源（国内采购、国际采购）、采购的方式（议价、比价、招标），以及采购的对象（物料、工程发包等）不同而有所差异，但是基本的流程大同小异。常规物品的采购流程分为以下七个步骤，如图 5-2 所示。

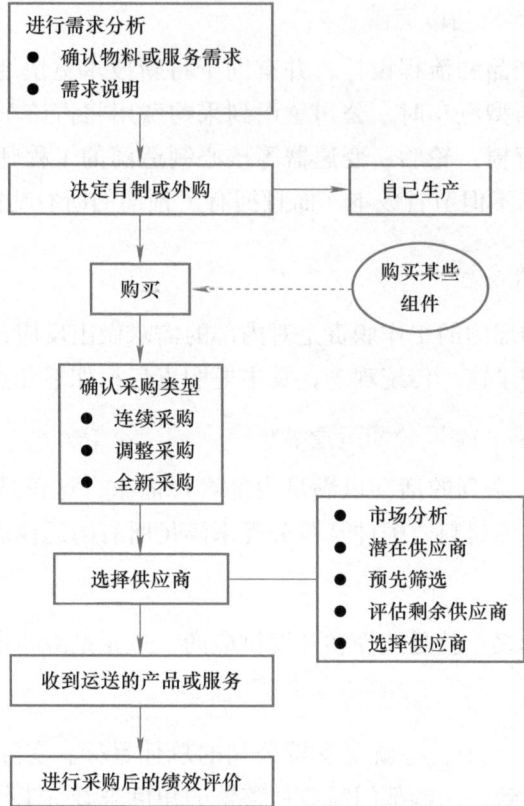

图 5-2　常规物品的采购流程

1. 确定物料或服务需求

在采购前应先确定：购买哪些物料？买多少？何时买？由谁决定？一旦需求被确认，采购活动就开始了。

2. 需求说明

在确认需求后，对需求的内容，如品质、规格型号、包装、售后服务、运输及检验方式等，均需加以说明，以确保供应商选择和价格谈判等作业能顺利进行。

3. 决定自制或外购

在要求外部供应商提供产品之前，购买企业必须确定是自己制造还是购买产品或服务来满足用户需求。

4. 确认采购类型

在进行采购之前，应确定采购类型，采购类型将决定采购过程所需要的时间及复杂程度。

5. 选择供应商

选择供应商是指在对市场进行调查等前期工作的基础上，识别所有可能的供应商，或从原有的供应商中选择业绩良好的厂商，综合多种情况进行筛选、分析，选出一个供应商。

6. 收到运送的产品或服务

这个活动的发生是供应商试图满足用户需求的第一步。完成这一步同时会产生下一步活动所需的绩效数据。

7. 进行采购后的绩效评价

连续评价和管理供应商绩效，从而确定供应商是否真正满足了用户需求。如果供应商的工作没有满足用户的需求，就一定要找到原因并采取措施。可使用不同的绩效标准来评价潜在供应商。这些标准包括供应商的实力、以往在产品设计上的表现、质量承诺、管理水平、技术能力、成本控制、送货服务、优化流程和开发产品的技术能力等。这些因素在供应商评价过程中的权重都不相同。

五、采购管理发展的五个主要阶段

采购管理发展的五个主要阶段如图 5-3 所示。在不同的发展阶段，采购的角色和目标有所不同，采购的价值不断提升。

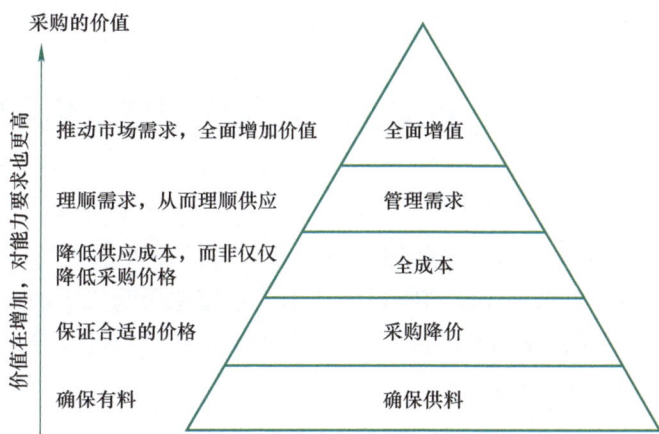

图 5-3　采购管理发展的五个阶段

六、供应链管理环境下采购工作的特点

供应链管理环境下的采购工作体现了如下特点：

1. 从传统"小采购"向"大采购"转变

传统采购的重点在于如何与供应商进行商业交易，特点是比较重视交易过程中的价格比较。通过供应商的多头竞争，从中选择价格最低的供应商作为合作者。

随着采购管理不断发展，采购的职责也在不断转变，从"小采购"开始向"大采购"发展，并且通过管理需求和管理供应商来影响供应链总成本。

2. 从"为库存"向"为订单"转变

订单驱动的采购方式使签订供应合同的手续大大简化，不再需要双方询盘和报盘，不必反复协商，交易成本也因此大为降低。同时，在供应链管理环境下，用户响应时间缩短，采购物资能够直接进入制造部门，减轻了采购部门的工作压力。此外，信息传递方式也发生了变化。供应商共享制造商的信息，提高了供应商的应变能力，减少了信息失真。同时，供应商在订货过程中不断进行信息反馈，修正订货计划，使订货与需求保持同步，实现了面向过程的作业管理模式的转变。

3. 从"企业内部管理"向"外部资源管理"转变

从供应链企业集成的过程来看，外部资源管理（供应管理）是供应链企业从内部集成走向外部集成的重要一步。要实现有效的外部资源管理，企业的采购活动应和供应商建立一种长期、互惠互利的合作关系，通过提供信息反馈和教育培训支持，参与供应商的产品设计和产品质量控制过程，协调供应商的计划，建立一种新的、有不同层次的供应商网络，并通过逐步减少供应商的数量，致力与供应商建立合作伙伴关系。

4. 从"买卖关系"向"战略伙伴关系"转变

基于战略伙伴关系的采购方式为解决库存问题、风险问题提供了新途径。战略伙伴关系可以为双方共同解决问题提供便利条件，降低采购成本。战略伙伴关系消除了供应过程的组织障碍，为实现准时化采购创造了条件。

🪐 第二步 ｜ 理解品项定位模型与采购策略

一、采购品项与定位模型

采购物料的机会、风险与影响这些因素可以从一方面反映出物料供应面临的问题及造成的影响。采购品项的支出水平反映该物料的成本占年度总采购成本的比例大小。为了更好地进行分类管理，可从采购风险的程度与采购支出水平这两个维度，分四个象限对公司所有物料进行分类定位，如图 5-4 所示。

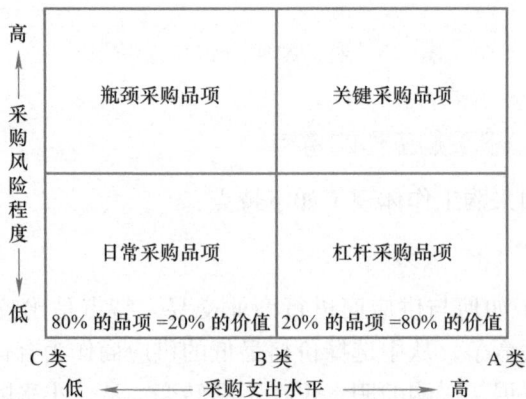

图 5-4　采购定位模型

处于不同象限的采购品项具有不同的特征。

1. 日常采购品项的象限

处于这一象限的采购品项具有如下主要特征：

①存在许多供应商，且要采购的产品或服务容易获得。

②采购品项为标准件。

③该品项的年支出水平低。

④该品项对企业来说风险较低。

⑤采购额在单个供应商营业额中所占比重很低。

2. 杠杆采购品项的象限

处于这一象限的采购品项具有如下主要特征：

①存在许多供应商，且要采购的产品或服务容易获得。

②采购品项为标准件，专业性极强。

③该品项的年支出水平较高。

④该品项对企业来说风险较低。

⑤企业的采购对供应商的吸引力很大，许多供应商都争着与采购商进行业务往来。

3. 瓶颈采购品项的象限

处于这一象限的采购品项具有如下主要特征：

①该品项的风险水平高。

②供应商数量极少。

③品项为非标准件，专业性极强。

④企业在该品项上的年度支出水平很低。

4. 关键采购品项的象限

处于这一象限的采购品项具有如下主要特征：

①采购品项为非标准件。

②供应商数量极少。

③不存在替代品。

④会给企业带来较高的风险。

⑤年度支出水平高。

二、采购策略

针对采购定位模型中不同象限的采购品项，可以运用不同的采购策略，见表 5-1。

表 5-1　处于不同象限的采购品项对应的采购策略

采购品项	采购管理策略	供应商选择	供应商评价	与供应商关系管理	库存管理策略
日常采购品项	减少管理精力	接洽少数供应商直接采纳	最低价格法	商业型	高安全库存水平 长检查间隔期 低度监视与控制
杠杆采购品项	降低成本	邀请尽可能多的供应商 比价/招投标	最低所有权总成本法	合同型	低安全库存水平 短检查间隔期 高度监视与控制

（续）

采购品项	采购管理策略	供应商选择	供应商评价	与供应商关系管理	库存管理策略
瓶颈采购品项	降低风险	接洽选定数量的供应商 议价 / 比价	加权评分法	合作型	高安全库存水平 短检查间隔期 高度监视与控制
关键采购品项	降低风险；降低成本	邀请尽可能多的供应商 议价 / 比价 / 招投标	价值评估法	联盟型	低安全库存水平 短检查间隔期 高度监视与控制

从表 5-1 可知，当企业采购品项处于"杠杆采购品项"象限时，采购方拥有较强的议价能力，同时许多相互竞争的供应商也有兴趣同企业进行业务往来，从而使企业能够在不冒什么风险的情况下采购到企业所需要的产品或服务。

（1）对于日常采购品项：在采购这些品项时，采购人员不必花费太多的精力，如办公文具或标准的生产耗材。

（2）对于杠杆采购品项：由于企业的采购对供应商的吸引力很大，许多供应商都将争着与采购商进行业务往来。采购方希望尽可能压低价格，且拥有较强的议价能力，许多购买方处于相对有利的谈判地位。一个采购品项对某个企业来说是日常采购品项，而对于另一个企业来说可能会成为杠杆采购品项。例如，一个企业的采购数量有限，其采购的品项在供应商处只能处于日常采购品项地位。若改由配送企业来配送，则配送企业就可利用"集小为大"这一运作，使企业所采购的品项在供应商处处于杠杆采购品项地位，从而提高议价水平，达到降低采购价格的目的。

（3）对于瓶颈采购品项：由于采购品项的年支出水平低，对供应商缺乏吸引力，采购方几乎没有能力对该类品项的供应施加任何影响和控制，因此，如何保证瓶颈采购品项的供应是企业在采购时需要考虑的一个重要内容。

（4）对于关键采购品项：关键采购品项通常表现为企业的最终产品所必需的某些零部件，或者是基于新技术为企业专门定制的一些行业关键设备。关键采购品项是使企业产品形成特色或者取得成本优势的基础，因而与关键采购品项的供应商保持良好的战略伙伴关系，会对企业的发展起到关键性的作用。

🪐 第三步 ｜ 掌握降低采购成本的管理方法

在供应链环境下，总拥有成本（Total Cost of Ownership，TCO），即产品在其整个生命周期过程中所产生的成本，包括从产品采购到后期使用、维护的总成本。在日常业务中，降低采购成本的管理方法主要有价格分析法、成本结构模型法和利润分析法三种。

一、价格分析法

价格分析是成本管理的"浅层"分析阶段。它不需要建立成本模型，不需要进行价格审核，价格分析以其简便高效而为采购人员所广泛使用。大多数情况下，价格分析往往无法让我们确定供应商的报价是否合理，因此，如需进一步进行价格合理性分析，就要结合成本分析的方法一同使用。价格分析主要采用的方法是"比价"，通常包括以下一些方法。

1. 直观判断法

我们通常所说的"降价"，都是与历史价格相比较而言的。价格比对的前提是建立公平合理的价格基准，企业通常设定的价格基准即我们常说的"标准价格"。为了避免出现"标准价格高定"的情况，我们可以依据历史成交订单的采购价格和采购数量，采用"移动平均法""加权移动平均法"来计算标准价格。这两种计算方法的好处是，综合考虑了过去一段时间内的价格，而不是采用一个时间节点上的价格作为标准价。

2. 公开竞标法

招标是大家都很熟悉的竞价方式，因其流程透明、程序标准，被广泛使用在政府和企业的大宗采购项目中。然而，任何事物都有两面性，尽管招标有如此之多的好处，在实际的采购工作中，我们同样会发现它也存在着许多问题：不招标还好，越招标价格越贵；供应商低价中标、以次充好、恶性竞标；围标、绑标、串标时有发生，还容易滋生腐败；手续繁杂，时间过长，并且牵扯人员多，管理成本高；何况有时候，供应商还不太愿意参与招标……因此，公开竞标并非一剂万能的良药。政府采购因其对过程的公正公平性的要求，往往需要大量地使用招标作为其竞价方式。然而，对于企业来说，滥用招标很有可能会造成许多负面影响。一位资深采购人曾说过："企业招标有时候变成了一项任务，不得已而为之！"这是许多采购人员想说却又不敢说的话。

3. 协商选择法

在供货方较多、企业难以抉择时，也可以采用协商选择的方法，即由企业先选出供应条件较为有利的几个合作伙伴，同它们分别进行协商，再确定适当的合作伙伴。与招标法相比，协商方法由于供需双方能充分协商，在物资质量、交货日期和售后服务等方面较有保证。但由于选择范围有限，不一定能得到价格最合理、供应条件最有利的供应来源。当采购时间紧迫，投标单位少，竞争程度小，订购物资规格和技术条件复杂时，协商选择法比公开竞标法更为合适。

4. 互联网 / 电子目录采购

随着电子商务的普及，传统的目录采购已经逐渐被互联网 / 电子目录采购所取代。电商采购平台最大的特点是服务流程清晰、价格透明、执行效率高，因此越来越多地被企业所采用。但是，电子目录采购也有一定的局限性。事实上，该方法比较适用于品种繁杂、品牌确定、标准化产品的采购，特别是前文所述的"日常采购品项"的采购。

电子商务在为采购方带来便利和高效的同时，也带来了一些风险。在实际采购操作中，对于电子目录供应商的准入依旧需要甄别筛选，依旧需要定期进行绩效评估。

5. 反向拍卖

所谓反向拍卖，即由采购方提供希望得到的产品信息、需要服务的要求和可以承受的价格定位，由卖家之间以竞争方式决定最终产品提供商和服务供应商，从而使采购方以最优的性能价格比实现购买。随着技术的发展，反向拍卖通常采用电子投标的方式，供应商可以在线观察各方的动态报价，从而提高了竞价的合理性，减少了所谓的"赢家诅咒"的风险。电子反向拍卖自 2000 年以来逐渐在欧美开始流行，由于它把反向竞价过程放到网上执行，可以充分发挥互联网的优势。同传统的谈判方式相比，这种做法能给采购方平均节省 11% ～ 12% 的成本。在这方面，通用电气公司称得上是佼佼者：2000 年，它组织了 1 万多次反向竞价，省下了大约 10 亿美元。

实施成功的反向拍卖也需要满足一定的前提条件，首先是需求明确，尤其是通过互联网实施的反向拍卖，买卖双方往往无法见面沟通，一份明确的需求说明书将大大降低买卖双方沟通的成本；其次是需要有足够的竞争，因此反向拍卖往往适合"供大于求"的大宗产品采购，由此产生足够的利润来吸引众多的供应商参与。

6. 对标分析

企业通常会邀请外部顾问、同行或内部专家参与对标分析。对标分析往往取决于专家的经验和知识，可能需要花费大量的时间或顾问费用。由于其不是基于成本模型的分析，还容易受到顾问专家主观因素的影响。

二、成本结构模型法

第一步：明确成本结构

我们应该对每一项成本逐一分解，明确采购项目的所有成本要素。例如，以采购价格为例，成本要素包括如下部分，如图 5-5 所示。

（1）直接材料成本：直接材料的成本。

（2）直接人工成本：将直接材料转化为成品或完成服务所需要的直接人工成本。

（3）制造费用：指工业企业为组织和管理车间产品生产（或提供劳务）而发生的应当计入产品成本的各项间接费用，具体包括机物料消耗、车间辅助人员的工资及福利费、折旧费、修理费、差旅费等。

```
  直接材料成本
+ 直接人工成本
+ 制造费用
─────────────
      = 主营业务成本
+ 期间费用
+ 税前利润
─────────────
      = 采购价格
+ 取得成本
+ 使用成本
+ 生命周期成本
─────────────
      = 总拥有成本
```

图 5-5　成本结构模型

（4）期间费用：指企业日常活动中不能直接归属于某个特定成本核算对象的，在发生时应当计入当期损益的各种费用。期间费用包括管理费用、销售费用和财务费用。

（5）税前利润：指企业交纳所得税以前的计税利润，即企业的营业收入扣除成本费用及流转税以后的利润。

类似地，我们也需要对取得成本、使用成本、生命周期成本的各项要素进行分解和定义。

第二步：获取成本数据

不是所有的供应商都乐于分享成本数据，它们担心提供的成本数据被采购组织所误用，如变相压价。我们常常遇到供应商利用其优势地位拒绝提供这些数据。此时，我们可以采用以下一些方法。

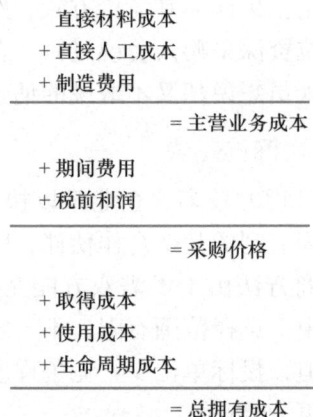

（1）通过与供应商建立战略合作伙伴关系，在达成保密协议的前提下，获得供应商成本数据。采购组织将它们的供应商视作方案提供商，与供应商建立紧密的互信合作关系有利于共同努力，从而实现比竞争对手更低的成本。

（2）通过询盘、需求方案说明书，从有意愿合作的供应商处获得成本数据。有时候虽然我们仅仅获得了部分数据，但是这些数据对我们后续建立成本模型同样能有所帮助。

第三步：建立成本模型

无论供应商是否提供数据，采购方都应当尽可能地对采购项目建立成本模型。成本模型使用得当，能够帮助公司或客户理解产品的成本结构，能够帮助公司与较为被动的供应商建立基于事实的谈判。我们需要先根据行业数据或者是供应商提供的数据，建立一个行业或供应商的基础成本模型。表 5-2 展示的便是某塑料产品的基础成本模型。

表 5-2　某塑料产品的基础成本模型

成本要素	占比（%）
主营业务成本	76
直接材料成本	56
直接人工成本	8
制造费用	12
期间费用	15
税前利润	9
价格	100

第四步：跟踪并调整成本模型

我们在上一步骤中所建立的基础模型仅仅是一个开始，随着我们对行业、品类、供应商了解的加深，随着环境、市场的变化，我们需要在未来不断地对模型进行修正调整，以使之更加贴近并反映实际情况。

这里需要指出的是，我们所分解出来的成本要素，许多都和当前的经济环境有着千丝万缕的联系。例如直接材料成本，可能与某个大宗金属材料的市场价格相关联，如铜、不锈钢等，我们可以考虑参考国内外一些大宗商品市场的价格曲线图来建立我们模型中的直接材料成本的曲线图；再如直接人工成本，可能与当地的劳动力成本指数等相关联，我们可以参考当地的政府或劳动部门所公布的官方数据进行调整。诸如此类的信息及数据，都可以成为我们成本模型的一部分。许多跨国企业都建立了专门负责采购成本管理的团队，他们很重要的一部分工作就是建立、跟踪并完成企业采购项目的成本模型。

三、利润分析法

作为采购管理人员，我们常常把双赢挂在嘴边，但是心里却很虚。一方面，担心供应商没说真话，把利润率定得太高欺骗采购人员；另一方面，又担心把价格压得太低，导致供应商利润太低，配合起来没有积极性。说到底，是因为我们在成本管理中没有进行利润分析这项工作。利润分析是成本管理中的"最后一层皮"，其目的是与供应商达成合理的利润水平，做到买得踏实、卖得放心。为了能与供应商就利润的计算方法达成一致，我们可以采用以下方法。

（1）当前供应商的利润水平法：新合同将使用与当前供应商或合同相同的利润水平，不管未来合同期内的供应商风险或附加价值如何变化。

（2）行业利润水平法：新合同将使用行业平均的利润水平，供需双方应当就行业数据来源达成一致。

（3）"行业利润水平＋奖励"法：采购组织希望它们的供应商能够获得高于行业平均水平的利润，因此在行业利润水平的基础上，采购组织会根据供应商的贡献大小给予一定的利润奖励。

（4）固定的单位产品利润法：供应商的利润是基于单位产品的固定金额，不管未来总成本如何变化。这样做的好处是，供应商不必担心降低成本将会对其利润产生负面影响。

（5）固定的总利润法：假设初期利润已经合理地补偿了供应商的资本投入，没有任何追加投入，总利润将以绝对值的形式支付给供应商，不论采购量的多少。

（6）加权成本要素指标法：该方法通过把每一个成本要素与其利润比例相结合，来计算总的成本与利润。

需要指出的是，为了能够激励供应商更好地履行合同并且吸引更好的供应商，利润分析中有几条原则需要考虑。

（1）鼓励供应商承担更多有挑战的工作，激励那些主动提高工作效率或者长期供应高品质产品的供应商，并补偿供应商因为承担了风险所付出的努力。

（2）在合同谈判的初期就应当明确表示"确保供应商的合理利润"。

（3）假如利润成为成本中的关键部分，例如在成本结构中超过了材料、人工和管理费用，采购专业人士应当仔细与供应商进行讨论分析。例如，利润中是否包括了专利、高风险收益、知识产权等内容，若果真如此，采购人员应当分析是否值得承担这部分成本。

拓展阅读

人工智能背景下，优秀企业对采购工作岗位和技能需求新变化

一、采购员岗位需求的变化

在人工智能背景下，世界500强企业的采购工作越来越依赖于数据分析和自动化技术。采购员的工作重心将从传统的采购流程管理转向更高级的战略采购和供应链管理。企业需要采购员能够深入了解市场动态、供应商关系和成本分析，以制定更明智的采购决策。

二、技能要求的提升

（1）数据分析能力。采购员需要掌握数据分析工具和技术，能够从大量的数据中提取有价值的信息，并根据这些信息做出决策。

（2）供应链管理能力。采购员需要了解整个供应链的运作，包括供应商管理、物流管理和库存管理等方面的知识。

（3）沟通与合作能力。采购员需要与内部各部门以及供应商进行有效的沟通和合作，以确保采购工作的顺利进行。

（4）人工智能技术应用能力。采购员需要了解人工智能技术的基本原理和应用场景，能够与相关技术团队合作，推动采购工作的智能化转型。

三、适应变化的策略

（1）持续学习。采购员应积极参加相关的培训和学习活动，不断提升自己的知识和技能。

（2）关注行业动态。了解最新的采购技术和趋势，为企业提供有针对性的建议和解决方案。

（3）建立合作关系。与供应商、技术团队和其他部门建立良好的合作关系，共同推动企业的发展。

（4）培养创新思维。在采购工作中尝试新的方法和技术，为企业创造更多的价值。

总之，在人工智能背景下，优秀企业对采购员岗位的需求和技能要求发生了重大变化。采购员需要不断提升自己的能力，适应新的工作环境和要求，为企业的发展做出更大的贡献。

买手运营模式

服饰买手运营模式的创始人王士如先生在 2000 年对 Inditex 集团下属各服饰品牌进行了买手运营模式改制。Inditex 集团共有 ZARA、Pull and Bear、Massimo Dutti、Bershka、Stradivarius、Oysho、ZARA HOME 和 Kiddys Class 八个服装零售品牌，其中 ZARA 是这八个品牌中最著名的，是 Inditex 公司的旗舰品牌。

服饰品牌的品牌文化与品牌价值是由销量带动起来的，并不是空说品牌的文化与其价值就能够体现出其价值，而是要经过市场的检验。没有款式，品牌成就不了市场；没有市场，就没有品牌的价值。在对许多国际品牌进行买手运营模式改制和对国际品牌买手进行培训的时候，你会发现这些品牌及操作这些品牌的人，无一不是在从产品的款式进行整体运营，而不是将品牌运营的重点放在一些无谓的概念炒作上，那样只会消耗企业的实力。买手运营模式的实质是最大化地收集市场信息，然后运用这些信息进行产品款式的改制，以形成自己的产品风格，而不是一味地仿制。国内艾格、ONLY、ESPRIT 等一些知名品牌，都采用了买手运营模式。

任务二 供应商关系管理

供应商关系管理

📖 情景导入

本田公司如何与供应商发展战略合作伙伴关系

本田公司与供应商之间的合作关系通常是通过以下几个步骤发展的：

（1）供应商筛选。本田公司会对供应商进行严格的筛选，评估其技术能力、质量管理、生产能力等方面的表现。只有符合本田公司高标准要求的供应商才有机会进入合作关系。

（2）初期合作。一旦供应商被选定，双方会开始进行小规模的合作项目，以测试彼此的合作能力和配合程度。在这个阶段，双方会逐渐建立起信任和沟通机制。

（3）技术合作与创新。随着合作的深入，本田公司会与供应商开展更紧密的技术合作。双方共同研发新技术、新产品，以满足市场需求并提升竞争力。

（4）质量管理与保障。质量是汽车行业的关键，因此本田公司会与供应商共同建立严格的质量管理体系。双方会制定质量标准、进行质量检测，并持续改进产品质量。

（5）成本控制与优化。为了保持竞争力，本田公司和供应商会共同努力降低成本，包括优化生产流程、联合采购等措施。

（6）长期合作伙伴关系。经过一段时间的成功合作，本田公司和供应商可能会建立起长期的战略合作伙伴关系。双方会共同规划未来发展，共同应对市场变化和挑战。

（7）持续改进与发展。合作关系是一个动态的过程，双方会不断寻求改进和发展的机会。通过持续的沟通、培训和合作，不断提升合作的效率和效果。

这种发展过程通常是一个渐进的、相互信任和合作的过程。本田公司与供应商之间的紧密合作有助于确保供应链的稳定、提高产品质量，并实现共同的商业目标。同时，供应商也能从与本田公司的合作中获得业务增长和技术提升的机会。

如果供应商达到本田公司的业绩标准，就可以成为它的终身供应商。本田公司在以下几个方面提供支持帮助，使供应商成为世界一流的供应商：

（1）两名员工协助供应商改善员工管理。

（2）40名工程师在采购部门协助供应商提高生产率和质量。

（3）质量控制部门配备120名工程师解决进厂产品和供应商的质量问题。

（4）在塑造技术、焊接、模铸等领域为供应商提供技术支持。

（5）成立特殊小组帮助供应商解决特定的难题。

（6）直接与供应商上层沟通，确保供应商提供高质量的产品。

（7）定期检查供应商的运作情况，包括财务和商业计划等。

（8）外派高层领导人到供应商所在地工作，以加深本田公司与供应商相互之间的了解及沟通。

导入问题

1. 与供应商发展战略伙伴关系有何价值？
2. 如何与供应商发展战略伙伴关系？

🪐 第一步 ｜ 了解供应商合作关系类型

一、供应链企业之间的合作关系密切程度

供应链中的上下游企业之间合作关系的紧密程度各有不同。图5-6为供应链上下游企业之间合作关系类型连续图谱。

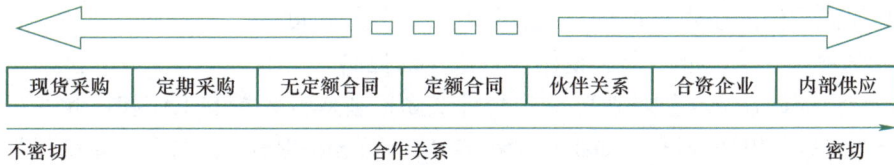

图 5-6　供应链上下游企业之间合作关系类型连续图谱

二、三种供应商合作关系

我们主张供应商合作关系类型应当与所采购部件以及市场的特性相适应。表 5-3 列出了三种典型供应商合作关系的特点与区别。这三种供应商合作关系是：买卖关系、优先供应关系和伙伴关系。

表 5-3　供应商合作关系类型

关系类型 / 特点与区别	买卖关系	优先供应关系	伙伴关系	
			供应伙伴	设计伙伴
关系特征	运作联系	运作联系	战术考虑	战略考虑
时间跨度	1 年以下	1 年左右	1～3 年	1～5 年
质量	按顾客要求选择	● 顾客要求 ● 顾客与供应商共同控制质量	● 供应商保证 ● 顾客审核	● 供应商保证 ● 供应商早期介入设计产品质量标准 ● 顾客审核
供应	订单质量	年度协议 + 交货订单	顾客定期向供应商提供物料需求计划	电子数据交换系统
合约	按订单变化	年度协议	● 年度协议（> 1 年） ● 质量协议	● 设计合同 ● 质量协议等
成本 / 价格	市场价格	价格 + 折扣	价格 + 降价目标	● 公开价格与成本构成 ● 不断改进生产技术，降低成本

🪐 第二步 ｜ 了解战略合作伙伴关系的发展

一、发展战略合作伙伴关系的益处

对于公司关键部件采购，很多知名公司精简供应商，与特定的供应商建立合作伙伴关系并取得了成功。实践证明，建立战略合作伙伴关系可以带来很多益处：

（1）缩短供应商的供应周期，提高供应的灵活性。

（2）减少原材料、零部件库存，降低费用，加快资金周转。

（3）提高原材料、零部件的质量，降低非质量成本。

（4）强化供应商沟通，改善整体供应链。

（5）共享供应商的技术与革新成果，加快产品开发速度。

（6）共享管理经验，推动企业整体管理水平的提高。

当然，与供应商建立牢固的战略合作伙伴关系需要双方大量的工作和彼此的承诺，需要双方持续开展关系专用性投资（Relation Specific Investment，RSI）。某项调查结果显示，虽然有很多采购经理认可了与供应商保持合作伙伴关系的重要性，但仍然有许多人对于与供应商发展战略合作伙伴关系并没有热情。这表明与供应商建立真正的战略合作伙伴关系并不容易。

二、发展战略伙伴关系的策略

实践中，并不适合与所有供应商发展战略伙伴关系，需要结合公司的采购物料的品类特点和供应商竞争力情况，与供应商保持不同程度的关系类型。如图 5-7 所示，图中纵轴代表的是供应商在供应链中的增值作用，对于一个供应商来说，如果它不能对增值做出贡献，那么它对供应链上的其他企业而言就没有吸引力；横轴代表某个供应商与其他供应商之间的区别，主要是设计能力、特殊工艺能力、柔性、项目管理能力等方面的竞争力的区别。图中矩阵不同象限，可策略性地与供应商发展不同类型的合作关系。

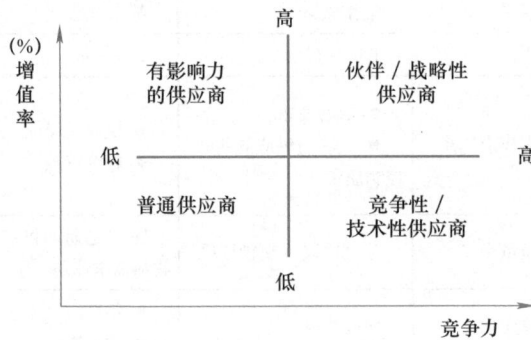

图 5-7   与供应商关系的策略矩阵

1. 有影响力的供应商

这类供应商对制造商来说通常具有较大的增值作用，但其竞争力却比较弱。其特点是数量众多，本身的产品具有较高的增值率；处于某个行业的垄断地位，具有较高的进入壁垒；处于关键的地理或政治位置。由于此类供应商的产品通常已经建立了质量和技术标准，联盟与伙伴关系价值不大，因此合理的采购方法主要包括根据需求形成采购规模，或者可以签订长期协议。即使与这类供应商建立了合作关系，通常也是较低层次的协议，重点在于降低成本或保证材料的可获得性。

2. 竞争性/技术性供应商

这类供应商提供的产品和服务属于低价值的产品和服务，在整个采购中所占价值比重较低。由于这类供应商提供的产品在某一方面具有技术的专有性或特殊性，具有较强的难以替代性，因此采购这些产品需要耗费大量的时间和精力。对于此类供应商，采购方的重点在于使采购这些产品所需的交易流程尽量标准化和简单化，尽量节省精力，降低与交易相关的成本等。

3. 普通供应商

此类供应商不仅对制造商来说具有较低的增值率，并且数量多，通常产品的质量和技术标准化程度较高，供应商转换成本低，采购方应把重点放在价格分析上，根据市场需求判断最有效的产品。比较适宜的采购方法是施加压力和签订短期协议。对于此类供应商，建立伙伴关系无助于有效地利用时间和资源。

4. 伙伴/战略性供应商

这类供应商提供的产品和服务非常重要，价值较高，这些产品和服务可能对采购方的产品和流程运营产生重大的影响，或者可能影响采购方满足客户需求的能力。同时由于其具有较强的竞争力，产品和服务通常能满足具体采购方的需求，实现了高度个性化和独特化。由于能满足采购方需要的供应商数量相对较少，因此供应商转换成本很高，适宜的采购方法是建立长期的合作关系。

实际运作中，要根据不同的目标选择不同类型的供应商。对于长期而言，要求供应商能保持较高的竞争力和增值率，因此最好选择伙伴/战略性供应商；对于短期或某一短暂市场需求而言，只需选择普通供应商满足需求即可，以保证成本最小化；而对于中期而言，可根据竞争力和增值率对供应链的重要程度的不同，选择不同类型的供应商（有影响力的或竞争性/技术性的供应商）。从对不同类型供应商特点的分析可以看出，伙伴/战略性供应商是对企业竞争力影响最大、管理复杂程度最高的供应商关系类型。

🪐 第三步 ｜ 有效的供应商管理

在全球供应链管理环境下，供应商管理具有重要的价值。它不仅有助于确保产品或服务的质量，还能降低成本、提高效率，并增强企业的竞争力。许多企业通过有效的供应商管理取得了成功。例如，一些公司与供应商建立了长期战略合作伙伴关系，共同开展研发、生产和市场推广等活动。这种紧密合作有助于实现资源共享和优势互补，提升整个供应链的效益。另外，一些企业采用先进的信息技术，实现了与供应商的实时信息共享，从而提高了供应链的透明度和响应速度。供应链管理环境下，有效的供应商管理需要注意以下几个方面：

1. 供应商的筛选与评估

在进行供应商筛选与评估时，首先要明确需求与标准。企业应确定所需产品或服务的具体要求，并制定筛选供应商的标准。然后进行全面评估，可以采用实地考察、问卷调查、参考历史业绩等多维度的评估方法。

2. 建立良好的合作伙伴关系

与供应商建立良好的沟通渠道，及时共享信息并解决问题。同时，寻找双方的共同目标与利益，以实现合作共赢。例如，企业与供应商共同研发新产品，分享技术和市场信息，促进共同成长。

3. 合同与绩效管理

明确合同条款，详细规定双方的权利和义务。设定关键绩效指标，定期评估供应商表现，并根据评估结果进行必要的调整和改进。

4. 供应链协同与优化

通过信息技术实现供应链各环节的协同运作，共享库存信息、销售数据等，以便及时调整补货策略。持续优化流程，共同寻找改进空间，提高效率和竞争力。

5. 风险管理与应对策略

识别供应商可能面临的风险，如质量问题、交货延迟等。提前制订应急计划和应对策略，降低风险影响。例如，在遭遇原材料供应短缺时，及时与多个供应商合作，确保生产的连续性。

总之，在全球供应链管理环境下，供应商管理的价值日益凸显。企业通过不断总结成功经验并紧跟发展趋势，能够更好地应对市场变化，实现可持续发展。随着全球供应链的不断发展，供应商管理也呈现出一些趋势。例如，越来越多的企业开始关注供应商的可持续发展能力，将环保、社会责任等因素纳入考量范围。同时，大数据、人工智能等技术的应用也将为供应商管理带来新的机遇和挑战，如更精准的风险评估和预测等。

拓展阅读

我国本土供应商如何发展成为专精特新"小巨人"

专精特新"小巨人"企业可以有效推动区域经济发展，是区域经济增长的重要市场主体。为了支持专精特新企业的发展，国家出台了一系列政策措施，如《关于支持"专精特新"中小企业高质量发展的通知》等。这些政策为本土供应商提供了良好的发展机遇，也为其迈向专精特新"小巨人"之路指明了方向。

1. 专注核心领域

本土供应商要明确自身的核心竞争力，选定一个或几个特定领域进行深度耕耘。例如，某家本土汽车零部件供应商，专注于新能源汽车电池管理系统的研发与生产，通过不断技术创新和产品优化，成功在市场上占据了一席之地。

2. 加强创新能力

创新是企业发展的核心动力。本土供应商应积极开展技术创新和产品创新，提高企业的核心竞争力。例如，某家本土医疗器械供应商与高校科研团队合作，共同研发出一款具有自主知识产权的高端医疗设备，填补了国内空白，并在国际市场上获得了认可。

3. 提升产品质量

产品质量是企业的生命线。本土供应商要严格把控产品质量，建立完善的质量管理体系。一家本土电子元器件供应商，通过引入先进的质量检测设备和管理方法，不断提升产品的合格率和稳定性，赢得了客户的高度信赖。

4. 打造品牌形象

品牌是企业的核心价值之一。本土供应商应注重品牌建设，通过市场推广、参加展会等方式提高品牌知名度和美誉度。例如，某家本土农产品供应商，通过打造绿色、有机的品牌形象，成功拓展了高端市场，实现了企业的转型升级。

5. 强化企业管理

优秀的企业管理是企业发展的重要保障。本土供应商要建立科学的管理体系，提升企业运营效率和管理水平。一家本土制造企业通过实施精细化管理，优化生产流程，降低成本，提高了企业的市场竞争力。

此外，本土供应商还可以借鉴一些成功的经验。例如，某些企业注重人才培养，通过与高校合作，建立产学研联合培养基地，为企业输送了大量高素质人才；还有一些企业积极开展国际合作，引进先进技术和管理经验，加速了企业的发展。

总之，本土供应商要想发展成为专精特新"小巨人"，需要在专注核心领域、加强创新能力、提升产品质量、打造品牌形象和强化企业管理等方面下功夫。同时，要充分利用国家政策的支持，积极开展产学研合作，不断提升企业的核心竞争力。只有这样，本土供应商才能在激烈的市场竞争中立于不败之地，实现可持续发展。

知识链接　支持本土"专精特新"中小企业高质量发展

党的二十大报告指出："优化民营企业发展环境，依法保护民营企业产权和企业家权益，促进民营经济发展壮大。完善中国特色现代企业制度，弘扬企业家精神，加快建设世界一流企业。支持中小微企业发展。""支持专精特新企业发展"。

中小企业的韧性是我国经济韧性的重要基础，是保市场主体、保就业的主力军，是提升产业链供应链稳定性和竞争力的关键环节，是构建新发展格局的有力支撑。为深入贯彻习近平总书记关于培育一批"专精特新"中小企业的重要指示精神，落实党的十九届五中全会精神、《政府工作报告》和国务院促进中小企业发展工作领导小组工作部署，2021年2月11日，财政部、工业和信息化部联合印发《关于支持"专精特新"中小企业高质量发展的通知》。该通知的出台，旨在通过中小企业发展专项资金引导，促进上下联动，加快培育一批专注于细分市场、聚焦主业、创新能力强、成长性好的专精特新"小巨人"企业，推动梯度培育优质企业，着力提升中小企业创新能力和专业化水平，助力实体经济特别是制造业做实做强做优，提升产业链供应链稳定性和竞争力。

知识测试

一、判断题

1. 采购也能够增进产品和流程设计，并有助于将新技术更快地应用于产品和服务。
（　　）

2. 在不同的发展阶段中，采购的角色和目标都在不断发生变化，采购的价值不变。
（　　）

3. 战略伙伴关系消除了供应过程的组织障碍，为实现准时化采购创造了条件。

（　　）

4. 在供货方较多、企业难以抉择时，也可以采用公开招标的方法。（　　）

5. 成本模型使用得当，能够帮助公司或客户理解产品的成本结构，能够帮助公司与较为被动的供应商建立基于事实的谈判。（　　）

6. 定位模型的"杠杆采购品项"象限，采购品项的年支出水平低，对供应商缺乏吸引力，采购方几乎没有能力对该类品项的供应施加任何影响和控制。（　　）

7. 供应商管理是跨职能、跨公司的行为，职能与职能、总部与分部之间分工不清，就没法形成合力。（　　）

8. 建立牢固的供应商合作伙伴关系需要双方大量的工作和彼此的承诺，但并不难做到。

（　　）

9. 瓶颈型物料适合与供应商发展战略伙伴关系。（　　）

10. 在供应商评估的基础上，根据公司的需求，应选择合适的供应商成为未来的合作伙伴。（　　）

二、单选题

1. 下列不是企业将重点放在采购和供应链管理后带来的利益的是（　　）。
   A. 成本降低　　　　　　　　　　B. 循环周期缩短
   C. 质量提高　　　　　　　　　　D. 产品与技术开发流程更加复杂

2. 采购部门使管理富有成效，可采取的措施不包括（　　）。
   A. 采用能提高生产效率和提供更好选择的采购系统
   B. 提供职业培训并为雇员增加培训机会
   C. 加快供应链响应速度
   D. 确定及坚持中心预算

3. 常规物品的采购流程不包括（　　）。
   A. 需求分析　　　　B. 保养生产设备　　　C. 决定自制或外购　　D. 确认采购类型

4. "推动市场需求，全面增加价值"是采购管理发展的（　　）阶段。
   A. 全面增值　　　　B. 全成本　　　　C. 管理需求　　　　D. 采购降价

5. 产品在其整个生命周期过程中所产生的成本，包括从产品采购到后期使用、维护的总成本称为（　　）。
   A. TCO　　　　　　B. SCM　　　　　　C. ERP　　　　　　D. WMS

6. 降低采购成本的主要管理方法不包括（　　）。
   A. 价格分析法　　　　　　　　　B. 成本结构模型法
   C. 利润分析法　　　　　　　　　D. 竞争分析法

7. 下列属于建立合作伙伴关系对于卖方的益处的是（　　）。
   A. 提高响应速度　　　　　　　　B. 增加业务量和市场份额
   C. 增强新产品开发能力　　　　　D. 降低总体采购成本

8. 通过分析供应商的历史绩效（如果已经在跟公司做生意），以及其质量、生产和物料管理体系，判断其好坏，为下一步的供应商选择做准备，也作为后续改进的基础，制定进一步的供应商改进方案称为（　　　）。

　　A. 供应商管理　　　B. 供应商分类　　　C. 供应商选择　　　D. 供应商评估

9. （　　　）是跨职能、跨公司的行为，职能与职能、总部与分部之间分工不清，就没法形成合力，以制定统一的供应商战略、选择和管理供应商，以及与强势供应商抗衡。

　　A. 供应商集成　　　B. 供应商选择　　　C. 供应商分类　　　D. 供应商管理

10. 供应商评估不包括（　　　）。

　　A. 财务分析　　　B. 系统分析　　　C. 年度降本　　　D. 绩效分析

三、名词解释（中英文全称及含义）

1. TCO
2. SBP
3. RSI

四、简答题

1. 采购管理的发展与供应链环境下采购工作有何特点？
2. 什么是采购定位模型与采购策略？
3. 如何降低采购成本？
4. 与供应商发展战略合作伙伴有何价值？
5. 如何进行供应商关系管理？

五、应用题

就表 5-4 中的汽车零部件类型，按采购定位模型的四个类型进行归类。

表 5-4　一汽 J6 零部件和重汽 HOWO 零部件采购概要

类别	一汽 J6 零部件	重汽 HOWO 零部件
发动机系统	柴油发动机、气缸体、气缸盖、连杆、曲轴、凸轮轴	散热器、制动比例阀、水泵
传动系统	变速器	前桥、后桥、连杆、变速器、离合器、底盘、传动轴
车身	车桥、车身、摩擦材料、驾驶室	车轮、子午线轮胎、斜交轮胎、驾驶室、车架总成、保险杠、座椅、仪表盘、车门内饰板、转向盘、电池、冲压加工
底盘系统	转向系统	—
其他	安全气囊	

实训任务　丰田与福特的采购策略比较分析

任务要求

结合案例分析并回答以下问题：

（1）丰田公司的采购策略有什么特点？

（2）福特公司的采购策略有何特点？

（3）丰田公司为什么要与供应商保持互信合作关系，具体的做法有哪些？

（4）谈谈福特、丰田公司不同采购策略的各自优势与不足。

💬 建议

分小组分析以上问题，并制作 PPT 汇报。

一、丰田公司的采购策略

（一）对供应商的要求

丰田要求其供应商将生产设施建立在它的整车厂周围，以便于近距离采购。

这种采购要求推动了及时供货。作为对供应商效忠的回报，丰田为协丰会成员提供大量的管理和生产技术方面的支持，在供应商处推行丰田生产系统。这大大提高了供应商的生产率，反过来又促进了丰田产品的竞争力，最终使丰田和其供应商都可以获得长期竞争优势。

（二）与供应商之间的关系模式

丰田与其供应商建立了密切的互信合作关系。

丰田按照供应商所生产部件和对整车的重要程度，将供应商划分为三类：核心部件供应商、特征部件供应商、商品部件供应商。此外，丰田还建立起了二级供应商组织——协丰会和荣丰会，对隶属不同组织的供应商，丰田与其建立了不同的股本关联关系。协丰会成员全部是核心部件供应商，丰田一般都持有它们超过 30% 的股份。荣丰会成员都是特征部件供应商，丰田一般拥有它们约 10% 的股份。而对于商品部件供应商，丰田一般不与其建立资产关联关系。

（三）给予供应商帮助，实现双方的共赢

为了促进供应商不断提高生产率，丰田的供应商管理采用了一套独特的方法。

（1）一般将每个零部件的生产都分配给两个以上的生产厂商，它通过调整这两个厂家的供货比例来推动供应商不断提高产品质量，降低成本。但它不会轻易断绝某个供应商的关系。

（2）采用多种方法来帮助供应商改进绩效。

1）直接派遣富有经验的工程师到供应商现场帮助改进。

2）成立供应商组织，由供应商之间彼此传授经验。纵向上，将供应商分为协丰会和荣丰会；横向上，又将每个协会分作三个分会，将生产相同部件的彼此竞争的供应商分入不同的分会。每个分会的成员彼此交流生产技术。由于隶属于同一个分会的成员间没有直接的竞争关系，因此可以放心交流。

3）由供应商派出工程师到丰田学习，并学习实际的现场管理经验。

4）直接派出高级经理到供应商处任职。

5）丰田鼓励其供应商向除日产和本田外的其他厂商供货。

作为一个全系列车型的生产商和市场的领导者，其生产能力必然要适度过剩，以利用这种富余的生产能力威慑其他试图向它挑战的企业。相应地，也必然要求其供应商同时具有富余的生产能力。丰田鼓励其供应商向其他企业供货以充分利用这种过剩的生产能力。

丰田除了在自身的系列采购外，也常从独立系和其他系的供应商采购产品，这主要是

为了获得最新的产品技术和制造技术。

二、福特汽车公司的采购策略

（一）福特汽车公司最初的汽车零部件自制策略

20 世纪 90 年代初期，福特汽车公司的汽车零部件自制率达到 30%，对于低价值附件，采取竞标原则以获取最低采购成本，整车制造商和供应商之间信息交流很少。随着日本汽车制造商进入美国，美国传统三大汽车集团的零部件子公司高成本问题逐渐变得突出，这导致了美国汽车公司的产品成本要高于丰田等日本企业，竞争力受到严重影响。

（二）全球资源配置战略

福特汽车公司实施全球资源配置战略。在该配置战略中，福特汽车公司着重于评估全球范围内的供应商，以获得一流的质量、最低的成本和最先进的技术提供者。它的目标是建立一个适于全球制造的汽车生产环境，零部件的设计、制造、采购以及组装都是在全球范围内进行的。尽管福特汽车公司不要求它位于世界各地的供应商在美国开设仓库，但是能否从当地仓库实现及时供货仍然是福特汽车公司评价选择供应商的关键标准，这也是全球资源配置成功与效率的关键所在。

福特汽车公司要求其供应商在生产计划变化的时候能迅速做出反应。对于大多数零部件的供应商而言，国际供应商比国内供应商更缺乏柔性。福特汽车公司也尽量保证生产计划的稳定性，短期计划调整的频率也更低。

（三）福特汽车公司和供应商之间的关系

美国整车制造商与供应商之间是契约式的平行关系，但随着日本和欧洲等海外汽车制造商陆续进入美国，这种传统平行关系的弊端渐渐显露，同时福特汽车公司也在努力优化和改变这种关系。福特汽车公司与供应商保持紧密合作，并在适当的时候为供应商提供一定的技术培训，这与不同地区及公司的不同需求有关。一般而言，发达地区的供应商需要的技术支持比不发达地区供应商的少。不少国外供应商都与福特汽车公司在工程、合作设计等方面保持着良好的合作关系，因此，对于很多关键部件，福特汽车公司都有当地供应商相关职员提供有力的技术支持，与全球供应商之间的技术交流困难也因此而得到缓和。

Project 6

项目六
供应链时间压缩与精益生产管理

能力目标

○ 能够分析供应链总响应时间，并进行初步的时间压缩实践。

○ 能够运用延迟制造策略优化供应链流程。

○ 能够简单运用 JIT 和 TOC 管理工具和方法。

○ 能够初步运用精益生产管理方法提升投入产出效率。

项目思维导图

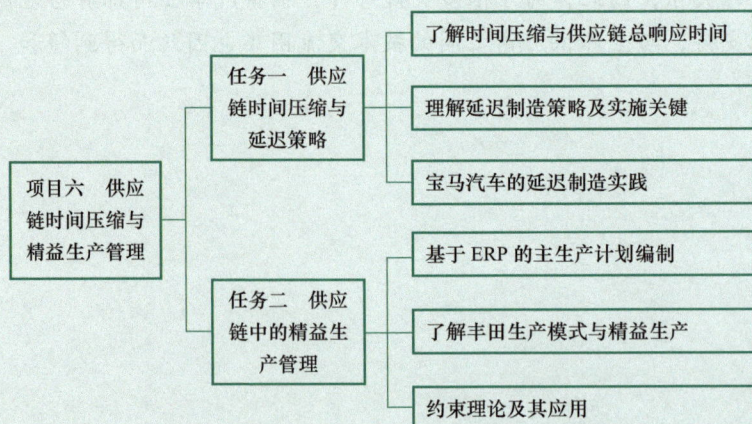

```
                                      ┌─ 了解时间压缩与供应链总响应时间
                          ┌─ 任务一 供应 ─┼─ 理解延迟制造策略及实施关键
                          │  链时间压缩与    │
                          │  延迟策略      └─ 宝马汽车的延迟制造实践
项目六 供应 ─┤
链时间压缩与
精益生产管理                                ┌─ 基于 ERP 的主生产计划编制
                          └─ 任务二 供应 ─┼─ 了解丰田生产模式与精益生产
                             链中的精益生    │
                             产管理         └─ 约束理论及其应用
```

任务一　供应链时间压缩与延迟策略

供应链时间压缩
与延迟策略

情景导入

"时间压缩"——宝洁公司的供应链优化策略

宝洁公司作为全球知名的消费品公司，深知时间在供应链管理中的重要性。为了提高供应链效率和满足客户需求，宝洁公司采取了一系列时间压缩策略，其中包括压缩供应商的采购提前期。

1. 准确预测需求

通过大数据分析和市场研究，宝洁公司能够准确预测产品需求。这使得他们可以更精准地规划生产，减少不必要的库存，并更好地应对市场变化。例如，根据历史销售数据和趋势，宝洁公司可以预测不同地区对某一产品的需求高峰期，从而提前安排生产和采购。

2. 缩短生产周期

宝洁公司不断优化生产流程，采用先进的技术和设备，以提高生产效率并缩短生产周期。此外，他们还推行精益生产理念，消除浪费，进一步加快生产速度。例如，某产品的生产周期从 18 天缩短至 9 天，有效提高了对市场需求的响应能力。

3. 压缩供应商采购提前期

为了进一步压缩时间，宝洁公司与供应商密切合作，共同努力缩短采购提前期。他们通过加强沟通、优化流程和采用先进的供应链技术，实现了更快速的原材料供应。例如，与供应商共享需求预测信息，以便供应商提前准备和安排生产。通过这种方式，采购提前期可以大幅缩短，从而更好地满足市场需求。材料不同，制订的供应时间也不同，如洗发产品生产原材料最长供应时间为 105 天，最短 7 天，平均供应时间 68 天。

准时制采购在宝洁公司的供应链中也起到了重要作用。通过与供应商的紧密协作，实现原材料的及时供应，减少库存占用成本，提高了供应链的灵活性。

4. 优化物流配送

与物流合作伙伴共同设计高效的配送路线和仓储布局，以确保产品能够及时、准确地送达客户。同时，利用信息技术实时监控物流过程，及时解决可能出现的问题。通过这些措施，宝洁公司成功缩短了物流配送时间，提高了客户满意度。

总之，通过这些时间压缩策略的实施，宝洁公司成功提高了供应链效率，降低了成本，提升了客户满意度。例如，产品上市时间缩短了 30%，缺货率降低了 25%。这些成果证明了时间压缩策略在供应链优化中的重要性和有效性。同时，宝洁公司的经验也为其他企业提供了宝贵的借鉴，启示它们通过不断优化供应链来提升竞争力。

导入问题

1. 时间压缩对供应链管理有何意义？
2. 什么是供应链总响应时间？
3. 如何提升供应链的反应速度？

第一步 | 了解时间压缩与供应链总响应时间

一、时间压缩的意义

所谓时间压缩，即寻求各种手段压缩、减少供应链业务非增值时间来实现供应链增值。时间压缩对同时实现低成本、即时交付和有效缓解或消除牛鞭效应有着关键作用。当今企业面临着越来越多的竞争压力，最终消费者对于产品的需求越来越苛刻，不仅要求产品质量好、价格低廉、服务周到，还要求供应链迅速把产品送到客户手中。速度对于现代企业是至关重要的。

1. 时间压缩意味着利润

有些客户愿意为获得更快的服务而支付费用，满足这些客户意味着将时间转化成双方的利润。时间效率的提高可以降低供应商的库存水平，节约时间和资金。在供应链中，如果时间得到高效管理，时滞减少，供应链中的库存在各成员间的流转加快，从而降低整个供应链的库存量。配送时间的减少不仅减少了库存，而且减少了重复劳动，提高了产品质量。所有这些改进直接影响着企业的利润。

2. 时间压缩既可带来内部效益，也可带来外部效益

内部效益是指供应链节点企业各职能部门内部或之间的利益，诸如更精简的企业组织，更短的计划周期，更快的反应速度，各职能部门间更好地交流、协调和合作。外部效益是指供应链企业及其合作伙伴在市场上以更好的质量、更快的客户反应速度、更先进的产品等来获得比竞争对手更多的利益。供应链时间压缩，毫无疑问使得供应链上各企业的内部效益和外部效益都有所增加。

3. 高时效性对国际化更具有重要性

现代企业为了生存和发展，在国内市场发展的同时，必须在全球经济迅速扩张中占有一席之地，开拓国际市场。面对这些挑战，企业管理者必须努力扩大其全球性的物流和分销网络，通过动态的、快速变化的市场渠道将产品送到客户手中。这就要求供应链节点企业能够同步高速运作，合理定位库存，使其能在客户需要的时候，以适当的数量、适当的价格提供产品（或服务）来满足客户。

二、供应链总响应时间

对于整个供应链系统而言，其总响应时间应该是指从供应链最终客户需求信息开始，经过分销网络进入制造企业，制造企业根据订单进行产品设计，产品由最初原材料供应商经过整个供应链的所有阶段直至把产品（或服务）交付给最终客户的全过程中所累积的全部时间。供应链总响应时间可以被认为由六个构成要素组成，分别是：订单处理周期、产品设计周期、采购周期、供应周期、生产加工周期、产品分销周期，如图 6-1 所示。

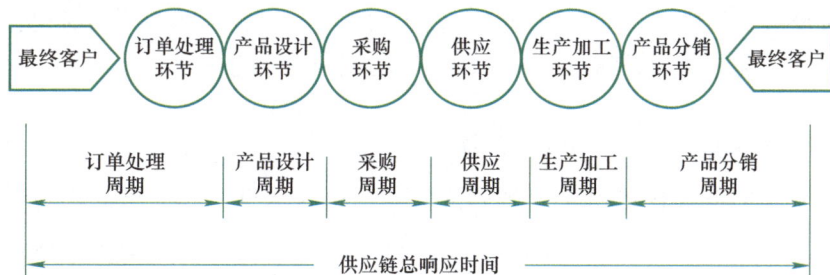

图 6-1　供应链总响应时间构成要素

1. 订单处理周期

订单处理周期一般由订单汇聚与传递响应子周期、订单处理响应子周期组成。订单汇聚与传递响应子周期是指最终客户订单进入核心企业之前经过分销网络处理过程的时间，包括零售商和分销商对订单的汇编与整理等过程。订单处理响应子周期是指订单进入核心企业时到订单进入订单库的时间（包括订单录入、编排等过程）和订单在订单库中等待分解的时间。

2. 产品设计周期

产品设计周期是指设计和开发一个新产品或者改善现有产品所花费的时间。产品设计环节包括许多处理流程，如市场分析、产品定义、产品设计、模具开发、功能确认、工艺流程设计等。

3. 采购周期

采购周期是指采购订单发出之前的处理过程，包括报价、确定供应商、商务谈判、订单签订、合同审批等，以及采购订单从核心制造企业发出到达最初供应商的全部过程。

4. 供应周期

供应周期是指从最初供应商接受订单、通过供应网络发货到指定地点的时间，包括采购、制造、发运等时间。

5. 生产加工周期

生产加工周期一般由生产准备响应子周期、制造响应子周期、入库响应子周期组成。生产准备响应子周期包括生产安排时间和原材料库存时间、发料时间等。制造响应子周期是指从在第一个工序开始到通过所有工序加工完成的所有时间。入库响应子周期是指从车间收货、点数、检验到入成品库的时间。

6. 产品分销周期

产品分销周期是指从产品装车进入分销网络直至配送到最终客户的时间。

供应链总响应时间突破了单个企业的界限，是面向供应链全过程的时间累积。供应链由一系列连续的业务流程构成，每个业务流程都需要消耗一定时间，整个供应链过程伴随着产生时间连续流，形成了一个时间连续统一体。供应链总响应时间反映了供应链自身对最终客户的响应能动性，表现为供应链在交货时间上能够满足最终客户的能力。供应链总响应时间的长短直接反映了供应链调动和使用各种资源的能力，即管理能力，同时也直接反映了供应链管理绩效的状况，因为时间已经成为供应链的竞争要素之一。

三、供应链总响应时间的影响因素分析

供应链总响应时间是供应链中多种因素共同作用的结果。对供应链总响应时间的影响因素进行分析，有助于我们找出缩短供应链总响应时间的有效途径。影响供应链总响应时间的主要因素有：供应链的结构、产品质量、供应链合作伙伴关系、信息共享模式、供应链的资源状况和供应链中的库存管理策略。

1. 供应链的结构

供应链的结构是由产品的特性、原材料获得的难易程度、销售方式和服务的形式等多种因素决定的。不同的产品具有不同形式的供应链，同一企业也可以是多个不同供应链的实体。供应链结构可从水平层次和垂直规模两个方面来描述。水平层次是指供应链中所包含的所有供应商或消费者的层次数量，它决定了供应链的长短；垂直规模是指对于某核心企业而言，其各层次所包含的供应商或消费者的数目，它决定了供应链的宽度。

2. 产品质量

这里的产品是指包括原材料、零部件、半成品和成品在内的所有物品，供应链上节点企业产品质量的高低对供应链总响应时间的影响表现为：如果该节点企业有高质量的产品产出，则可以加速后续节点企业的生产制造过程，否则就会导致高返工率而延长该节点企业对下一节点企业的响应时间。

3. 供应链合作伙伴关系

供应链合作伙伴关系是指供应链上各企业之间为了满足最终客户的需求这个共同的目标（即增强市场竞争力）达成的一定时期（短期或长期）相互合作的协议，它规定相互之间在一定时期内彼此利益分享和责任共担的关系。根据合作关系的紧密程度，可以把合作关系分为战略合作伙伴关系、部分合作伙伴关系和独立决策关系三种类型。供应链合作伙伴关系是影响供应链总响应时间的重要因素，合作关系越紧密，供应链总响应时间越短。

4. 信息共享模式

信息流模式包括信息传递模式和信息控制模式两种。信息传递模式包括串行传递、并行传递和辐射型传递，决定了信息传递时间；信息控制模式包括分散控制、集中控制和综合协调型控制，决定了信息反馈时间。信息流模式直接影响产、供、销各环节的衔接，如果环节之间衔接不好，会产生大量非增值时间。欧洲 3DayCar 研究项目发现，在汽车定制过程中，80% 以上的时间花在处理与订单有关的信息流上，只有不到 20% 的时间真正用于制造和分销。由此可见，从信息流角度缩短供应链总响应时间的潜力很大。

5. 供应链的资源状况

供应链中各节点企业的资源（如人员、设备和工具等）配置情况、资源饱和程度以及

资源质量直接影响各节点企业运作环节响应时间的长短。例如，资源处于"繁忙"状态时必须等到有资源可供使用，产品加工处理过程中资源出现故障时不得不停下来排除故障、解决问题，产品加工完后无运输资源可供调度时必须等待运输等，这些都直接影响供应链总响应时间。

6. 供应链中的库存管理策略

长期以来，供应链中的库存控制是各自为政的。供应链上各个环节中的每个部门都是各自管理自己的库存。各环节中的大量库存不可避免地导致需求信息扭曲，从而影响供应链快速响应顾客的需求。库存策略不同，供应链总响应时间也将不同。

拓展阅读

宝洁公司的内部供应链时间压缩

除了加强与供应商之间的紧密合作之外，宝洁公司还对企业内部供应链时间压缩进行了改进。

1. 用产品标准化设计压缩时间

摒弃原来不同品牌洗发水使用不同形状的包装设计，改为所有洗发水品牌对于同一种规格采用性质完全一样的瓶盖，不同的产品由不同的瓶盖颜色和印刷图案区分。这样一来，减少了包装车间转产次数。例如旧的设计方案，海飞丝 200 毫升转产到飘柔 200 毫升，转线操作需要 25 分钟。统一包装设计之后，包装车间无须机器转线，只需要进行5 分钟的包装材料清理转换即可。这项改进减少了包装车间 20% 的转线操作，从原来的每个月 112 小时减少到每个月 90 小时。

2. 用日计划来缩短计划时间

宝洁公司的洗发水生产最短的循环周期是 7 天，平均周期 14 天，最长 30 天。由于洗发水生产循环周期太长，需要在几天之内增加 / 减少产量时，工厂没有时间快速调整。现在宝洁公司推行每日生产计划，从每周制订下周的生产计划变为每日制订第二日的生产计划。这样大大缩短了供应链的反应时间，加快了产品对市场变化的反应。

3. 用工艺改进生产过程以压缩时间

宝洁公司洗发水产品制造车间有 8 个储缸，生产 16 种不同配方的洗发水。宝洁公司要求公司内部生产部门保证 85% 以上的工艺可靠性。其中，洗发水配方和品种的区别如下：一个洗发水配方对应多个品种，各个品种之间的区别在于添加剂不同，如香精、色素以及一些特殊的营养成分等。通过对现状分析，制造部门进行了如下的改进：洗发水生产部门和技术部门合作，制订了储缸分配计划，以减少转产并减少生产批量，分别生产 5 种某类配方产品，制造车间每次生产 12 吨，即一个储缸的量。包装车间可以根据每笔订单需求量的大小，选择不同的批量大小包装产品。这些措施可以大大减少转产损失。

4. 缩减不增值过程以缩短包装时间

包装部门的改进策略主要考虑以下三点：减少转产时间、减少非计划停机时间、提高人员技能。生产部和工程部成立了转产改进小组，合作进行洗发水的输送管道改进项目，来减少洗线时间以及洗线过程中洗发水的浪费。在洗发水输送管道中，增加一种类似活动活塞的器件，洗线时活塞可以快速地把洗发水从储缸送到包装线，这个过程用时很短，相对于正常的输送时间可以忽略不计。这种洗线方式可以减少洗发水在洗线过程中的浪费（原来损耗5%）。通过这些改进，洗线时间由40分钟缩短到25分钟。宝洁公司还针对不同的包装尺寸，设计了一个零部件，可以同时兼容两个到三个包装尺寸，只需在转线时更换一下相关部位就可以了，其效果使转线时间从原来的25分钟缩短到15分钟。宝洁公司实施"提高人员技能"策略，改变相应的人员管理和培训制度，使员工在任务紧的时候，可以在不同生产线随意调配；在生产任务不紧的时候，员工可以自主做一些自我培训或者改进项目。

5. 优化仓储管理以缩减货物存取时间

以黄埔工厂管理为例，黄埔工厂的仓储管理在开始实施每日计划时也同步进行了改进。原来的情况是有两种货架：一是叉车可以从提货通道提取任何一个地台板的选择式货架，适合产量不大的品种；另一种是叉车开入式的三层货架集中设计，每次出货入货的最小单位都是12个地台板，大约相当于6吨洗发水产品，即一个最小的生产批量。

对于仓储管理，宝洁公司做了如下改进：增加一个货架设计，仍然是三层开入式提取和存放货物。但是通过改进，每一层是一个单独的产品品种，即每次出货入货的最小单位是4个地台板，相当于最小批量是2吨的洗发水成品，使得产品能够根据规模在合适的货架存放和提取。

☄ 第二步 │ 理解延迟制造策略及实施关键

一、延迟制造策略的含义

延迟制造，即将产品多样化的点尽量延后，其目的是能在成本一定和风险降低的基础上，快速满足最终客户的多样化需求。因此企业往往会在整个生产与供应流程中将相同的程序制作尽可能最大化，以获得规模经济，而将按订单生产的差异化制造过程尽可能推延。

一般而言，各种类型的产品在供应链或者某个企业生产的初始阶段会共享一些共同的原材料、工艺流程、零部件，然后在某一点或者某些点上，这些通用的模块经过特定的工艺加工成不同的产品。这些点就是产品差异化点，如产品定制、本地化生产、包装、配送等都可能是产品差异化点。延迟策略除了尽量推迟差异化点之外，还需要在差异化点之前尽量使产品保持在通用部件状态，以降低与产品多元化有关的风险。

延迟制造主要有以下三种类型：

（1）形式延迟。形式延迟是指推迟形成最终产品的过程，即在获知客户确切要求和购买意向之前，仅制造基础产品或模块化部件，在收到订单后才按照客户具体要求进行最终产品生产。

（2）时间延迟。时间延迟是指直到收到订单后才实施最终的制造和处理过程。

（3）地点延迟。地点延迟是指延迟产品向供应链下游活动，接到订单后再以供应链的操作中心为起点，进行进一步的位移与加工处理。

时间延迟和地点延迟一般是相关联的，两者相结合即是物流延迟，将为客户定制的产品向客户方向移动。而形式延迟是对产品制造全过程的改造，涉及模块化设计、参数化设计等方法。

二、实施延迟制造的益处及条件

1. 实施延迟制造的益处

延迟制造的应用较好地解决了企业产品生产与市场需求之间的矛盾，集成了推动式供应链和拉动式供应链的优势，具有明显的竞争优势。

（1）库存基本以原材料和标准化产品的形式存在，极大降低了库存呆滞和存货跌价风险。

（2）在一定程度上保障了产品种类的多样化，能用较低的成本更好地满足顾客的个性化需求。

（3）按订单完成差异化生产的过程缩减，有助于缩短交货提前期，提高快速反应能力。

2. 实施延迟制造的条件

延迟制造的生产模式虽然有诸多优势，但并不适用于所有行业，它的实施需要有一定的前提和先决条件。

（1）产品可以模块化生产。能够将产品分解为有限的模块，而且模块可以经过组合形成最终产品，对通用模块的可加工性有一定的要求。

（2）零部件可标准化、通用化。多个产品拆分出来的模块能够采用一定的方法进行标准化、通用化，非标零部件的使用量减少，而且非标零部件并非不可替代。

（3）经济上具有可行性。延迟制造一般会增加产品的制造成本，因此除非延迟的收益能够弥补增加的成本，否则没有实施延迟制造的必要。

（4）适当的交货提前期。延迟制造要求给最终生产与加工留有一定时间余地，因此过短的提前期不利于延迟制造的实施，但是过长的提前期则无须实施延迟制造，可以直接采用全程拉动式生产。

通用的延迟策略主要有四种：部件通用化、部件模块化、作业延迟执行、作业重新排序。前两者属于产品延迟的范畴，而后两者属于流程延迟的范畴。

三、CODP 定位是延迟制造实施的关键

延迟制造是推式和拉式的结合。整个生产过程可以分为推动阶段和拉动阶段，推动阶段根据预测大规模生产以获得规模效应，拉动阶段根据订单实现差异化组合的定制服务。在延迟制造中，推动式与拉动式的分界点称为客户需求切入点。

客户需求切入点是供应链产品增值过程中的分岔点，前后活动在驱动源、产品性质、

市场定位、生产类型等方面有明显区别。切入点前追求的是低成本，最大限度地发挥规模效应；切入点后追求的是产品柔性，最大限度地满足客户个性化需求。延迟制造是以切入点的选择来进行前后平衡，决定"规模"与"变化"的程度，实现供应链整体效应的最大化。

切入点定位与延迟制造规模、延迟类型、客户化程度、产品柔性等众多因素相关。切入点位置越靠近客户，延迟活动的规模越小，客户化活动的复杂程度越低，因为快速响应已有产品品种需求的能力越强，应对个性化需求的能力就会有所下降。而切入点偏于供应链的上游，通用化阶段就无法产生规模经济。

第三步 | 宝马汽车的延迟制造实践

宝马汽车斯帕坦堡工厂的延迟制造策略是值得我们研究学习的案例。

该工厂同时生产 SUV（运动型实用汽车）和跑车两种车型，产能覆盖了多种车身结构、十多种的色彩方案和超过 20 款的动力总成配置。在面向全球市场销售时，该工厂可提供超过 60 种个性化定制方案。

该工厂依靠 ERP 和相关的生产管理软件来收集客户的定制信息，并根据订单需求和时间顺序，合理地安排整车制造。在这一管理过程中，个性化延迟制造的应用得到了最大化的推广。其中，自动仓储系统（AS/RS）为延迟制造提供了便利，在这一仓储系统中，主要以托盘形式存放着各种面向定制需求的、高周转的配件，并配有 8 台用于流转的自动存取机器，直到生产管理系统收到并处理完定制的订单信息，向物料系统发出指令，自动化仓储系统才会将需要的物料传送到总装流水线上，并最终完成装配。一般情况下，这个自动仓储系统中有 85% 的库位是备满配件的。在延迟制造思想和自动仓储系统共同搭配使用下，宝马汽车和顾客之间的灵活性大幅度提高。作为顾客，他们的需求能够得到极大满足；作为企业，生产效率、订单交付期、成本控制的压力、服务水平均得到了改善，并在与同行企业竞争中占得了明显的优势。一系列标准化（规模）和顾客化（变化）的策略形成了一个连续统一体，两端是两个极端策略，即按库存生产（Make to Stock，MTS）和按订单生产（Make to Order，MTO）。统一体中的每一种策略都可能在供应链上被采用，但研究表明，一般而言，其定位趋向于统一体的中部，即部件制造标准化、组装和配送顾客化，也就是所谓的延迟组装策略。这一策略可以使大部分供应链，特别是制造型供应链的效应得以最大化。

通过宝马公司的延迟制造策略，不难总结出如下几点改进思路：

1. 柔性生产系统

收集真实的订单信息，这是面向订单制造的活动起点。订单信息一般来自经销商和销售公司，要求将此信息直接输入生产规划系统中，将具体订单与整体生产进度相关联。规划系统将顾客订单和长期预测与工厂生产能力及供应网络结合，及时将所评估的订单交付期反馈给下游的汽车经销商。例如，某生产平台有两个品牌、两款发动机、两款动力总成、两种规格轮胎、四种规格轮辋、三种规格减振器等配置，交互搭配可以产生两百多种车型，可以将冲压、焊装、涂装、总装等整车制造环节与发动机、变速器等动力总成环节融为一体，使相异平台共线成为现实。结合柔性与刚性流水线来控制大规模定制的成本，在某一方面约束顾客潜在的选择范围，即对于某公司双品牌策略来说，所定义的两种品牌风格仅在减振器和弹簧方面有差异，让顾客通过在这两种品牌中进行选择来实现自己的差异化需求。

2. 供应链协作

通过供应链协作实现信息共享，与供应商共享顾客订单和长期预测信息，此外，将规划系统也共享给供应商，使其用此资源规划自己的生产过程，掌握某个时刻订单的确切状态，以便使需求方掌握交付的时间。通过供应链协作进行信息共享，可以促进供需双方的互动和协商，调整组织结构；整车厂、销售公司、经销商能够共同分析生产能力约束、产品范围、预期销量等，以实现生产成本、物流成本与顾客服务这三者之间的平衡。通过信息共享可以做到与供应商互动，在设计前期、后期允许双向变动，再调整种类和订购模块，及时相互告知。通过供应链协作的工作方式可以降低成本，能够消除或者降低配件、整车库存成本，减轻资金压力，使效益最大化。

3. 整合信息系统

完善的 ERP 系统可以密切联系经销商、供应链、工厂底层等管理系统，有效地整合自订单输入到整车交付的采购、物流、制造、营销和财务等所有流程，可以按不同区域做可视化同步更新，价值链资源共享也可成为现实。这一做法可以间接地提升产品柔性化生产的能力，对定制化需求做出敏捷响应。

任务二 供应链中的精益生产管理

供应链中的精益生产管理

📖 情景导入

丰田凭借"精益生产"震惊世界

日本经济如何能够在 30 年间飞速发展？日本汽车工业如何能够后来居上、超越汽车强国美国？这其中有许多值得我们思考和学习的东西，我们不能不提到精益生产（Lean Production，LP）和它的起源：丰田生产系统。

第二次世界大战后，日本经济百废待兴，日本政府制订了"国民收入倍增计划"，把汽车工业作为重点发展的战略性产业，组织产业界人士前往汽车强国美国考察。当时福特公司在底特律的轿车厂每天能生产 7 000 辆轿车，比日本丰田公司一年的产量还要多。但是来自丰田公司的代表大野耐一考察了美国这个工厂之后，在考察报告中却写道："那里的生产体制还有改进的可能。"

他所指的是工厂里的各种浪费，包括残次品、超过需求的超量生产、闲置的商品库存、不必要的工序、人员的不必要调动、商品的不必要运输和各种等待等。正是这些浪费的存在，使得他们看到了"改进的可能"。

丰田公司的丰田英二和大野耐一等人进行了探索和实验，根据日本的国情，提出了一系列改进生产的方法：准时制生产、全面质量管理、并行工程，逐步创立了独特的多品种、小批量、高质量、低消耗的生产方式。这些方法经过30多年的实践，形成了完整的"丰田生产方式"（Toyota Production System，TPS），帮助汽车工业的后来者日本超过了汽车强国美国。

在电子、计算机、飞机制造等领域，丰田生产方式也成为日本工业竞争战略的重要组成部分，在日本的经济腾飞中起到了举足轻重的作用。

丰田生产方式反映了日本在重复性生产过程中的管理思想，其指导思想是，通过生产过程整体优化，改进技术，理顺各种流（Flow），杜绝超量生产，消除无效劳动与浪费，充分、有效地利用各种资源，降低成本，改善质量，达到用最少的投入实现最大产出的目的。

日本经济的迅速崛起和日本企业在国际市场上的成功，极大地震动了西方企业界尤其是美国企业。20世纪80年代，在政府和企业的大力资助下，美国企业管理领域的学者们开始深入研究日本企业的成功秘诀，同时开始反思美国现存管理思想和生产制造方式的不足。

导入问题

1. 丰田生产系统的产生背景及意义是什么？
2. 什么是精益生产？
3. 精益生产有何特点？

🪐 第一步 | 基于 ERP 的主生产计划编制

一、ERP 及计划总流程

ERP 是企业资源计划（Enterprise Resource Planning，ERP）的英文缩写。ERP 的功能是将企业内外部资源整合在一起，对采购、生产、成本、库存、分销、运输、财务、人力资源等进行规划，以达到最佳资源组合，取得最佳效益。在 ERP 技术条件下，生产物流计划和控制与其他业务活动的联系更加紧密，集成性更高。ERP 技术经历了三个发展阶段，包括：物料需求计划（Material Require Planning，MRP）阶段，制造资源计划（Manufacturing Resource Planing，MRPⅡ）阶段和 ERP 阶段。

目前，大多数 ERP 系统适合于宏观调控和长期规划，在企业中发挥着很好的作用，但是其对车间层的控制相对薄弱，且其计划与控制相分离，因此，把 ERP 定位在厂级或企业级，负责主生产计划、物料需求计划及各车间零部件的月、周计划。

二、ERP 有关的专业术语

1. BOM

BOM（Bill of Materials）是以数据格式来描述企业产品结构的技术文件。BOM 把用图表表达的产品结构转换成数据报表格式，它是 MRP Ⅱ 系统中最重要的基础数据。狭义上的 BOM 通常称为"物料清单"，即产品结构（Product Structure）。图 6-2 为自行车 BOM 简图。

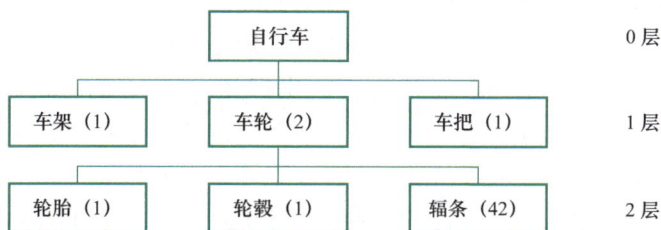

图 6-2　自行车 BOM 简图

广义上的 BOM 是产品结构和工艺流程的结合体，二者不可分割。离开工艺流程谈产品结构没有现实意义。要客观科学地通过 BOM 来描述某一制造业产品，必须从制造工艺入手，才能准确描述和体现产品的结构。BOM 是企业管理中非常重要的基础数据信息，通常也可以用于分析产品的成本结构。

2. 工艺路线

工艺路线（Routing）是描述物料加工、零部件装配的操作顺序的技术文件，是多个工序的序列。工序是生产作业人员或机器设备为了完成指定的任务而做的一个动作或一连串动作，是加工物料、装配产品的最基本的加工作业方式，是与工作中心、外协供应商等位置信息直接关联的数据，是组成工艺路线的基本单位。例如，一条流水线就是一条工艺路线，这条流水线上包含了许多的工序。

在 ERP 系统中，工艺路线一般用以下内容进行描述：物品代码、工序号、工序说明书、工作中心代码、排队时间、准备时间、加工时间、等待时间、传送时间、最小传送量、外协标识、标准外协费和工序检验标志等字段。物料代码用来表示该工艺路线针对何种物料的；工序号用来表示该物料加工时需要经过多少个工序，该工序号应该按照加工顺序进行编排；工序说明书用来详细描述每道工序工作任务和流程等操作手册；工作中心代码用来表示该工序在哪个工作中心进行加工；排队时间、准备时间、加工时间、等待时间、传送时间五种作业时间，主要是用来描述工序的作业时间，以进行能力计算和车间作业调度；外协标识、标准外协费是指如果该工序（如电镀）对企业来说是进行外协加工的，需要在工艺路线中进行指定。

3. 可承诺量

可承诺量（Available to Promise，ATP）是指业务人员在当前供货状况下能承诺给新客户的订单数量。例如，某产品库存 100，计划生产量 200，已经接到而尚未出货的客户订单量为 150，则可承诺量为 150（100+200−150）。

4. 主生产计划

主生产计划（Master Production Schedule，MPS）是对企业生产计划大纲的细化，说明在可用资源的条件下，在一定时期内（一般为 3～18 个月）生产什么、生产多少以及何时交货。主生产计划是确定每一个具体产品在每一个具体时间段的生产计划，它由生产计划大纲转化而来，是按最终产品或产品的组件进行描述的。

主生产计划与其他计划有很大区别，表现在以下几个方面：① MPS 与销售预测不同，后者不考虑物料和生产能力的可用性问题；②生产计划大纲按产品类别规定生产率，而 MPS 则是按最终产品或产品的组件进行描述；③车间作业计划按照订单装配产品，而 MPS 描述产品的最终结构。

MPS 在 ERP 系统中起着非常关键的作用，能够把生产计划同日常作业计划连接起来；为日常作业的管理提供控制；能够推动正式的集成化的计划与控制系统。主生产计划包含许多个人的经验决策，是无法由计算机完成的。制订和强调主生产计划的责任在于人，不在于计算机，而且是一个手动的过程。因此，制订一个好的主生产计划直接影响企业的生产运营效率，关系到供应链的成败。

三、MPS 的编制

1. MPS 的编制逻辑流程

MPS 的编制对象是最终项目，也称最终产品（指具有独立需求的物料），有时也指维修件、可洗件或工厂自用件。MPS 的编制需要注意以下几点：①编制项目若过多，则预测与管理都困难，因此要根据不同的制造环境，选取产品结构的不同层次来进行 MPS 编制，使得在产品结构这一级制造和装配过程中，产品（或选型）数目最少；②只列出可构造项目，而非一些项目组或计划清单项目；③需列出对生产能力、财务或关键材料有重大影响的项目。MPS 的编制逻辑流程如图 6-3 所示。

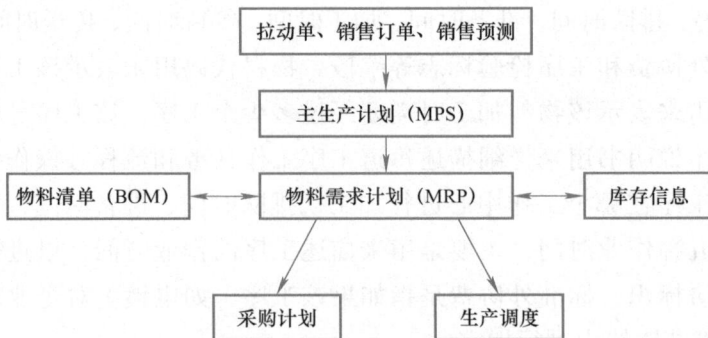

图 6-3　MPS 的编制逻辑流程

2. 协议区与冻结区

MRP 的计划方式就是追踪需求，但预测和客户订单是不稳定、不均衡的，直接用来安排生产将会出现加班加点也不能完成任务或设备闲置导致很多人没有活儿干的现象。在主生产计划这一层，通过人工干预，可以得到一份稳定、均衡的生产计划。为了避免部门之间产生矛盾，可以通过制定需求时区（冻结区）、计划时区、预测时区（协议区）来适当平衡供求关系，如图6-4所示。

在图6-4中，T_1是需求时区，也称为冻结区，在这段时间里，生产计划是不会被随意改变的。从T_1到T_2的时区称作产销之间的预测时区，也称为协议区。双方协议的原则是：如果有料，就可插单。因为车间在此时区内要生产的产品，此时还未开始制造，所以不会引发额外插单的成本，在物料供应状况允许的前提下，理应让业务部门插单，以把握更多商机，让产供销三个职能部门之间达成良好的共识，协调彼此的工作，降低整体成本。

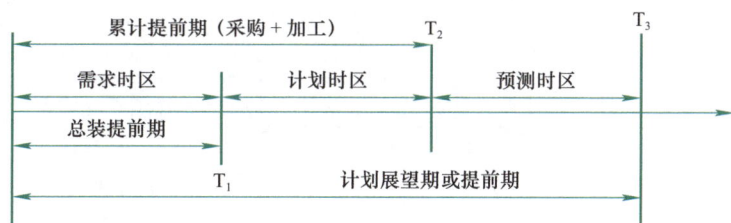

图 6-4　MPS 计划时区

🪐 第二步 ｜ 了解丰田生产模式与精益生产

一、四种主流生产模式及特点

1. 面向订单设计

面向订单设计（Engineer to Order，ETO）是一种最直接面向客户的生产模式。在面向订单设计模式中，由客户在下订单的同时提出产品的功能和规格需求，企业根据需求进行设计，设计结果由双方协调认可，然后企业根据设计结果投入生产。

2. 面向库存生产

面向库存生产（Make to Stock，MTS）也称备货生产，是指在一定的市场调研或市场预测的基础上，采购原材料，组织生产管理人员进行生产，完工后入库，然后从库存中将产成品发出，进行销售的行为。

3. 面向订单生产

面向订单生产（Make to Order，MTO）是指企业在接到客户订单之后，开始采购原材料并组织人员按照客户需求生产产品。在面向订单生产模式中，订单的相关信息从供应链的下游逐级向中、上游传递，各企业理论上在接到订单后才开始组织生产。面向订单生产的产品可以直接交付客户，也可以暂时短期入库，以减少库存积压成本。随着买方市场的出现，及时快速地满足客户日益变化的个性化需求成为企业增强竞争力和保持领先优势的前提，面向订单生产模式开始主导市场。

4. 面向订单装配

面向订单装配（Assemble to Order，ATO）是指零部件预先加工储备，在接到客户订单之后，将有关零部件装配成客户所需的产品。由于面向库存生产和面向订单生产为企业两种典型的生产模式，面向订单装配实际上是面向订单生产与面向库存生产的结合，因此综合了二者的优点。

四种生产模式的简图如图 6-5 所示。

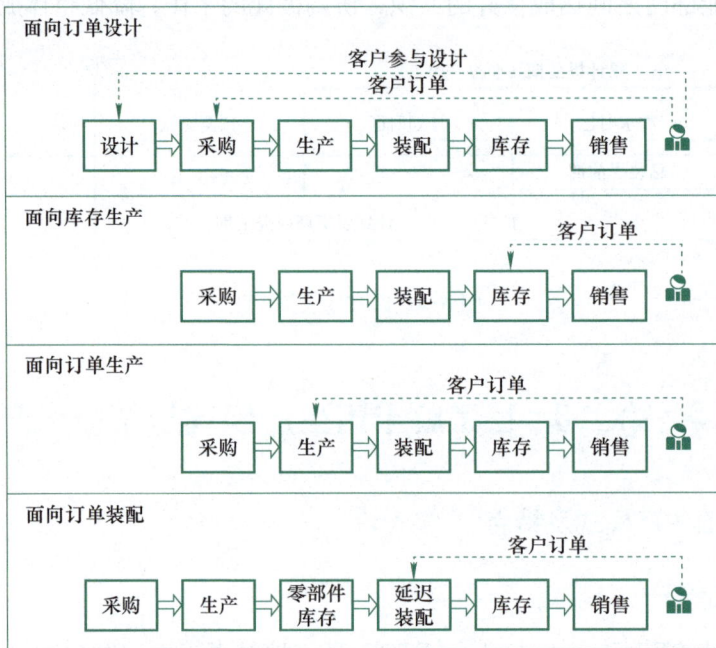

图 6-5　四种生产模式简图

四种生产模式的比较见表 6-1。

表 6-1　四种生产模式的比较

生产模式类型	库存水平	产品多样性	交付周期	客户满意情况	公司效益情况
面向订单设计	零库存	完全根据客户要求设计	产品交付周期最长	能自由选择产品，但等待时间长	无库存压力，但客户损失严重
面向库存生产	可能导致库存过多或者缺货损失	完全根据计划生产，产品种类固定	产品交付周期很短	产品种类少，等待时间短，客户满意度低	库存压力大，缺货损失严重，产品种类少
面向订单生产	零库存	根据客户需求随时改进	产品交付周期比较长	能自由选择产品，但等待时间长	无库存压力，但客户损失严重
面向订单装配	有零部件库存，产品库存较少	可以根据客户需求改变产品配置	产品交付周期短	产品种类多，等待时间也比较短	库存压力小，产品种类多，客户流失少，满意度高

二、丰田生产模式的起源与发展

第二次世界大战后，社会进入了一个市场需求向多样化发展的新阶段，相应地要求工业生产向多品种、小批量的方向发展，单品种、大批量的流水线生产方式的缺点日益明显。同时，第二次世界大战后的一些特殊因素，如日本国内的市场规模小，但汽车的种类却很复杂；城市拥挤、能源价格昂贵；日本经济缺乏资金和外汇；国外汽车公司的竞争等，也决定了丰田汽车公司必须选择小批量、多样化、低成本的战略。

20 世纪 50 年代初期，大野耐一从美国超级市场的管理结构和工作程序中受到启发，找到了通过"看板"来实现"准时生产"的方法。大野耐一是看板管理的积极推行者，他认为，可以将超级市场看作作业线上的前一道工序，把顾客看作这条作业线上的后一道工序，顾客（后道工序）来到超级市场（前道工序），在必要的时间就可以买到必要数量的必要产品（零部件）。超级市场不仅可以"及时"满足顾客对产品的需要，而且可以及时地把顾客买走的产品补充上（当计价器将顾客买走的产品进行计价之后，载有购走产品数量、种类的卡片就立即送往采购部，使产品得到及时补充）。1953 年，丰田公司对看板管理进行了试点运行。1962 年，丰田公司全面实施看板管理，丰田公司在采用以看板管理为特征的 JIT 生产方式之后，公司的经营绩效与其他汽车制造企业的经营绩效开始拉开了差距。到 20 世纪 70 年代，丰田公司的 JIT 生产方式逐步完善，其优越性开始引起了人们的关注和进一步的研究，日本的其他汽车制造企业纷纷结合企业实际情况学习丰田公司的 JIT 生产方式，使 JIT 逐步成为"日本式"的汽车生产方式。不仅如此，JIT 生产方式还扩展到了许多其他行业。

三、JIT 生产的经营理念

从公司经营的角度来看，JIT 生产的最终目标是实现公司的利润目标。而实现利润目标的方式是降低成本，不断消除浪费。这是 JIT 生产区别于传统经营思想的主要方面。传统的经营思想认为，保证利润目标的途径在于产品定价，也就是说，通过产品的成本加上利润得出产品的价格，这种经营思想的基本逻辑为：价格 = 成本 + 利润。而 JIT 生产则认为，价格是由市场所决定的，在竞争的市场中，企业保持利润的最佳途径是不断地降低成本，其经营思想的基本逻辑为：利润 = 价格 − 成本。因此，JIT 生产方式中的基本目标在于消除浪费、降低成本。

在 JIT 中，无效劳动和浪费包括以下几种：过量生产的浪费；等待时间的浪费；运输的浪费；库存的浪费；过程（工序）的浪费；动作的浪费；产品缺陷的浪费。具体来说，要消除浪费，需要实现以下目标：废品量最低（零废品）；准备时间最短（零准备时间）；库存量最少（零库存）；搬运量最低；机器设备的故障率最低；生产提前期最短；生产批量最小。

四、JIT 生产实施的条件

JIT 生产是一种管理哲理，它的基本目标是消除企业生产活动方面的浪费。JIT 生产最适合重复性生产系统，但实施 JIT 生产需要建立在一系列条件基础之上。

1. 柔性的系统

因为 JIT 生产系统面临的是多品种、小批量生产的难题，提高系统的柔性就显得非常必要。系统的柔性包括生产设备的柔性、流程的柔性和人员的柔性。设备的柔性是指同一台设备可以生产多种产品，并且机器在切换生产不同产品时所需的准备时间短。大量生产所用的专用设备，并不适用于 JIT 生产中的重复性生产。提高生产系统的柔性，关键要提高机器设备的柔性，提高机器设备的柔性关键在于缩短机器设备从生产一种产品到生产另一种产品所需要的调整准备时间。改变机器设备的柔性主要是购置具有柔性的设备，如数控机床、柔性制造单元等，也可以通过改造现有的设备、工艺装备来提高生产系统的柔性。提高流程的柔性是指对生产设备进行合理的布置，使物料在整个生产过程中保持连续。提高人员的柔性就是要对人员进行多种技能的培训，使人员能够操作多种设备，从事多种工种，即成为"多面手"。这样可以提高系统的柔性，因为一旦发生瓶颈，可以马上重新配置人员，消除瓶颈。

2. 改进产品设计

提高机器设备的柔性是提高生产系统柔性的一个重要方面，提高生产系统柔性的另一个方面在于改进产品的设计。在 JIT 生产方式中，通过产品的合理设计，可使产品易于生产和装配。当产品范围增加时，应尽量保持工艺过程不增加，具体可以采用的方法有基于标准化产品的变形设计、模块化设计和在设计时考虑生产的自动化。基于标准化产品的变形设计是指在产品基本型号的基础上，改动少量零部件，从而形成各种变形产品，用于满足不同需求。由于基本型号与变形产品之间存在着大量标准件和通用件，可以使生产过程相对简化。通过设计各种基本模块，将这些模块按不同的组合方式，形成多种多样的产品，同样可以简化生产过程，使产品范围扩大。

3. 全面质量管理

JIT 生产和全面质量管理是一种相互促进的关系，质量是实施 JIT 生产的保证，不从根本上保证质量，则不可能成功地实行 JIT 生产。JIT 生产追求零库存和生产的准时性，要达到零库存并能稳定均衡地进行准时生产，就必须消除所有生产中的浪费，包括产品返工、物料的浪费。在理想的 JIT 生产中不允许出现次品，否则就会打乱 JIT 生产体系，因此，JIT 生产的顺畅运行需要全面质量管理的保证。在 JIT 生产中，通过将质量管理贯穿于每一道工序之中来提高质量和降低成本。在 JIT 生产中，设备或生产线自动检测不良产品，一旦发现异常或不良产品，该设备或生产线的操作工人可以自动停止设备运行。一旦发现异常，生产线或设备就立即停止运行，管理者和工人可以积极找出发生异常的原因，并有针对性地采取措施，防止类似问题的再次发生。

4. 与关键供应商建立合作关系

正如顾客和员工是 JIT 生产系统的关键组成要素一样，供应商对 JIT 生产同样十分重要。在 JIT 生产方式下，要缩短提前期，实现准时采购，就要求供应商按 JIT 生产方式供应原料或零部件。供应商要频繁、小批量地在指定时间供应指定数量的物料，如果供应商采用传统的生产方式，为了不失去市场，只能增加自身的库存，这实际上是一种库存的转嫁，从整个供应链角度来看，总库存水平并没有降低。为了真正实现 JIT 生产，应当有供应商的参与。企业要尽量选择合适的（如相互距离较近）和有合作意愿的供应商，与之结成长期相互信任的良好伙伴关系。从理论上说，供应批量越小越好，供应次数越多越好，且供应的物料应该是无质量缺陷的免检产品。供应物料的质量取决于供应商的全面质量管理工作，小批量、多频次地供货与距离远近有关。在距离较近的情况下，实际上可将实施 JIT 生产的供货企业看作生产企业的一个环节。在合作方面，生产企业应当给予供应商一定的帮助和支持（如技术支持）。

5. 看板管理

看板管理是实施 JIT 生产的一个重要工具。

6. 均衡生产

JIT 生产的最后一个主要的实施条件是生产均衡化。所谓生产均衡化，是指总装配线在向前道工序领取零部件时均衡地使用各种零部件，混合生产各种产品。因此，在制订生产计划时应加以考虑。

五、精益生产核心理念

精益生产的核心理念包括以下几个方面：

1. 消除浪费

精益生产致力于识别并消除生产过程中的各种浪费，如过量生产、不必要的库存、不合理的运输、不必要的等待时间、过度的加工、产品缺陷以及不必要的动作等。"TIMWOODS"是精益生产方式中对八大浪费的简称。

（1）T：Transportation，运输或搬运，指不必要的物料搬运，如长距离搬运、多次搬运或过程中的损耗等。

（2）I：Inventory，库存。

（3）M：Motion，动作。员工在工作中不必要的动作，如寻找工具、过度弯腰、重复动作等，会增加劳动强度和时间。

（4）W：Waiting，等待。包括人员等待、设备等待或工序间的等待，会降低生产效率、增加交货时间。

（5）O：Overproduction，过度生产。生产超过实际需求的产品，可能导致库存积压和资源浪费。

（6）O：Overprocessing，过度加工。进行不必要的加工或处理，可能增加成本和降低产品质量。

（7）D：Defects，缺陷或次品。产品出现质量问题，需要返工或报废，造成浪费和客户不满。

（8）S：Skills，技能。员工缺乏必要的技能或培训，可能影响工作效率和质量。通过识别和消除这些浪费，可以提高生产效率、降低成本、改善质量，并增强企业的竞争力。

2. 专注价值创造

企业应关注生产过程中的每个环节，确保其都能为客户创造价值。通过优化流程、提高产品质量、缩短交货时间等方式，满足客户需求，实现价值最大化。

3. 持续优化改进

精益生产认为没有最好，只有更好。企业应不断寻找改进的机会，采用小步快跑的方式，逐步提高生产系统的效率和质量。这种持续改进的文化可以帮助企业保持竞争力。

4. 尊重员工智慧

员工是企业最重要的资源之一，他们的经验和创造力可以为企业带来巨大的价值。精益生产鼓励员工参与改进过程，充分发挥他们的智慧和才能，提高员工的工作满意度和归属感。

5. 以客户为中心

企业应始终以满足客户需求为出发点，关注客户的需求和反馈。通过提供高质量、准时交付的产品或服务，提高客户满意度，进而增强企业的市场竞争力。

6. 优化生产流程

对生产流程进行深入分析，找出其中的瓶颈和不合理之处，然后进行优化。通过消除不必要的步骤和缩短等待时间，实现生产过程的流畅和高效。

7. 拉动式生产系统

根据客户的实际需求来安排生产，避免过度生产和库存积压。这种拉动式生产可以有效降低成本，提高生产效率和响应市场变化的能力。

8. 准时化生产原则

强调在准确的时间、按照需要的数量生产所需的产品。准时化生产有助于减少库存浪费，提高生产计划的准确性和灵活性。

精益生产在全球供应链管理中具有重要价值。它通过消除浪费、提高效率和质量，增强供应链灵活性，优化资源配置，促进企业合作，提升创新能力，适应全球化竞争，实现可持续发展。

第三步 | 约束理论及其应用

一、约束理论的产生背景

20世纪70年代末，以色列物理学家高德拉特（Goldratt）首创最优化生产技术（Optimizational Production Technology，OPT），这是一套用于安排人力和调度物料的计划方法。1992年，高德拉特撰写并出版了一部畅销作品《目标》。在这本书里，它以故事的形式介绍了OPT思想。

最初，高德拉特是为他朋友的制造厂设计的这套方法。该厂使用这套方法后，迅速摆脱了困境。在此基础上，高德拉特和他的同事们又进一步开发了适用于制造的系统软件，并申请了专利。为了便于用户理解 OPT 的运算原理，高德拉特描述了 OPT 的九个原理。由于在管理思想上很有特点，并在生产实践中取得了明显的经济效益，OPT 已被国际上一些大企业重视并采纳，如通用汽车公司、通用电器公司、飞利浦、柯达等。高德拉特在 OPT 的基础上进一步扩展了应用范围，发展了约束理论（Theory of Constrains，TOC）。这一理论现已成为一种可用于多种行业（不局限于制造业）的解决问题的方法。

二、TOC 的核心概念

1. 瓶颈

"瓶颈"是指制约生产系统产出的关键生产资源。生产资源由生产能力的主要特征决定，可以是机器，也可以是人力资源或生产场地等。因此生产系统中的瓶颈，有可能是制约系统产量的某种机器设备或具有高技能的专门操作者，也可能是掌握某种知识与能力的管理人员或技术人员。大多数企业一般都存在瓶颈的问题。如果企业没有瓶颈，那就意味着存在富余的生产能力，为了充分利用生产能力，企业很可能会在运营上做一些调整，以降低成本，如减小生产批量（同时增加了设备的调整次数）或压缩生产能力（解聘人力或出租设备），其结果又会促使瓶颈产生。所以，生产系统是一个动态的系统，瓶颈与非瓶颈在一定的条件下会互相转化。

2. DBR 控制

DBR（Drum-Bufer-Rope）控制是指生产系统中采用鼓点、缓冲以及绳索的方法来控制整个生产系统。

（1）鼓点。任何一个生产系统都需要设置控制点对生产系统的物流进行控制。那么应该如何设置控制点的位置呢？若生产存在瓶颈，则瓶颈就是最好的控制点。在 TOC 系统里，这个控制点叫作鼓点，因为它敲出了决定生产系统其他部分运转的节拍，像击鼓传花一样，由鼓点决定传花的速度及工作的起止时间。由于瓶颈的能力小于对它的需求，因此把瓶颈作为控制点就可以确保前道工序不过量生产，以免前道工序生产出过量的瓶颈无法消化的在制品库存；当生产系统不存在瓶颈的时候，就把能力约束资源（CCR）作为鼓点。

（2）缓冲。TOC 系统最突出的特点，是可以充分发挥瓶颈的作用，确保瓶颈始终有工作可做。为了让瓶颈连续有工作可做，重要的措施之一就是在瓶颈之前设置缓冲。在瓶颈前的库存实质是一种时间库存。例如，提供 60 小时的库存量，就意味着当前道工序由于意外情况发生中断时，瓶颈工序还可以连续工作 60 小时。

当系统不存在瓶颈，选 CCR 为鼓点时，则要在两处设立库存：一处设在 CCR 之前，另一处设在工序末端后，即产成品库存。若工序末端存有一些产成品库存，则市场需要时可立即提供，以防顾客流失。

（3）绳索。TOC 系统找到鼓点可以控制生产的节拍，但是怎么实现这种控制，怎样让鼓点前的工序不多生产？实现这种控制的方法就是通过绳索来传递信息。

3. 生产能力的平衡

生产能力的平衡是指生产系统内各阶段、各类型的生产能力与负荷都是均衡的。其具体含义为：①生产系统各阶段的生产能力是相等的，即每一阶段可完成的零件品种数量都是相等的；②所完成的产品数是以平均工时来计算的，如某工序全天生产能力为 8 小时，能力利用率假设为 90%，工序单件工时为 10 分钟，则该工序每天可完成产品数为 43.2 个（8 小时 ×90%×60 分钟 ÷10 分钟）；③能力的利用率在各阶段是平衡的，是指每一个阶段能力的利用率是相等的。若某一阶段生产能力的利用率是 90%，则按照生产能力平衡观点，要求每一阶段能力的利用率都是 90%。

三、TOC 系统的指导思想

1. 瓶颈资源的损失，就是整个系统的损失

既然瓶颈资源是制约整个生产系统产出的关键资源，那么瓶颈资源工作的每一分钟都直接贡献于生产系统的产出。所以，在瓶颈资源上损失 1 小时，就意味着整个生产系统损失 1 小时。

2. 生产系统受瓶颈的制约和控制

由于瓶颈资源决定了整个生产系统的产出量，为了使得瓶颈资源得到充分利用，应该在生产系统中设置相应的缓冲环节，以免资源受相关环节的干扰。资源缓冲环节应设置在瓶颈工序之前，以及与通过瓶颈工序的物流相关的装配环节之前。

3. 系统的总产出量取决于瓶颈资源的产能

由于非瓶颈资源的利用程度由瓶颈资源的能力来决定，系统的总产出量取决于瓶颈资源的生产能力。

4. 在非瓶颈资源上提升效率是没有意义的

由于系统的能力受瓶颈资源的制约，因此在非瓶颈资源上节约时间对整个系统来说不产生作用。相反，在非瓶颈资源上节省时间和提高生产率往往需要付出代价，而且这种代价的付出不能获得经济效益，因此是没有意义的。那些不区分瓶颈与非瓶颈而一味强调提高生产率的做法是有问题的。

5. 发现并优先提升瓶颈的有效产出量是关键

为取得生产系统的最大产出，就应该保证瓶颈资源 100% 的利用率。在 TOC 系统中，通常采用下述措施来提高瓶颈的产出量：

（1）在瓶颈工序前设置质量检查站，保证流入瓶颈的工件 100% 都是合格品。

（2）在瓶颈工序前设置缓冲环节，以使瓶颈不受前面工序生产率波动的影响。

（3）加大瓶颈设备的生产批量，以减少瓶颈设备的调整次数，从而增加瓶颈设备的总基本生产时间。

（4）减少瓶颈工序中的辅助生产时间，以增加设备的基本生产时间。

拓展阅读

丰田生产方式、精益生产方式的形成与发展

一、丰田生产方式的形成与发展

丰田生产方式是由日本丰田汽车公司提出的生产管理理念，经历了以下几个阶段：

（1）20世纪50年代：丰田汽车公司开始采用准时化生产方式（Just-in-time，JIT），强调在必要的时间生产必要数量的必要产品，以减少浪费和库存。

（2）20世纪60年代：丰田汽车公司开始推广全面质量管理（Total Quality Management，TQM），强调全员参与、持续改进和全面质量控制，以提高产品质量和生产效率。

（3）20世纪70年代：丰田汽车公司开始应用看板管理，通过看板传递生产信息，以实现准时化生产。

（4）20世纪80年代：丰田汽车公司开始推行精益生产方式，强调以客户需求为导向，通过优化流程、减少浪费和提高生产效率，以实现高质量、低成本和高效率的生产。

（5）20世纪90年代：丰田汽车公司开始推广供应链管理（Supply Chain Management，SCM），强调与供应商和客户的合作，以提高供应链的效率和竞争力。

（6）2000年至今：丰田汽车公司继续完善和推广精益生产方式，并将其应用到更多的行业和领域中。同时，丰田汽车公司还在不断探索新的生产管理理念和技术，以适应不断变化的市场需求和竞争环境。

总的来说，丰田生产方式和精益生产方式的形成和发展是一个不断探索、创新和完善的过程，它们的核心理念和方法已经成为现代生产管理的重要基础和标准。

二、精益生产理论的形成与发展

精益生产是衍生自丰田生产方式的一种管理哲学。包括众多知名的制造企业以及麻省理工学院教授在全球范围内对丰田生产方式的研究、应用和发展，促使了精益生产理论和生产管理体系的产生，该体系目前仍然在不断演化发展当中。

精益生产的核心是追求消灭包括库存在内的一切"浪费"，并围绕此目标发展了一系列具体方法，逐渐形成了一套独具特色的生产经营管理体系。美国麻省理工学院在一项名为"国际汽车计划"的研究项目中做了大量的调查和对比后，认为日本丰田汽车公司的生产方式是最适用于现代制造企业的一种生产组织管理方式。精益生产综合了大量生产与单件生产方式的优点，力求在大量生产中实现多品种和高质量产品的低成本生产。

精益生产既是一种以最大限度地减少企业生产所占用的资源和降低企业管理和运营成本为主要目标的生产方式，又是一种理念、一种文化。实施精益生产就是决心追求完美的历程，也是追求卓越的过程，它是支撑个人与企业生命的一种精神力量，也是在永无止境的学习过程中获得自我满足的一种境界。

知识链接　精益生产与大力弘扬工匠精神

在全球供应链管理的环境下，精益生产与大力弘扬工匠精神具有重要的意义。当前，我国正处于从"中国制造"向"中国智造"、从"中国速度"向"中国质量"、从"中国产品"向"中国品牌"转变的关键时期，尤其需要大力弘扬工匠精神，需要精心培养更多"知识型、技能型、创新型"大国工匠，借以推动制造业高质量发展，推动科技创新不断进步。

习近平总书记强调，要激励更多劳动者特别是青年一代走技能成才、技能报国之路，培养更多高技能人才和大国工匠，为全面建设社会主义现代化国家提供有力人才保障。工匠精神，顾名思义，就是工匠体展现出的良好职业素养和精神品格，是对工匠所具有的严谨态度和专业精神的概括。工匠精神是在劳动精神基础上的跃升，实现了从爱干、苦干、实干，到乐干、细干、巧干的跨越。因而，工匠精神既体现了敬业之美的精神原色，又表现了创造之美的品质追求，更展现了追求之美的价值升华。

在信息网络和人工智能时代，虽然很多工艺流程已经被机器、电脑所取代，但工匠这种执着专注的精神并没有过时。我们今天要大力弘扬的，不是工匠手工操作的表面形式，而是其内在的精神实质，即对工作的执着专注态度。这种态度，是成就时代伟业、实现伟大梦想的坚实基础和强大保障。

趣味小游戏　"纸飞机"精益生产趣味竞赛

教学内容	①生产过程与作业分析；②生产流程优化与创新；③瓶颈问题与均衡生产；④ JIT 与精益生产。
教学任务	（1）标准化产品的生产过程与作业分析。主要包括：①能运用 5W1H 提问管理工具，快速理解客户需求并分析拥有资源状况；②能快速识别标准品生产工艺流程图，并进行初步的程序分析、操作分析、动作分析；③会测算加工作业周期和工作效率；④会测算标准作业工时；⑤能快速把握质检要点进行检验；⑥能分析不合格品产生原因，追溯责任人并进行质量改进；⑦会有效沟通和学习，提升个人工作效率。 （2）产能最大化的"生产线"设计与创新。主要包括：①能运用程序分析、操作分析、动作分析提高投入产出效率；②能对工艺流程进行组织优化；③能计算生产节拍，对生产线组织优化；④会合理安排资源投入与员工激励；⑤会初步进行全面质量管理；⑥能发现瓶颈问题，找出解决方案提升产能。 （3）"精益"生产系统设计与持续改善。主要包括：①会制订供求计划平衡供需；②能按客户需求节拍组织拉式的精益生产系统；③能持续改进生产系统，实现均衡生产；④能综合运用价值流程图、5S 现场管理、JIT 和约束理论等管理方法组织精益生产系统。

导入部分 [15 分钟]

教学内容	教学过程
一、开始部分 （1）班长报告人数 （2）宣布本次课程的教学内容、目的和任务 二、准备部分 （1）选拔教学助理、监工等服务人员 （2）分组建立公司并选拔公司总经理 （3）生产前准备（领取生产材料、工具、生产指导图纸与各类表格）	（1）介绍该课程的特点、考核评价方法、学习方法，提出学习过程的注意事项与要求 （2）多媒体教学、体验式教学、引导启发式教学、多轮趣味竞赛与分阶段课堂讨论分享结合

（续）

主体部分 [135 分钟]		
教学内容	教学过程	相关要求
一、标准化产品的生产过程与作业分析 [45 分钟] （1）布置任务一 　　市场客户的需求每分钟最大的需求量为 5 个特定型号款式的纸飞机。要求每个小组在 5 分钟时间内，按照每个人独立生产完成一个完整的纸飞机的生产方式进行生产，活动开始以后不允许交谈，各自独立操作，具体折法严格按照客户指定的标准 （2）明确客户需求及产品标准 　　用 A4 纸折成的"燕子飞机"如图 6-6 所示。 图 6-6　燕子飞机 （3）介绍标准产品的生产作业流程 　　"燕子飞机"可按 11 个步骤折成，分别是： 　　步骤 1：取一张 A4 纸，沿一边折一个等边直角三角形；步骤 2：掀起一角向另一角折去，形成一个三角形；步骤 3：将纸展开，沿折痕向内折去，形成一个双三角形，再次压平；步骤 4：掀起上面三角形的两角，分别折向顶端；步骤 5：再次向中线折边，上下各折一次；步骤 6：展开得到两道压痕；步骤 7：捏住一角，向中心线折去，形成竖起的尖角；步骤 8：向后翻折；步骤 9：沿中线对折；步骤 10：折起一个边，折出翅膀；步骤 11：整理成型。 （4）质量检验标准确定 　　①有多余重复折痕；②对折不对称，误差超过 0.5 毫米的；③产品编号缺失或未按规定编制；④折错或未基本定型的均属于不合格品 （5）测算标准工时和加工周期 　　标准工时是指具有平均熟练程度的操作者，在标准作业条件和环境下，以正常的作业速度和标准的操作方法，完成某一项作业所需要的总时间 　　其计算公式为：正常时间 = 实测作业时间 × 评定系数 　　标准工时 = 正常时间 + 宽放时间 = 实测作业时间 × 评定系数 ×（1+ 宽放率）= 正常作业时间 ×（1+ 宽放率） 二、流水式"生产线"设计与创新（45 分钟） （1）布置任务二 　　市场客户的需求每分钟最大需求量为 10 个特定型号款式的纸飞机。要求每个小组在 5 分钟时间内，分工序团队合作完成每一个纸飞机的生产，工序安排由小组讨论决定，每个人的工序安排要求不一样，折法按照分发的纸飞机生产标准进行。 （2）生产线常见类型与优劣比较 　　1）屋台式单元生产线	一、第一轮竞赛：个人手工生产模式 　　（1）分组准备（角色分工、物料工具） 　　（2）宣布竞赛规则　分别选取在 5 分钟内生产合格品最多的小组和个人，各选取前三名 　　（产品编码规则：企业编号 + 员工编号 – 生产顺序号 3 位数，例如：AZRZ-001） 　　（3）赛前培训准备　要求每个学生按图纸折出一个合乎规格的纸飞机 　　（4）组员内部交流学习，提高产出效率 　　（5）明确合格或不合格的检验标准 　　（6）准备，安排教学助理统一开始计时 5 分钟，各组组员开始独立完成飞机生产并按要求编码 　　（7）时间结束，监工收集各组成品，并统计数量 　　（8）相互确认合格品数量与不合格原因 　　（9）按合格品数量，小组比较排名，个人选取前三名 　　（10）讨论交流分享 二、第二轮竞赛：流水线生产模式 　　（1）第二轮活动规则讲解 　　评价规则：团体产出效益最大化（以 5 分钟内小组产出的合格品数量为主要评价标准） 　　飞机编码规则：企业编号 - 生产数量；企业编号为 1 位代码，生产数量为 3 位代码 　　如：A 企业生产的第 5 个飞机，则飞机代码为：A-005。 　　（2）各组进行生产线方案讨论（10 分钟） 　　（3）确定方案并组织生产线布局 　　（4）各组生产线投产试运行，产出一个合格品，并保证每道工序有一个在制品 　　（5）赛前准备与审查 　　（6）第二轮比赛开始计时，助教与监工负责监督各组是否按要求作业，避免投机行为，保证公平 　　（7）各组成绩统计及点评	第一轮竞赛： 　　（1）每组参与生产的人数相同，组长（总经理）负责整个生产过程协调，不允许直接参与生产纸飞机 　　（2）学生第一次练习生产过程时，要求慢做，不断梳理业务流程。对于各种细节、错误要逐一解决，保证理解透彻，牢固掌握 　　（3）竞赛过程中，要求学生做好做快，全力投入，每个小组实行末位淘汰制 　　（4）讨论交流环节，要求学生反思、总结。在下一轮中必须做得更快更好，否则将被淘汰出局 第二轮竞赛： 　　（1）每组参与生产的人数相同，组长（总经理）负责整个生产过程协调，不允许直接参与生产纸飞机 　　（2）必须合作生产一个纸飞机，不允许单人独立生产纸飞机 　　（3）第二轮每组的最终产出量比第一轮至少高 50%，否则视为方案失败 　　（4）每位学生必须对所在工序的质量和生产效率负责，具有高度的团队合作精神。组长有权撤换不听指挥的学生。原设计方案中的非瓶颈工序变成瓶颈工序的学生将在下一轮被淘汰出局 　　（5）讨论交流环节，要求学生反思、总结 第三轮竞赛： 　　（1）每组参与生产的人数相同，组长（总经理）负责整个生产过程协调，不允许直接参与生产纸飞机 　　（2）组长根据前两轮的员工表现，提前与组员共同决定参与生产的员工 　　（3）每位学生必须对所在工序的质量和生产效率负责，具有高度的团队合作精神，组长有权撤换不听指挥的学生

（续）

主体部分 [135 分钟]		
教学内容	教学过程	相关要求
优点：平衡率最高，可达到 100% 缺点：要求员工技能全面，培训难度大；要求机器设备数量充足 2）逐兔式单元生产线 优点：弥补了屋台式对设备数量要求高的缺陷 缺点：由于依旧为一人完结方式，依然要求员工技能全面，培训难度大，出现了不平衡问题 3）分割式单元生产线 优点：弥补了屋台式对设备数量要求高的缺陷；员工技能要求相对要低 缺点：平衡率相对较低 （3）计算"节拍" 在生产管理中，节拍是精益生产的关键理念。节拍，简称生产节拍，它是控制生产速度的指标。明确生产节拍，就可以指挥整个厂的各道工序，保证各个工序按统一的速度生产加工出零件、半成品、成品，从而达到生产的平衡与同步化 节拍分为两种，即生产节拍和客户需求节拍。生产节拍，就是在流水线上从上一个产品开始加工到下一个产品开始加工中间的时间间隔 客户需求节拍（T/T），是指在规定时间内完成预定产量，各工序完成单位成品所需的作业时间 计算公式：节拍 = 可用生产时间÷订单量 （4）瓶颈工序 瓶颈工序是指生产线所有工序中所用人均工时最长的工序，通常指一道工序，有时也指几道工序 三、"精益"生产系统设计与持续改善（45 分钟） （1）布置任务三 市场客户的需求每分钟需求量为两个特定型号款式的纸飞机。要求每个小组严格按需求拉式生产纸飞机。在 5 分钟时间内保证完成客户需求总量的前提下，保持生产均衡性、消除浪费，使投入资源最少。 （2）精益"拉式"生产线的工作原理 理想状态下，在实际生产时，根据 JIT 的要求，为满足客户需求，将生产节拍设定为客户需求节拍 节拍设定：生产节拍 = 客户需求节拍 组建生产线前，需要了解客户的需求，即客户节拍 计算公式：客户节拍 = 可用生产时间÷订单量 （沟通、合作、消除浪费、提高价值） （3）生产线平衡—均衡生产 生产线平衡是指在规定的生产速度下，使工作地之间的负荷均衡化，从而使得工作地的作业时间相同或相近的一种技术。生产线平衡是衡量生产线工序水平的重要指标之一，生产平衡率越高，则生产线发挥的效能越大 平衡率 = 生产线各工序时间总和÷（瓶颈工时×人员数） （4）持续改善 能综合运用价值流程图、5S 现场管理、JIT 和约束理论等管理方法组织精益生产系统。	（8）各组讨论，并派代表总结分享经验 三、第三轮竞赛：精益生产模式 （1）第三轮活动规则讲解 评价规则：按客户需求及时交付，团体投入最小化 （以 5 分钟内，小组每分钟交付两架飞机，材料和人工投入最小化作为主要评价标准） 飞机编码规则：企业编号 - 生产数量；企业编号为 1 位代码，生产数量为 3 位代码 如：A 企业生产的第 5 个飞机，则飞机代码为：A-005。 （2）各组精益生产线方案讨论（10 分钟） （3）确定方案（明确生产员工与生产工艺及布局） （4）赛前准备与审查（全部零库存） （5）第三轮比赛开始计时，助教与监工负责监督各组是否按要求作业，避免投机行为，保证公平。 （6）各组成绩统计及点评 （7）各组讨论，并派代表总结分享经验	（4）要求每组学生的台面按 5S 标准保持整洁。比赛计时结束时，小组所有组员台面的所有材料和在制品均计入生产投入 （5）讨论交流环节，要求学生反思、总结

（续）

总结部分 [30 分钟]	
教学内容	教学过程
（1）根据学生练习中出现的问题，集中澄清说明 （2）总结比较三种方式的基本特点、条件和管理难点 （3）总结精益生产的特点，重述难点问题——节拍、均衡生产、全员质量控制 （4）总结领导力与团队合作方法	（1）归纳比较各组在三轮比赛中出现的问题、解决途径及效果，讲解相关生产系统原理，重申管理重点及方法 （2）问答互动　引导学生思考精益生产的特点，分析精益生产与传统生产方式的区别。强化本次课程的重点内容（明细核算和综合核算流程） （3）总结拓展提升　组织不同管理角色的学生代表发言总结收获，提升总结领导力、团队沟通能力

知识测试

一、判断题

1. 时间压缩对同时实现低成本、即时交付和有效缓解或消除牛鞭效应有着关键作用。
（　　）

2. 供应链总响应时间突破了单个企业的界限，是面向供应链全过程的时间累积。
（　　）

3. 合作关系越紧密，则供应链总响应时间就越长。　　　　　　　（　　）

4. 延迟制造，即将产品多样化的点尽量延后。其目的是能在成本一定和风险降低的基础上，快速满足最终消费者的多样化需求。　　　　　　　　　　（　　）

5. 延迟制造是以切入点的选择来进行前后平衡，决定"规模"与"变化"的程度，实现供应链整体效应的最大化。　　　　　　　　　　　　　　　（　　）

6. JIT 是一种管理哲理，它的基本目标是消除企业生产活动方面的浪费。（　　）

7. 在非瓶颈资源上节约时间对整个系统来说会产生重要作用。　　（　　）

8. JIT 系统面临的是多品种、小批量生产的难题，提高系统的柔性就显得没有必要。
（　　）

9. 大野耐一从美国超级市场的管理结构和工作程序中受到启发，找到了通过"看板"来实现"准时生产"的方法。　　　　　　　　　　　　　　　（　　）

10. JIT 追求零库存和生产的准时性，要达到零库存并能稳定均衡地进行准时生产，就必须消除所有生产中的浪费。　　　　　　　　　　　　　　（　　）

二、单选题

1. 将产品多样化的点尽量延后，其目的是能在成本一定和风险降低的基础上，快速满足最终消费者的多样化需求是（　　　）。

  A. 延迟生产　　　　　　　　　　B. 后期生产

  C. 后期制造　　　　　　　　　　D. 延迟制造

2. 延迟制造不包括（　　　）。

    A. 形式延迟   B. 时间延迟

    C. 地点延迟   D. 内容延迟

3. 以下属于流程延迟的范畴的是（　　　）。

    A. 作业重新排序   B. 部件通用化

    C. 部件模块化   D. 作业通用化

4. 延迟制造是推式和拉式的结合。整个生产过程可以分为推动阶段和拉动阶段，二者的主要区别是（　　　）。

    A. 推动阶段加快生产速度以获得规模效应，拉动阶段通过提高生产质量实现定制服务

    B. 推动阶段缩小生产成本以获得规模效应，拉动阶段通过加快供应链响应时间实现定制服务

    C. 推动阶段根据柔性生产系统以获得规模效应，拉动阶段通过供应链协作实现定制服务

    D. 推动阶段根据预测大规模生产以获得规模效应，拉动阶段通过订单实现差异化组合的定制服务

5. 以下不是改进延迟制造的方法的是（　　　）。

    A. 柔性生产系统   B. 供应链协作

    C. 整合信息系统   D. 减少生产成本

6. 将企业内外部资源整合在一起，对采购、生产、成本、库存、分销、运输、财务、人力资源等进行规划，以达到最佳资源组合，取得最佳效益被称为（　　　）

    A. ERP   B. MRP   C. BOM   D. ATP

7. JIT 生产方式中的基本目标在于（　　　）。

    A. 消除浪费、降低成本   B. 满足顾客需求

    C. 加快供应链响应时间   D. 达到利润最大化

8. 下列不是 JIT 实施的条件的是（　　　）。

    A. 柔性的系统   B. 改进产品设计

    C. 全面质量管理   D. 信息整合

9. 下列不是 TOC 系统指导思想的是（　　　）。

    A. 瓶颈资源的损失，就是整个系统的损失

    B. 生产系统受瓶颈的制约和控制

    C. 在非瓶颈资源上提升效率是没有意义的

    D. 系统的总产出量是关键

10. 与关键供应商建立合作关系的好处有（　　　）。

    A. 提高生产系统的柔性   B. 简化生产过程，使产品范围扩大

    C. 生产均衡化   D. 缩短提前期，实现准时采购

三、名词解释

1. TPS
2. ERP
3. MPS
4. JIT
5. MTO
6. TOC
7. TIMWOODS

四、简答题

1. 简述供应链总响应时间及影响因素。
2. 简述延迟制造策略及其实施条件。
3. 简述 JIT 的含义、目标及经营理念。
4. 简述 JIT 实施的条件。
5. 简述 TOC 及其核心思想。

实训任务　延迟制造与惠普打印机的供应链优化

任务要求

请结合案例分析并回答以下问题：

（1）结合案例与所学知识，描绘惠普打印机供应链网络结构示意图。

（2）按照费舍尔教授基于产品需求特征设计供应链，请分析惠普打印机的产品类型，应该构建什么类型的供应链与其匹配？

（3）在实施供应链优化前，惠普公司面临哪些方面的突出问题，导致这些管理问题的关键原因可能是什么？

（4）假设你是惠普公司全球供应链管理部总监，由你来主导解决这些问题，从供应链的角度，你有哪些可能的方案（给出三个以上方案）？比较这些方案的优势与不足及实施的条件。

（5）案例中的惠普公司采取延迟制造方案，具体介绍了实施该方案后供应链系统的一些变化，请说出该方案产生了哪些直接的经济效果？

建议

分组完成任务，并制作 PPT 汇报。

惠普公司成立于 1939 年。惠普台式机于 1988 年开始进入市场，并成为惠普公司的主要成功产品之一。但随着台式机销售量的稳步上升（1990 年达到 60 万台，销售额达 4 亿美元），库存的增长也紧随其后。在实施供应链管理之后，这种情况得到改善。DeskJet 打印机是惠普的主要产品之一。该公司有 5 个位于不同地点的分支机构负责该种打印机的生产、装配和运输。从原材料到最终产品，生产周期为 6 个月。在以往的生产和管理方式下，各成品厂装配好通用打印机之后直接进行客户化包装。为了保证客户订单 98% 的即时满足率，各成品配送中心需要保证大量的安全库存（一般需要 7 周的库存量）。惠普公司的打印机产品将分别销往美国、欧洲和亚洲。惠普公司打印机系列产品原来的供应链如图 6-7 所示。

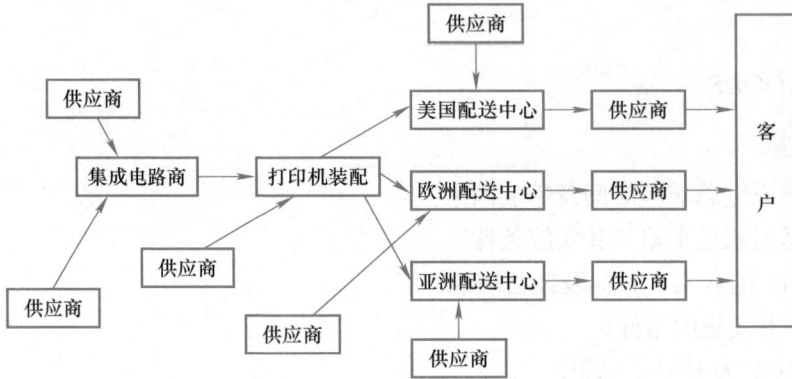

图 6-7　惠普公司打印机系列产品原来的供应链

惠普打印机的生产、研究开发节点分布在 16 个国家，销售服务部门节点分布在 110 个国家，而其总产品超过 22 000 类。欧洲和亚洲地区对于台式打印机的电源供应（电压分为 110 伏和 220 伏，并且插件有所不同）和语言（操作手册）等有不同的要求。温哥华的公司负责根据客户的要求完成生产，包括配备电源等；然后由北美、欧洲和亚太地区的分销中心完成销售。这种生产组织策略，我们称之为工厂本地化。惠普的分销商都希望尽可能降低库存，同时尽可能快地满足客户的需求。这导致惠普公司保证供货及时性的压力很大，从而不得不采用面向库存生产（Make-to-Stock）的模式，以保证对分销商准时供货，因而分销中心成为有大量安全库存的库存点。虽然制造中心采用拉式生产方式，但也必须拥有一定的零部件、原材料等形式的安全库存。

零部件原材料的交货质量（是否存在到货时间推迟、错误到货等问题）、内部业务流程、需求等的不确定性是影响供应链运作的主要因素。这些因素导致不能及时补充分销中心的库存，需求的不确定性导致库存堆积或者分销中心的重复订货。将产品海运到欧洲和亚太分销中心大约需要一个月的时间，这么长的提前期导致分销中心没有足够的时间去对快速变化的市场需求做出反应，而且欧洲和亚太地区只能以大量的安全库存来满足客户需求。大量的安全库存无疑将占用大量的流动资金；若某一地区产品缺货，为了应急，可能会将原来为其他地区准备的产品拆开重新包装，进而造成更大的浪费。但是提高产品需求预测的准确性也是一个主要难点。

温哥华惠普公司开始注重减少库存，提供高质量的服务，并着重于供应商管理以降低供应的不确定性，减少机器闲置时间。企业管理者希望在不牺牲客户服务水平的前提下改善这一状况。

供应商、制造点（温哥华）、分销中心、经销商和消费者组成惠普公司打印机系列产品供应链的各个节点。供应链是一个由采购原材料、把原材料转化为中间产品和最终产品、将最终产品交到客户手中的过程所组成的网络。重新设计的供应链如图 6-8 所示。

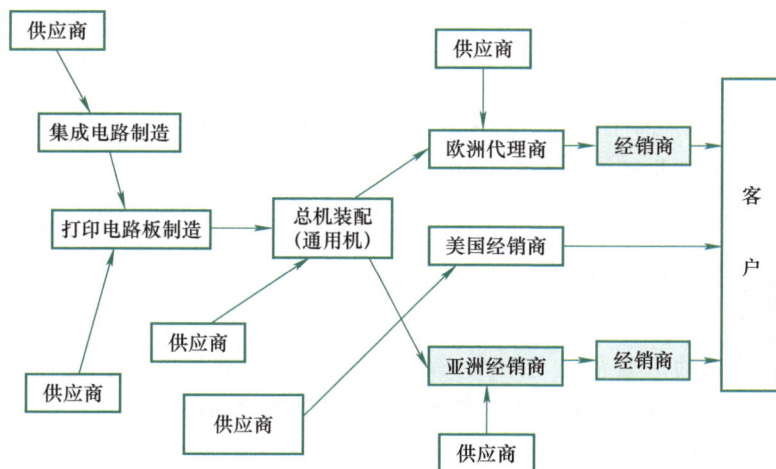

图 6-8　惠普公司打印机系列产品新的供应链

在这个新的供应链中，主要的生产制造过程由在温哥华的惠普公司完成，包括打印电路板组装与测试和总机装配。

打印机所需的各种零部件由惠普的子公司或分布在世界各地的供应商供应。位于温哥华的惠普公司负责生产通用打印机，然后将通用打印机运输到欧洲和亚洲，再由当地分销中心或代理商安装上与地区需求一致的变压器、电源插头和用当地语言印制成的说明书，完成整机包装后由当地经销商送到消费者手中。惠普通过将客户定制化工作推迟到分销中心进行（客户化延迟策略），实现了根据不同客户需求生产不同型号产品的目的。这种生产组织策略，称为分销中心本地化。并且，惠普在产品设计上做出了一定变化，将电源等客户化需求的部件设计成了即插即用的组件，从而改变了以前由温哥华的总机装配厂生产不同型号的产品，保持大量的库存以满足不同需求的情况。为了达到 98% 的订货服务目标，原来需要 7 周的成品库存量，现在只需要 5 周的库存量，一年大约可以节约 3 000 万美元，电路板组装与总装厂之间也基本实现无库存生产。同时，打印机总装厂对分销中心实施 JIT 供应，以使分销中心保持目标库存量（预测销售量＋安全库存量）。通过供应链管理，惠普公司实现了降低打印机库存量的目标，保证了服务水平，减少了因原材料供应而导致的生产不确定性和停工等待时间。

由于通用打印机的价格低于同类客户化产品，从而又进一步节省了运输、关税等项费用。除了降低成本，客户化延迟策略使得产品在企业内的生命周期缩短，从而对需求预测不准确性或是外界的需求变化都具有很好的适应性，一旦发现决策错误，可以在不影响顾客利益的情况下以较小的损失较快地加以纠正。

实训任务 精益生产的 12 条原则

任务要求

结合案例分析并回答问题:

(1)"精益生产"为何被推崇?

(2)精益生产的 12 条原则中"消除八大浪费"分别是指什么?

(3)你认为该如何做好精益生产?

建议

分组完成任务,并制作 PPT 汇报。

1. 消除浪费

企业中普遍存在的浪费包括过量生产、等待时间、运输、库存、过程、动作、产品缺陷以及忽视员工创造力。这些浪费通过低库存、看板管理等制度曝光后可彻底消除。

2. 关注流程,提高总体效益

管理大师戴明认为,员工对问题只需负责 15%,其余 85% 应归咎于制度流程。改进流程要关注提高总体效益,而非局部部门效益。

3. 建立无间断流程以快速应变

将流程中不增值的无效时间尽可能压缩,以缩短整个流程的时间,从而对客户的需要做出快速应变。

4. 降低库存

过高的库存犹如一潭浑浊的、深不可测的死水,各种各样的问题被掩盖在水面之下,如订单处理延迟、品质不良、设备故障、供应商延迟、决策缓慢等。在精益生产思维下,库存一目了然,任何问题都不会被隐藏,既有利于解决问题又减少了资金占用,避免了不必要的库存损失。

5. 全面质量管理

质量是制造出来的,而不是检验出来的。精益生产要求做到低库存、无间断流程,试想如果哪个环节出了问题,后面的流程将全部停止,所以精益生产必须以全过程的高质量为基础,否则,精益生产只能是一句空话。

6. 基于客户需求的拉动生产

JIT 的本意是:在需要的时候,仅按所需要的数量生产,生产与销售是同步的。也就是说,按照销售的速度来进行生产,这样就可以保持物流的平衡,任何过早或过晚的生产都会造成损失。

7. 标准化与工作创新

标准化的作用是不言而喻的,但标准化并不是一种限制和束缚,而是将企业中最优秀的做法固定下来,使得不同的人来做都可以做得最好,发挥最大成效和效率。而且,标准化也不是僵化、一成不变的,标准需要不断地创新和改进。

8．尊重员工，给员工授权

尊重员工就是要尊重其智慧和能力，给他们提供充分发挥聪明才智的舞台，为企业也为自己做出贡献。在丰田公司，员工实行自主管理，在组织的职责范围内各司其职，不必担心因工作上的失误而受到惩罚，出错一定有其内在的原因，只要找到原因施以对策，下次就不会再出现了。所以说，精益的企业雇用的是"整个人"，不精益的企业只雇用了员工的"一双手"。

9．团队工作

在精益生产企业中，灵活的团队工作已经变成了一种最常见的组织形式，有时候同一个人同时分属于不同的团队，负责完成不同的任务。最典型的团队工作莫过于丰田的新产品发展计划，该计划由一个庞大的团队负责推动，团队成员来自各个不同的部门，有营销、设计、工程、制造、采购等，他们在同一个团队中协同作战，大大缩短了新产品推出的时间，而且产品质量更高、成本更低。

10．满足客户需要

几乎每个企业都会把"满足客户需要"写入公司宣言中，但多半是说得多，做得少。满足客户需要就是要持续地提高客户满意度，为了一点眼前的利益而不惜牺牲客户的满意度是相当短视的行为。

11．精益供应链

在精益生产企业中，供应商是企业长期运营的宝贵财富，是外部合伙人，它们信息共享，风险与利益共担，一荣俱荣、一损俱损。精益生产的目标是降低整个供应链的库存。

12．"自我反省"和"现地现物"

精益生产本身就具有精益求精、持续改善的内涵。精益文化里面有两个突出的特点："自我反省"和"现地现物"。"自我反省"的目的是要找出自己的错误，不断地自我改进。丰田公司认为"问题即是机会"。当错误发生时，并不责罚个人，而是采取改正行动，并在企业内广泛传播从每个体验中学到的知识。"现地现物"则倡导无论职位高低，每个人都要深入现场，彻底了解事情发生的真实情况，基于事实进行管理。这种"现地现物"的工作作风可以有效避免官僚主义。

项目七
供应链环境下的库存控制与物流管理

能力目标

- 能够初步分析解决供应链的库存问题。
- 能够运用 VMI 优化供应链库存管理。
- 能够判断企业核心业务与非核心业务，能够实施物流业务外包策略。
- 能够正确选择第三方物流合作伙伴。

项目思维导图

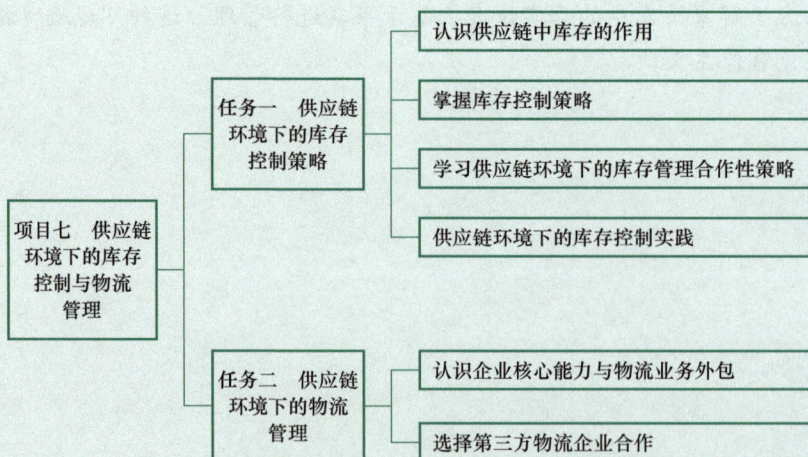

```
                                            ┌─ 认识供应链中库存的作用
                                            │
                          ┌─ 任务一 供应链 ─┤─ 掌握库存控制策略
                          │   环境下的库存    │
                          │   控制策略        ├─ 学习供应链环境下的库存管理合作性策略
                          │                  │
项目七 供应链 ─────────────┤                  └─ 供应链环境下的库存控制实践
环境下的库存              │
控制与物流                │
管理                      │                  ┌─ 认识企业核心能力与物流业务外包
                          └─ 任务二 供应链 ─┤
                              环境下的物流    │
                              管理            └─ 选择第三方物流企业合作
```

任务一　供应链环境下的库存控制策略

供应链环境下的库存控制策略

情景导入

为什么库存成为供应链问题的焦点？

企业运营中的种种问题，或多或少都会在库存上体现出来，如图 7-1 所示。比如设计标准化不到位，规模效益下降，库存周转会减慢；设计变化多，设计变化管理粗放，造成的过期库存就多；质量差，次品多，劣质库存就多，而且需要多备库存来应对质量问题；质量差，回款周期就长，应收账款就多（应收账款和应付账款也是库存，不过是以另一种方式出现）；生产周期长，周转库存自然就高；运输慢，在途库存就高；预测、计划不到位，要么造成短缺，要么造成过剩，都是库存问题；供应商的按时交货率低，库存的齐套率低，在制库存就上升；部门壁垒森严，信息沟通不充分，需求的不确定性增加，导致安全库存上升；执行能力差，供应的不确定性增加，也导致安全库存上升。这些问题当中的任何一个都非常棘手，库存注定是最难应对的企业宿疾之一。

图 7-1　库存是供应链各种问题的焦点

可以说，库存是供应链上各种问题的焦点。运营得越好，库存越低，库存周转率越高；反之亦然。在供应链的诸多运营指标中，很难找出一个比库存周转率更好的指标来反映供应链的运作水平。在同一行业，库存周转率高的公司，鲜有例外，都比库存周转率低的公司运作良好。库存周转率逐年下降的时候，往往也是公司走下坡路的时候。所以，聚焦库存，解决了库存问题，也就解决了供应链运营的诸多问题。

这些年，有一个有趣的现象：一个行业解决库存问题的过程，也是这个行业从大乱到大治的过程。库存管理越成熟，行业的供应链管理越成熟，这个行业也越成熟。

导入问题

1. 供应链中为什么会有库存？
2. 产生库存的原因有哪些？
3. 如何解决供应链中库存过高的问题？

第一步　认识供应链中库存的作用

一、库存的含义

"库存"在英语里面有两种表达方式：Inventory 和 Stock，表示用于将来目的的资源暂时处于闲置状态。一般情况下，人们设置库存的目的是防止短缺，就像水库里储存的水一样。另外，它还具有保持生产过程连续性、分摊订货费用、快速满足用户订货需求的作用。狭义上的库存是静态的，是指仓库中暂时处于储存状态的商品，它是存储的一种表达形式。而广义库存是一种动态的概念，它表示用于将来目的而暂时处于闲置状态的资源，不仅包括了在仓库中存储的原材料、零部件、半成品、产成品等，还包括生产线上处于生产状态的在制品，甚至包括在码头、车站和机场等物流节点上等待运输的货品以及处于运输途中的货品。显然，广义上的库存其涵盖面更加宽泛和全面。我们一般意义上都将库存定义为广义库存。实际上，不论是狭义库存还是广义库存，它们都是处于暂时不使用状态或者说是闲置状态的物品。

二、库存的类型

（一）按库存物品在生产过程和配送过程中所处的状态分类

按库存物品在生产过程和配送过程中所处的状态进行分类，从制造商的角度看，库存可分为原材料库存、在制品库存、维修库存和产成品库存，如图 7-2 所示。

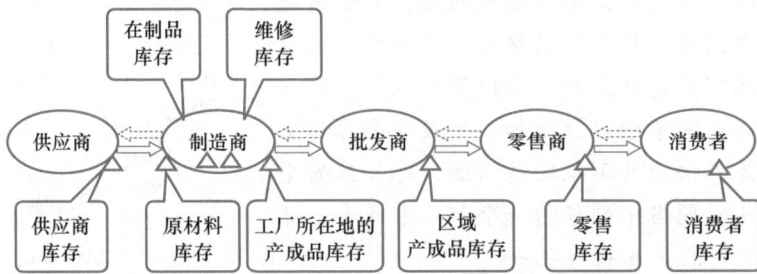

图 7-2　按库存物品在生产过程和配送过程中所处的状态分类

1. 原材料库存

原材料库存是指企业存储的在生产过程中所需要的各种原材料，这些原料和材料必须符合企业生产所规定的要求。有时也将外购件库存划归为原材料库存。在生产企业中，原材料库存一般由供应部门来管理控制。

2. 在制品库存

在制品库存包括产品生产过程中不同阶段的半成品。在制品库存由生产部门来管理控制。

3. 维修库存

维修库存包括用于维修与养护的经常消耗的物品或备件，如润滑油和机器零件；不包括产成品的维护活动所用的物品或备件。维修库存一般由设备维修部门来管理控制。

4. 产成品库存

产成品库存是准备让消费者购买的完整的或最终的产品，这种库存通常由销售部门或物流部门来管理控制。生产企业有原材料库存、在制品库存、维修库存和产成品库存。商业企业，如储运、配送、批发与零售企业，通常只有产成品库存。公用事业单位一般是提供服务的，因此比较常见的是维修库存（如用于地铁列车的车辆零配件）。

（二）按库存的作用分类

按库存的作用分类，库存可分为周转库存、安全库存、调节库存和在途库存四种。

1. 周转库存

由于采购批量或生产批量越大，单位采购成本或生产成本就越低（节省订货费用，得到数量折扣），因而企业通常会采用批量形式购入产品，这种由周期性批量购入所形成的库存就称为周转库存。这里有两个概念，一个是订货周期，即两次订货之间的间隔时间；另一个是订货批量，即每次订货的数量。这二者之间的关系是显而易见的，当总需求量一定时，每次订货批量越大，两次订货之间的间隔就越长，周转库存量也越大。周转库存的大小与订货的频率成反比，即订货频率越高，周转库存量就越小。

2. 安全库存

由于需求和提前期等方面存在着不确定性，需要持有超过周转库存的安全库存。安全库存是为了应付需求、生产周期或供应周期等可能发生的变化而设置的一定数量的库存。为避免缺货的发生就需要增加安全库存。

3. 调节库存

调节库存是用于调节需求或供应的不均衡、生产速度与供应速度不均衡、各个生产阶段的产出不均衡而设置的库存。例如，对季节性需求产品（如空调等一些家用电器），为了保持生产能力的均衡，将淡季生产的产品置于调节库存，以备旺季的需求，即用调节库存来缓冲生产能力与需求之间的矛盾。对有些季节性较强的原材料，或供应商的供应能力不均衡时，也需设置调节库存。

4. 在途库存

在途库存是指从一个地方到另一个地方处于运输过程中的物品。虽然在途库存在没有到达目的地之前，还不能用于销售或发货，但可以将在途库存视为周转库存的一部分。这种库存是一种客观存在，而不是有意设置的。在途库存的大小取决于运输时间以及该期间内的平均需求量。

（三）按照需求相关性分类

1. 独立需求库存

库存品是独立需求的，该物料需求与其他物料需求在数量、时间上没有相关性，只取决于市场和客户需求。例如，对于生产计算机的厂商而言，某一型号的计算机库存就是独立需求库存。

2. 相关需求库存

库存品是相关需求的，该物料需求与其他物料需求在数量、时间上有相关性，直接取决于其他物料的需求。比如计算机信号线的需求直接取决于计算机的需求量，所以它是相关需求库存。

三、库存的作用

（一）库存的积极作用

库存是企业一项规模庞大的投资，它在企业中发挥着积极的作用。它可以带来规模经济效益，可以作为供需不确定性的缓冲，库存主要起着以下五个方面的积极作用：

1. 调节供求差异，平衡供需，保证均衡生产

对物品的需求是随生产、经营活动的进行而不断发生的，但需求与供应在时间和数量上又往往是不同步的。因此，只有保持一定的库存量，才能保证企业生产、经营活动的正常需要。库存保证生产经营的持续性，防止因缺货而发生非正常中断。

2. 稳定生产，获取规模经济效益

企业只有按照适当的数量（一定的规模）组织产品生产和货物供应，才能够利用规模经济效应，获取良好的经济效益。一方面，在采购过程中，批量采购可以分摊订货费用；另一方面，在生产过程中，采取批量加工的方式，可以分摊调整准备费用。

3. 缩短订货提前期，提高客户反应速度

当工商企业维持一定量的成品库存时，一旦客户需要就可以迅速供货，缩短客户的订货提前期，增强企业对客户需求的快速响应能力。

4. 缓冲不确定性因素

在企业生产经营的实践中，由于某些主观或客观的因素（如预测、计划不准确，生产事故，运输故障等），作业失误的情况往往是难以完全避免的。这个时候，如果企业保持有一定的库存，就可以缓冲作业的失误，保证生产经营按预定的要求继续进行。

5. 降低供应链成本

假设供应链中没有库存，下游的销售企业当遇到销售情况变动时，会向上游的生产企业进行紧急订货，这会造成销售企业的订货成本上升；上游的生产企业接到紧急订单后紧急安排生产，由于是额外的和小批量的生产，生产成本也会比平时增加。显然，供应链的总成本在没有库存的情况下会增加很多。

（二）库存的消极作用

任何事物都具有两面性，库存同样也会带来很多负面的影响。库存通常会产生如下三个方面的消极作用。

1. 占用资金，影响资源配置

在企业生产中，尽管库存是出于种种经济考虑而存在的，但是库存也是一种无奈的结果，它是由于人们无法预测未来的需求变化，而不得已采用的应付外界变化的手段。在流动资产中，存货的流动性最差，库存过高会造成企业的投资成本增加，影响企业的经济效益指标。

2. 增加库存成本

维持一定的库存需要增加相应成本开支。这些成本包括库存占用资金的利息、储存保管费用、保险费用和价值损失费用等。

3. 掩盖经营中的问题

企业的生产管理过程中可能会有很多致命问题，比如人员绩效差、库存结构不合理、机器故障率高、盲目采购、送货延迟和计划错误等。这些问题很可能会被较高的库存水平所掩盖。一旦库存水平下降，这些暗礁便会"水落石出"，可能会给企业造成重大打击。

四、库存管理的衡量指标

在库存管理过程中，存在多种衡量库存管理水平的指标，如库存物品的种类、数量和重量等。具有重要意义的衡量指标主要有平均库存值、可供应时间和库存周转率。

1. 平均库存值

平均库存值是指某一时间段内（而不是某一时刻）全部库存所占用的资金总和。这一指标可以告诉管理者，企业资产中的多大部分是与库存相关联的。一般来说，制造业企业大约占25%，而批发、零售业有可能占到75%。管理人员可根据历史数据或同行业的平均水平，分别从纵向和横向两方面评价企业这一指标的高低。

2. 可供应时间

可供应时间是指现有库存能够满足需求的时间，这一指标可用平均库存值除以相应时间段内的单位时间（如每周、每月等）的需求量来得到，也可以分别用每种物料的平均库存量除以相应时间段内单位时间的需求量来得到。

3. 库存周转率

库存周转率等于年销售额除以年平均库存值。库存周转越快，表明库存管理的效率越高。反之，库存周转慢意味着库存占用资金量大，保管等各种费用也会大量发生。库存周转率对企业经营中至关重要的资金周转率指标，也有极大的影响。但究竟库存周转率多大为最好，是难以一概而论的，不同行业的库存周转率也是不一样的。

🌐 第二步 ｜ 掌握库存控制策略

一、常用的库存控制策略

供应链管理中常用的五个库存控制策略如下：

（1）基本库存模型。定期检查库存，及时处理过时的产品；定期审查订货批量，及时调整订货批量。

（2）严格管理库存使用速度和提前期；严格监视和管理安全库存。

（3）ABC库存管理法。

（4）降低安全库存策略。通过缩短供货提前期降低安全库存水平。

（5）采用定量的方法，严格按时按订货点和订货批量订货，正确权衡库存保管成本（资金占用成本）与订货成本（采购成本）。

经济订货批量（Economic Order Quantity，EOQ）模型是所有库存模型的鼻祖。如果需求已知，但是变动的，而且固定成本仍然是持有库存的关键动机，就可采用批量算法 [例如瓦格纳 - 怀廷（Wagner-Whitin）方法和西尔弗 - 米尔（Silver-Meal）启发式方法]。这些库存控制策略作为物料需求计划的一部分被广泛使用。

如果需求是不确定的，而且产品易变质或已接近其生命周期末端，可以采用报童模型来指导最后一次采购决策。产品生命周期短于供应链补货提前期是一种越来越普遍的现象，在这种情况下，报童模型也是适用的。

如果需求不确定而且订货固定成本显著，那么最小最大模型最适用。一旦库存降低到最低水平，最小最大库存控制系统就会发出订单，将库存提高到最高水平。基于企业持有库存的动机不同，图 7-3 可用于指导选择适用的库存方法。

这些方法一起形成了一个有效的工具包，利用这个工具包，供应链库存管理从业人员可以制定相应的库存控制策略。

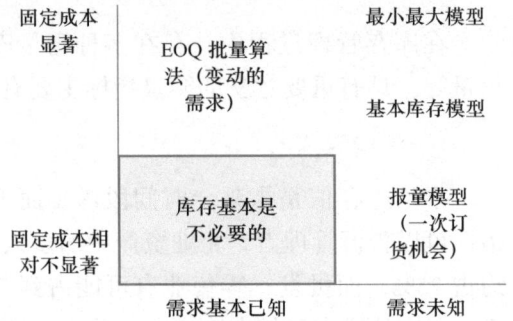

图 7-3　库存管理方法应用策略

二、订货点法库存管理的策略

订货点法库存管理的策略很多，最基本的策略有四种：连续性检查的固定订货量、固定订货点策略，即（Q，R）策略；连续性检查的固定订货点、最大库存策略，即（R，S）策略；周期性检查策略，即（t，S）策略；综合库存策略，即（t，R，S）策略。

在这四种基本库存策略的基础上，又延伸出很多种库存策略，在此我们仅简单介绍这四种基本的库存策略。

1.（Q，R）策略

该策略的基本思想是：对库存进行连续性检查，当库存降低到订货点 R 时，即发出一个订单，每次的订货量保持不变，都为固定值 Q。该策略适用于需求量大、缺货费用较高、需求波动性很大的情形。

2.（R，S）策略

该策略和（Q，R）策略一样，都是连续性检查类型的策略，也就是要随时检查库存状态，当发现库存降低到订货点 R 时，开始订货，订货后使最大库存保持不变，即为常量 S，若发出订单时库存量为 I，则其订货量为（S-I）。该策略和（Q，R）策略的不同之处在于，其订货量是按实际库存而定，因而订货量是可变的。

3.（t，S）策略

该策略是每隔一定时期检查一次库存，并发出一次订货，把现有库存补充到最大库存水平 S，如果检查时库存量为 I，则订货量为（S-I）。经过固定的检查期 t，发出订货，这时，库存量为 I_1，订货量为（S-I_1）。经过一定的时间（LT），库存补充（S-I_1），库存到达 A 点。再经过一个固定的检查时期 t，又发出一次订货，订货量为（S-I_2），经过一定的时间（LT-订货提前期，可以为随机变量），库存又达到新的高度 B。如此周期性检查库存，不断补给。该策略不设订货点，只设固定检查周期和最大库存量，适用于一些不很重要的或使用量不大的物资。

4.（t，R，S）策略

该策略是（t，S）策略和（R，S）策略的综合。这种库存策略有一个固定的检查周期 t、最大库存量 S、固定订货点 R。当经过一定的检查周期 t 后，若库存低于固定订货点 R，则发出订单；否则，不订货。订货量的大小等于最大库存量 S 减去检查时的库存量。

三、独立需求库存控制策略

常见的独立需求库存控制模型根据其主要的参数，如需求量与提前期是否为确定，分为确定型库存模型和随机型库存模型。

（一）确定型库存模型

确定型库存模型分为周期性检查模型和连续性检查模型。

1. 周期性检查模型

周期性检查模型有六种，分为不允许缺货、允许缺货、实行补货三种情况。每种情况又分瞬时到货和延时到货两种情形。最常用的模型是不允许缺货、瞬时到货模型。

2. 连续性检查模型

连续性检查模型需要确定订货点和订货量两个参数，也就是解决（Q，R）策略的两个参数的设定问题。连续性检查模型分六种：①不允许缺货、瞬时到货模型；②不允许缺货模型；③允许缺货、瞬时到货模型；④允许缺货模型；⑤补货、瞬时到货模型；⑥补货模型。最常见的连续性检查模型是不允许缺货、瞬时到货型。最经典的经济订货批量（EOQ）模型就是这种模型的代表。

（二）随机型库存模型

随机型库存模型要解决的问题是：确定经济订货批量或经济订货期；确定安全库存量；确定订货点和订货后最大库存量。随机型库存模型也分连续性检查和周期性检查两种情形。

如果我们现在假定需求量和提前期都为随机变量，那么在一些合理的假设下，可以得出暴露期内需求量的均值和标准偏差。相关公式如下：

$$基本库存 = \mu_D(R + \mu_{LT}) + 安全库存$$

$$安全库存 = z\sqrt{\sigma_D^2(R + \mu_{LT}) + \mu_D^2\sigma_{LT}^2}$$

$$周转库存 = (R\mu_D)/2$$

平均持有库存＝安全库存+周转库存

式中

μ_D——每个时间周期内的期望（平均）需求；

σ_D——每个时间周期内需求的不确定性（标准偏差）；

μ_{LT}——期望（平均）补货提前期；

σ_{LT}——补货提前期的不确定性（标准偏差）；

R——检查或计划周期（即连续两次订货的间隔时间）；

z——安全因子（预期服务水平的函数）。

由于把符合商业实际的假设和数学上的易处理性很好地结合在一起，基本库存模型得到了广泛的应用。该模型在相对简单的公式中考虑了持有库存的关键动机。模型中有规律的订货间隔时间与典型的商业计划周期吻合得很好，使得企业得以协调多种产品的运输。而且根据目标服务水平计算所需库存的这个过程与管理思想及数据的可获性也是一致的。

四、经济订货批量

企业每一次的订货数量直接关系到库存水平和库存成本大小，所以企业希望能找到一个合适的订货数量来降低成本。经济订货批量（EOQ）模型可以满足这种要求。它对可能发生的费用进行综合分析，以总成本最低的订货批量为经济订货批量，按照此数量确定每次订货时间和时间间隔。由于很多参考书专门对该方法进行了详细介绍，在此仅简单介绍确定性需求下最基本的 EOQ 方法。EOQ 模型简图如图 7-4 所示。

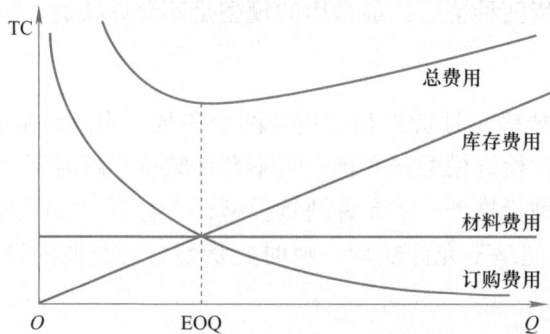

图 7-4　EOQ 模型简图

订货批量越大，平均库存就越大，每年的库存维持成本也就越大。然而，订货批量越大，每一计划期需要的订货次数就越少，订货总成本也就越低。把订货批量公式化可以确定精确的批量，对于给定的需求量，使订购费用和库存费用的综合总费用最低。根据一些假设条件，运用数学推导，可以求出 EOQ 的大小，在此省略详细推导过程，直接给出结果。

经济订货批量的标准公式如下：

$$EOQ = \sqrt{\frac{2C_o D}{C_i U}}$$

式中，EOQ 是经济订货批量；C_o 是每次订货发生的费用；C_i 是每年库存成本；D 是每年需求量；U 是每年单位成本。

经济订货批量模型是所有库存模型的鼻祖。该模型做了许多相当严格的假设，其中最突出的就是假设需求是已知的常量。尽管如此，当每次订货的固定成本很显著时，EOQ 模型可以用于考虑固定成本与库存之间的权衡。

五、ABC 库存管理法

经济学家帕累托研究发现，在总体价值中占相当大比重的物品在数量上却只占很小的比例。对于任何给定的组类，组类中的少数项目将占总值的大部分。在美国，约 20% 的人占有 80% 的财富；约 20% 不同样式的车辆占了年度汽车销售量的 80%；家庭预算中 20% 的项目占了现金开支的 80%。这个原理通常叫作"80/20"法则。该思想在管理领域得到广泛应用，将管理对象按照重要程度和数量划分不同等级（如 A、B、C），区别对待，有重点地加以管理控制。

美国 GE 公司创立了 ABC 库存管理法，将库存分为如下 A、B、C 三级：

（1）A 级项目。少数项目的价值占整个库存量总值比例特别高，通常为 15% ～ 20% 的项目占 75% ～ 80% 的总值。

（2）B 级项目。数量较多而总值不高，通常 30% ～ 40% 的项目约占 15% 的总值。

（3）C 级项目。数量很多而价值占总量很少，通常为 40% ～ 50% 的项目仅占 5% ～ 10% 的总值。

将库存分为 A、B、C 三级，并非绝对固定的，也可以将库存分为 A、B、C、D 四级，或将 A 级再分为 AAA 级、AA 级和 A 级三类。

ABC 库存管理法的特点和管理方法如表 7-1 所示。

表 7-1　ABC 库存管理法

库存类型	特点	管理方法
A	品种数占库存总数的 5% ～ 15%，平均资金占用比率为 60% ～ 80%	进行重点管理。现场管理要更加严格，应放在更安全的地方；为了保持库存记录的准确性，要经常进行检查和盘点；预测时要更加仔细
B	品种数占库存总数的 20% ～ 30%，平均资金占用比率为 20% ～ 30%	进行次重点管理。现场管理不必投入比 A 类更多的精力；库存检查和盘点的周期可以比 A 类要长一些
C	平均资金占用比率为 5% ～ 15%，但品种数量或许是库存总数的 60% ～ 80%	只进行一般管理。现场管理可以更粗放一些，但是由于品种多，差错出现的可能性也比较大，因此也必须定期进行库存检查和盘点，周期可以比 B 类长一些

ABC 库存管理法也有不足之处，通常表现为 C 类货物得不到应有的重视，而 C 类货物往往也会导致整个装配线的停工。因此，有些企业在库存管理中引入了关键因素分析法（Critical Value Analysis，CVA）。CVA 的基本思想是把存货按照关键性分成四类，即：①最高优先级，指经营管理中的关键物品或 A 类重点客户的存货，不许缺货；②较高优先级，

指生产经营中的基础性物品或 B 类客户的存货，允许偶尔缺货；③中等优先级，指生产经营中比较重要的物品或 C 类客户的存货，允许合理范围内缺货；④较低优先级，指生产经营中需要但可替代的物品，允许缺货。CVA 管理法比起 ABC 库存管理法有着更强的目的性。在使用中要注意，人们往往倾向于制定高的优先级，结果高优先级的物资种类很多，最终哪种物资也得不到应有的重视。

CVA 管理法和 ABC 库存管理法结合使用，可以达到分清主次、抓住关键环节的目的。

六、供应链环境下的库存管理新挑战

目前供应链管理环境下的库存控制存在如下几个问题：

（1）没有供应链的整体观念。虽然供应链的整体绩效取决于各个供应链的节点绩效，但是各个部门都是各自独立的单元，都有各自独立的目标与使命。有些目标和供应链的整体目标是不相干的，更有可能是冲突的。

（2）对用户服务的理解与定义不恰当。供应链管理的绩效好坏应该由用户来评价，或者用对用户的反应能力来评价。对用户服务的理解与定义各不相同，导致对用户服务水平的差异。

（3）不准确的交货状态数据。当顾客下订单时，他们总是想知道什么时候能交货。在顾客等待交货的过程中，企业可能会对订单交货状态进行修改，特别是当交货被延迟以后。我们并不否认一次性交货的重要性，但我们必须看到，许多企业并没有及时而准确地把延迟交货的修改数据提供给用户，其结果当然是导致用户不满。

（4）低效率的信息传递系统。在供应链中，各个供应链节点企业之间的需求预测、库存状态、生产计划等都是供应链管理的重要数据。这些数据分布在不同的供应链组织之间，要做到有效地快速响应用户需求，必须实时地传递数据，为此需要对供应链的信息系统模型做出相应的改变，通过系统集成的办法，使供应链中的库存数据能够实时、快速地传递。但是，目前许多企业的信息系统并没有很好地集成起来，当供应商需要了解用户的需求信息时，常常得到的是延迟的信息和不准确的信息。

（5）忽视不确定性对库存的影响。供应链运作中存在诸多的不确定因素，如订货提前期、货物运输状况、原材料的质量、生产时间、运输时间、需求的变化等。为减少不确定性对供应链的影响，首先应了解不确定性的来源和影响程度。很多公司并没有认真研究和跟踪其不确定性的来源和影响。

（6）库存控制策略简单化。许多公司对所有的物品采用统一的库存控制策略，物品的分类没有反映供应与需求中的不确定性。在传统的库存控制策略中，多数是面向单一企业的，采用的信息基本上来自企业内部，其库存控制没有体现供应链管理的思想。

（7）缺乏合作与协调性。供应链是一个整体，需要协调各方活动，才能取得最佳的运作效果。要进行有效的合作与协调，组织之间需要一种有效的激励机制。在企业内部一般有各种各样的激励机制加强部门之间的合作与协调，但是当涉及企业之间的激励时，困难就大得多。

第三步 ｜ 学习供应链环境下的库存管理合作性策略

一、供应商管理库存模式

20 世纪 80 年代以后，全球性市场竞争日趋激烈，企业为了提高竞争力，不断寻求各种措施提高企业对市场需求的响应速度。在库存管理方法中，供应商管理库存（Vendor Managed Inventory，VMI）便是其中一种新的管理策略。VMI 得到国际知名企业的推崇，比如沃尔玛、家乐福是实施 VMI 的先驱，通信 IT 行业的朗讯、思科、戴尔、惠普、诺基亚等公司都是成功实施 VMI 的典范。

（一）供应商管理库存的含义

供应商管理库存是一种战略贸易伙伴之间的合作性策略，是一种库存决策代理模式。它以系统的、集成的思想管理库存，使供应链系统能够同步化运行。在这种库存控制策略下，允许上游组织对下游组织的库存策略、订货策略进行计划与管理，在一个共同的框架协议下以双方都获得最低成本为目标，由供应商来管理库存，由供应商代理分销商或批发商行使库存决策的权力，并通过对该框架协议经常性的监督和修正使库存管理得到持续的改进。

VMI 主要有四种库存管理方式：一是供应商提供包括所有产品的软件进行库存决策，用户使用软件执行库存决策，用户拥有库存所有权，可管理库存；二是供应商在用户所在地，代表用户执行库存决策、管理库存，但是库存的所有权归用户；三是供应商在用户所在地，代表用户执行库存决策、管理库存，供应商拥有库存的所有权；四是供应商不在用户所在地，但是定期派人代表用户执行库存决策、管理库存，供应商拥有库存的所有权。VMI 这种管理模式体现供应商在用户的允许下设立库存，确定库存水平货物和补给策略，行使对库存的控制权的基本思想。其管理理念来源于产品的市场全过程管理思想，即只要产品没有被最终消费者购买并得到满意的消费，那么这个产品就不能算作已经销售，并构成供应上的一种潜在风险，供应商同样负有监控该产品的流通状况的责任，而不管该产品的产权归属是怎样的。其实质上就是供货方代替用户管理库存，库存的职能由供应商负责。

（二）VMI 的核心思想与原则

VMI 是基于企业间合作的由供应商拥有存货所有权的库存管理模式，以系统的、集成的管理思想进行库存管理，由供应商将供需双方的库存管理职能活动实施跨企业边界的集成与协调，以达到企业间业务活动同步化，使供应链系统获得同步化的优化运行，实现低成本、高服务水平的目标。VMI 的核心思想体现在以下四个原则中：

（1）合作性原则。VMI 需要供需双方之间有紧密的合作，如果仍然使用各自为政的管理模式，VMI 是无法实施的。合作需要深层次、多层面，包括战略层面的合作、战术层面的合作和操作层面的合作。

（2）互惠性原则。VMI 的目标是实现供需双方的总库存成本最低。但是这时至少是将库存的管理权限完全转移给供应商，这显然会增加供应商的成本。互惠性是要双方进行利益分割，以求达到双赢。

（3）目标一致原则。双方的目标要一致，在这个前提条件下，责任也要明确。这些都是需要在预先签订的协议中明确的。

（4）连续改进原则。在 VMI 实施以后，在操作实践中，对其中不完善的地方进行完善，对其中不合理的地方进行改正。

（三）实施 VMI 给合作双方带来的益处

VMI 对买方的益处体现在以下几个方面：

（1）减少库存成本，增加资金利用率。

（2）减少日常库存管理工作。

（3）降低市场风险，特别是处于导入阶段的新产品，或季节性产品。

（4）缩短供货提前期，提高供应链的灵活度等。

VMI 对卖方的益处体现在以下几个方面：

（1）提升客户服务满意度，可增加市场份额。

（2）可降低物流运输成本。

（3）减少"牛鞭效应"导致的库存量。

（4）主动控制库存能更有效地安排生产采购等活动。

（四）实施 VMI 的前提条件

VMI 库存管理方式并不是在任何两个供需企业之间都可以使用的。有效实施 VMI 需要有一定的前提条件：

（1）正确选择合作伙伴。只有合作伙伴对 VMI 都感兴趣，并且对库存管理的观念基本一致，VMI 控制的策略和方式才能基本一致。

（2）成本与风险的合理分担。只有合理分担风险与收益，才能保持长久的合作并促进项目投资与运行。

（3）流程的标准化管理。主要指订单业务处理的标准化管理由供应商和用户共同负责，质量保证由供应商负责等。

（4）信息平台的支持。如补货决策支持系统、电子数据交换系统、信息搜集系统、运输跟踪系统、智能化自动补货系统等。

（5）信息共享与相互信任。供应链企业伙伴之间共同合作，相互信任，共享所需要的信息和库存控制参数。库存状态对供应商透明化是实施 VMI 的关键，这又离不开相互之间的信任合作。

（五）实施 VMI 的挑战

尽管 VMI 是一种有效的供应链库存管理模式，并在许多大公司，如强生、宝洁、雀巢、沃尔玛和家乐福的实践中证明可以有效降低整个供应链的成本，能够给企业带来很大的经济效益，但是，VMI 并不完美，在实施中需要解决以下一些问题：

（1）库存所有权问题。由于管理的边界往往是不明确的，这就产生了库存所有权的归属问题。还有一种情况，库存在从供应商至零售商的运输途中以及在待销期间内，到底归谁所有，也是库存所有权归属问题。

（2）风险分担问题。用户的库存由供应商持有，那么一旦供应商出现突发情况，用户就面临着很大的缺货风险。另外，库存由供应商管理，这对供应商的要求势必会提高，也会提高供应商的风险。从供应链的角度来看，传统上由于各方都保有库存，在一方出现问题的时候，供应链可以保持运转；但是在 VMI 的情况下，只有一方持有库存，只要供应链上的任何一个节点企业出现问题，供应链就会断裂，整个供应链就会面临很大的风险。

（3）保密性问题。由于供应商掌握着所有用户方的情报，这是用户面临的一个保密问题。如果供应商与这个用户合作期满，又和其竞争对手合作，并将这些商业机密透露给竞争对手，必定会给原企业造成重大损失。

（4）绩效评估问题。VMI 缺少有效的绩效评估标准，很难衡量实施效果的好坏。

二、联合库存管理

在供应商管理库存中的框架协议虽然是双方协定的，但因供应商处于主导地位，决策过程中缺乏足够的协商，难免造成失误。VMI 的实施减少了库存总费用，但在 VMI 系统中，供应商比以前承担更多的管理责任，库存费用、运输费用和意外损失（如物品毁坏）不是由客户承担，而是由供应商承担。由此可见，VMI 实际上是对传统库存控制策略进行"责任倒置"后的一种库存管理方法，这无疑加大了供应商的风险。为了克服以上 VMI 系统的局限性，并同时避免或减少"牛鞭效应"，联合库存管理（Jointly Managed Inventory，JMI）应运而生。

（一）JMI 的含义

简单地说，JMI 是一种在 VMI 的基础上发展起来的上游企业和下游企业权利责任平衡和风险共担的库存管理策略。JMI 体现了战略供应商联盟的新型企业合作关系，强调了供应链企业之间双方的互利合作关系。

JMI 是基于协调中心的库存管理策略，强调供需双方同时参与，相互协调，共同制订库存计划，使供应链过程中的每个库存管理者都从相互之间的协调性考虑，在供应商和用户之间建立起合理的库存成本、运输成本及意外损失的分担机制，将 VMI 系统中供应商的全责转化为各个用户的部分责任，通过加强供应链管理模式下的库存控制来提高供应链的系统性和集成性，增强企业的敏捷性和响应性，体现战略供应商联盟的新型企业合作关系，是一种风险分担的库存管理模式。

（二）JMI 模式运作及其优劣

JMI 模式是一种供应链集成化运作的决策代理模式，它把客户的库存决策权代理给供应商，由供应商代理分销商或批发商行使库存决策的权力。近年来，在供应链企业之间的合作关系中，更加强调双方的互利合作关系，联合库存管理就体现了战略供应商联盟的新型企业合作关系，在供应链主要成员之间，充分共享信息，合理分担风险，共同进行库存决策等。图 7-5 描述了有第三方物流企业参与的 JMI 模式。

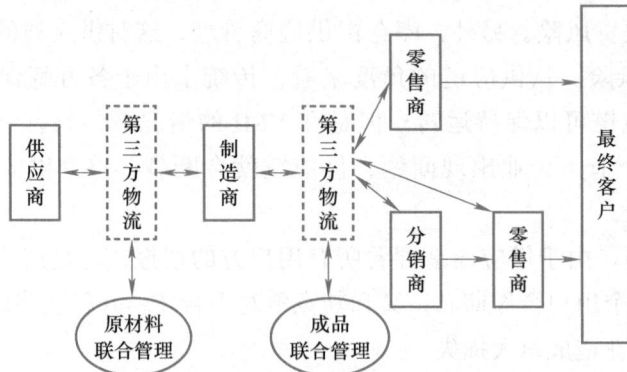

图 7-5　第三方物流企业参与的 JMI 模式

JMI 模式的优势在于：库存成为供需双方信息交流和协调的纽带，为实现供应链的同步化提供条件；通过协调管理中心共享信息，减少供应链中的需求扭曲现象，降低库存的不确定性，消除供应链的波动，提高供应链的运作稳定性，为实现零库存管理、准时采购创造条件；实现供应链管理的资源共享和风险分担。

JMI 模式的劣势在于：过度地以客户为中心，使得供应链建立和维护费用很高。虽然通过 JMI 能及时准确地预测由各项促销措施或异常变化带来的销售高峰和波动，使销售商和供应商都能做好充分的准备，赢得主动。但是，建立和协调这种库存管理模式需要较高的成本，而且对企业之间的合作要求很高，联合库存的协调中心不容易建立，其运作也有很高的要求。除此之外，联合库存管理还要求有严格的监督机制。

三、协同式供应链库存管理策略

（一）协同式供应链库存管理的含义

协同式供应链库存管理（Collaborative Planning Forecasting and Replenishment，CPFR）是一种协同式的供应链库存管理技术，建立在 JMI 和 VMI 的最佳分级实践基础上，同时抛弃了二者缺乏供应链集成等主要缺点，能同时降低分销商的存货量，增加供应商的销售量。它应用一系列处理过程和技术模型，覆盖整个供应链合作过程，通过共同管理业务过程和共享信息来改善分销商和供应商的伙伴关系，提高预测的准确度，最终达到提高供应链效率、降低库存和提高客户满意度的目的。CPFR 的最大优势是能及时准确地预测由各项促销措施或异常变化带来的销售高峰和波动，从而使分销商和供应商都做好充分的准备，赢得主动。CPFR 采取了多赢的原则，始终从全局的观点出发，制定统一的管理目标以及实施方案，以库存管理为核心，兼顾供应链上其他方面的管理。因此，CPFR 更有利于实现伙伴间更广泛深入的合作，帮助制定面向客户的合作框架，基于销售报告的生产计划，进而消除供应链过程约束等。

（二）实施 CPFR 的条件

CPFR 除了可以帮助企业节省成本之外，同时也能帮助企业找回流失的市场占有率，并改善企业创造附加价值的过程。导入 CPFR 后，买卖双方共同制订一套预测计划，由于共同参与预测，相对也必须共同承担风险，可用同样的标准指标来评价绩效。根据共同预测计划，零售商及制造商承诺冻结订单，可让制造商库存量减少且改善客户服务水准，而零售商可确保其订单能被满足，不会失信于顾客。实施 CPFR 可以减少许多作业成本，报酬率就会相对提高。由于供应链效率和生产力得以改善，企业的费用降低，以资产负债表而言，库存降低使营运资金提高，进而提高了整体投资报酬率。

然而，CPFR 的建立和运行离不开现代信息技术的支持，这些技术可以使 CPFR 更具有灵活性。CPFR 信息应用系统的形式有多种，应尽量保持现行的信息标准不变，信息系统尽量做到具有可缩放性、安全性、开放性、易管理、维护性和兼容性等特点。例如，CPFR 服务器用于 CPFR 共同业务处理，由供应链中的核心企业管理和维护，而每个企业通过互联网与 CPFR 服务器连接，使供应链中较小的企业也能加入 CPFR 系统中进行工作，且不必承受开发和维护系统的安全等风险。同时 CPFR 信息应用系统还便于合作伙伴采用统一的标准和技术。可以看出，通过 CPFR 技术所解决的问题包括：共享预测和历史数据信息；灵活地安排合作并将其和商业计划接轨；识别和评估异常情况；使修正和评估更具实施性。另外，CPFR 对信息系统集成也有着较高的要求，协同预测和补货的数据要与企业的 ERP 系统进行交换和协同，以利于生产计划的组织等，因此，必须确定统一的数据交换标准和格式，各相关系统同时也要预留相应接口，才能使各系统整合应用，发挥出最大效益。

实施 CPFR 面临的六个主要障碍分别为：

（1）管理例外及再次检查过程的预测（销售及订单预测）不易。

（2）交易伙伴过于专注在传统供应链上的阶段，而不是例外及再次检查的过程；促销及新产品项目不在事前共同规划的事项之内。

（3）目前没有一个联合决策支持系统可以提供消费者、顾客及市场的相关信息；预测的过程中非常需要信息科技。

（4）没有共同的目标。

（5）企业间对于分享敏感性的资料缺乏信任，分享的信息标准过于零碎。

（6）企业内部缺乏协同预测的基础。

根据供应链中各节点企业合作程度的高低，可以看出供应链库存管理模式的演进，经历了从单纯的交易处理到企业的协同计划决策的过程，从而逐渐地转移到整体的供应链库存管理上来。供应链环境下库存管理模式的比较如表 7-2 所示。

表 7-2　供应链环境下库存管理模式的比较

模式类别	传统库存管理模式	JMI 模式	VMI 模式	CPFR 模式
管理实体	各节点企业	核心企业 / 联合主体	供应商	协同计划协调工作组
主要思想	各节点企业独立管理自有库存，寻求降低自身缺货、需求不确定等风险的方法	各节点共同参与库存计划管理，共同制订统一的生产计划与销售计划，并将计划下达到各制造单元和销售单元执行	各节点企业共同帮助供应商制订库存计划，要求供应商来参与管理客户的库存，供应商拥有和管理库存控制权，本质上是将多级供应链问题变为单级库存管理问题	CPFR 应用一系列的处理和技术模型，提供覆盖整个供应链的合作过程，通过共同管理业务过程和共享信息来改善零售商和供应商的伙伴关系，提高预测的准确度，最终达到提高供应链效率、减少库存和提高消费者满意度的目标
主要优点	降低缺货、需求不确定性等风险以及对外部交易商的依赖	共享库存信息，加强相互间的信息交换与协调，改善供应链的运作效率，降低成本与风险，改善客户服务水平	降低库存、减少成本、改善缺货、提高服务水平、缩短提前期、提高库存周转率、提高需求预测的精确度，实现配送最佳化	实现企业之间的功能合作，显著改善预测准确度，降低成本、库存总量和现货百分比，改善客户服务，发掘商业机会，发挥出供应链的全部效率
主要缺点	库存量过高，存在严重的牛鞭效应，库存管理各自为政，缺乏协调沟通	建立和协调成本较高，企业合作联盟的建立较困难，建立的协调中心运作困难，联合库存的管理需要高度的监督	缺乏系统集成，协作水平有限；对供应商依存度较高，要求高度信任；决策过程缺乏足够的协商，加大了供应商的风险	以客户为中心的思想未能完全实现，CPFR 始于需求预测，终于订单产生，因此合作过程不是十分完善
适用范围	传统的库存各自分离，协作信任程度较弱，对待风险态度较保守	供应链节点企业有良好的沟通与信任基础，有联合库存管理中心（如大型分销中心），具有良好的配送能力	下游企业没有 IT 系统或基础设施来有效管理它们的库存；上游厂商实力雄厚、市场信息量大、有较高的直接存储交货水平	供应链企业都有良好的 IT 系统支持并且协作关系固定，对供应链中业务流程保持高度的一致，整个系统能够快速响应客户与预测客户需求
支持技术	MRP/MRPⅡ、订货点技术方法、双堆 / 多堆系统	企业内部大型 ERP、SCM、CRM 系统，基于 Intranet/Extranet 的网络通信系统	EDI/Internet、条码技术、连续补货系统、企业信息系统	企业间的交互系统如基于 SCM/ERP/CRM 集成的系统、高级计划与协调系统、商业智能等技术
实施策略	确定独立需求库存，制定订货库存策略，设定自有安全库存量，按安全库存量补充库存	建立供需协调机制，发挥制造与分销两种资源计划的作用，建立快速响应系统，充分利用第三方物流系统	建立顾客情报系统，建立销售网络系统，建立合作框架协议，进行组织机构的变革	供应链伙伴达成协议，创建共同业务计划，创建销售预测，辨识销售预测的例外情况，例外情况的解决 / 合作，创建订单预测，识别订单预测的例外情况，例外项目的解决 / 合作，产生订单

第四步 ｜ 供应链环境下的库存控制实践

一、理解库存的种类和根源

从库存的功能和根源上看，库存可分为周转库存、安全库存和多余库存三类，应对办法也各有不同。

1. 周转库存

第一类库存是维持正常运转所必需的，叫作周转库存。从供应商到公司的生产线，再到销售渠道，总需要维持一定的库存量，以维持正常运营。比如生产周期是 4 周，那就意味着生产线上有 4 周的过程库存；运输过程是 2 周，那注定就有 2 周的在途库存。周转库存的根源是周转周期。只有缩短周转周期，才能从根本上降低周转库存。产品的标准化设计、产品与工艺设计的交互优化、精益生产等措施，从根本上都是为了缩短周转周期，从而降低周转库存。

2. 安全库存

第二类库存是应对不确定因素的，如需求波动、补货延误、质量问题等，叫作安全库存。安全库存是供应链对不确定因素的自然应对，其根源是不确定因素。只有减少不确定因素，才能从根本上降低安全库存。产品的标准化设计增加了规模效益，降低了需求和供应的不确定性；提高供应商的按时交货率，降低了供应端的不确定性；周转周期缩短了，相应的不确定性也会降低。这些都客观上降低了安全库存。

3. 多余库存

剩下的库存既不是支持正常运转，也不是应对不确定因素的，叫作多余库存。订单取消、设计变更、预测失败等造成的呆滞库存，批量采购、批量生产、策略采购等造成的库存都属多余库存（策略采购是基于某种策略，如预计材料会涨价而做的采购）。多余库存的根源是组织行为，如计划失败、无序导入设计变更、大批量采购以获取价格优惠等。所以，控制多余库存必须从组织行为上着手，比如促进供应链上的信息共享、推动协同计划、预测与补货，以及提高决策水平，这些都是防止多余库存的有效举措。

降低库存之所以屡战屡败，是因为没有触及库存的根源。这三类库存根源不同，应对措施既有区别，也有联系。下面我们分别分析周转库存、安全库存和多余库存，以及相应的应对措施。

二、缩短周转周期，降低周转库存

1. 全面缩短采购、生产、调试、安装周期

为全面缩短采购、生产、调试、安装周期，企业应全面导入精益生产，并实行 JIT 生产方式，对传统的生产线进行改组。但实施的结果有好有坏，总体效果有时不甚理想。精益生产的看板管理体系等简化了物料流，生产现场更加井井有条，生产线员工的效率显著提高。但是，设备行业的周期性很强，业务起伏波动非常大，对精益生产而言是一个挑战，注定没法推行 JIT 生产方式。实行 JIT 的前提是稳定的生产计划，比如丰田生产汽车，每天、每周、每月的产量都尽可能稳定。但对于需求变动较大的行业，比如半导体设备行业，季度变化量动辄可达 30% ～ 40%，精益生产线和 JIT 还是很难应对的。

2. 优化流程和系统，缩短信息处理周期

伴随流程的是信息流。流程低效，信息流就低效。信息流驱动产品流和资金流，信息流的周期延长，产品流和资金流的周期也会延长。于是周转周期就会更长，决定了周转库存居高不下。库存高，库存成本就高；库存高，表明运营水平低，运营成本就降不下来。

在供应链管理上，人们习惯于聚焦成本，但成本就如库存，是结果，不是根源。根源是时间，如周转周期。如果能系统地把周转周期缩短，库存就会降下来，成本相应也会降低。20 世纪 90 年代，波士顿咨询集团的两名顾问出版了一本著作，书名叫作《基于时间的竞争》，核心概念就是竞争基于时间，而不是成本。这是他们系统对比北美和日本企业后得出的结论。日本企业关注的是时间，时间缩短了，成本就会降低；美国企业关注的是成本，但因为时间没缩短，成本也无法持久控制。这也是为什么众多成本控制项目虽然能够取得一时的成功，最终却因成本反弹而失败。我们这里从供应链库存入手，缩短了周转周期，也能更持久地降低成本。这也是从库存着手解决供应链问题的根本原因。

三、控制不确定性，降低安全库存

前面说的是周转库存，即维持企业正常运营的库存，需要通过缩短周转周期来降低。供应链上的不确定因素来源挺多。就需求端来说，需求预测的准确性、及时性以及实际需求的变动，都需要安全库存来应对。就供应端来说，供应商的按时交货率、质量问题都会造成不确定性，同样需要安全库存来应对。采购提前期越长，采购期间的不确定性就越大，相应的安全库存就越高。

四、改善计划，降低多余库存

可以说，历史数据是需求预测的定量因素，销售、客户的判断则属定性因素。两者结合才能产生最好的需求计划，这就是所谓的需求计划"由（历史）数据开始，由判断结束"。

制订需求计划的步骤如下：

第一步：从数据开始。需求计划经理在历史需求数据的基础上，用统计模型导出需求预测的初稿，这是需求计划的定量分析部分。

第二步：由判断结束。由销售、市场、产品、品牌、高层管理对最终客户需求信息提供反馈意见，从而对需求预测做出调整，这是需求计划的定性分析部分。

第三步：跨职能达成共识，结合历史需求和各职能的意见，得到集合公司最佳智慧的"同一套数字"，驱动从营销到供应商的整条供应链。达成共识有两层含义：①在具体的产品层面，需求计划经理协调销售计划、需求计划和供应计划；②在产品线层面，销售副总协调更高层次的销售计划、需求计划、供应计划和财务计划，以及处理产品层面未能达成的共识。这样，最终的成果就是"同一套数字"驱动营销和整个供应链。

供应链中普遍存在的高成本、高库存、重资产的顽疾，只有通过对供应链的需求前端防杂，强化产品管理和标准化设计，降低复杂度驱动的成本；后端减重，提高供应商管理能力，走轻资产运作之路；中间治乱，改善供应链计划，控制库存，有效平衡需求和供应才能有效解决。

拓展阅读

库存之痛：我国服装企业的生存考验

近年来，我国服装企业受库存所累的现象较为普遍。服装行业对于纺织业的依赖性较大，纤维材料的研发、组合、染色、纺织、成料都有较长的生产周期，款式简单的一款服装也需要将近90天的生产周期，这就意味着一个季度已经过去，对于服装潮流趋势的应变能力较差，一旦发生风向改变就会产生库存积压。很多服装企业的生产与销售是脱节的，因而库存周转率也偏低，进一步造成库存反噬营收，甚至拖垮企业。以海澜之家为例，海澜之家截至2022年三季度存货规模高达90.55亿元，较2021年增加9.34亿元，占流动资产的比例近四成。羊绒世家也同样面临存货高企的情况，原材料、库存商品、委托加工物资合计均超90%，而羊绒世家的存货周转率低于行业均值。太平鸟、美邦、锦泓集团、朗姿股份、安正时尚等企业存货占流动资产的比率均在40%以上。

服装企业的库存管理确实具有一定的挑战性，导致库存管理困难的原因一般有以下几点。一是需求不确定性。时尚潮流变化迅速，消费者的需求难以预测。服装企业需要应对季节变化、流行趋势和市场需求的波动，这使得准确预测和规划库存变得困难。二是产品多样性。服装企业通常推出多种款式、颜色和尺码的产品，以满足不同消费者的需求。这种产品的多样性增加了库存管理的复杂性。三是生产和供应链延迟。服装生产过程可能受到原材料供应、生产工艺和物流等方面的影响，导致生产和供应链的延迟。这可能导致库存无法及时到达销售点，影响销售和库存水平的控制。四是销售周期短。服装的销售季节通常较短，尤其是时尚类服装。企业需要在有限的时间内销售库存，否则过季的服装可能会滞销。五是库存成本高。服装库存需要占用大量的资金，并且存储和保管也需要成本。过多的库存会增加企业的运营成本和资金压力。六是零售店管理。如果企业拥有零售店，店铺的库存管理可能受到诸如库存盘点不准确、货品陈列不当、销售数据不及时等因素的影响。七是市场竞争激烈。服装市场竞争激烈，企业可能面临价格竞争和促销压力，这可能导致过度库存或库存积压。

为了有效管理库存，服装企业可以采取一些措施，如加强市场调研和需求预测、优化供应链管理、实施有效的库存控制策略、利用信息技术进行库存管理、与供应商建立良好的合作关系等。此外，培养员工的库存管理意识和技能也是至关重要的。

任务二　供应链环境下的物流管理

供应链环境下的物流管理

情景导入

物流外包：企业的供应链创新之路

为获得更大的市场，全球性的物流公司也不断推出新的物流和供应链服务。企业将物流系统外包给第三方物流企业正在成为一种趋势。宝洁作为大型的消费品公司，他们将物流业务外包给多家物流服务提供商。通过外包，宝洁能够集中精力于产品研发和市场营销，同时依靠专业的物流公司来管理复杂的供应链，提高了物流运作的效率和灵活性。亚马逊的 FBA（Fulfillment by Amazon）服务，允许第三方卖家将库存存储在亚马逊的仓库中，并由亚马逊负责物流和配送。这种物流外包模式为卖家提供了更广泛的市场覆盖和高效的配送服务，同时也提升了亚马逊自身的物流能力。

某知名跨国汽车制造商，在全球范围内拥有广泛的生产和销售网络。随着市场竞争的加剧和客户对物流服务质量的要求提高，该公司决定将其部分物流业务外包给专业的物流服务提供商。双方共同制定了一套定制化的物流解决方案。物流服务提供商负责该公司的零部件采购、仓储管理、运输安排和配送等环节，并利用其先进的物流技术和全球网络，优化汽车制造商的物流流程。他们建立了高效的仓储系统，实现了零部件的精准分类和快速检索，提升了仓库操作的效率。同时，物流服务商通过智能运输管理系统，合理规划运输路线，确保货物能够及时、准确地送达汽车制造商的生产基地和销售网点。

导入问题

1. 如何定义企业的核心能力？
2. 何为业务外包？企业为什么要把物流业务外包？
3. 第三方物流企业的兴起原因与发展趋势是什么？
4. 供应链环境下如何选择合适的专业的物流服务商？

🪐 第一步 ┃ 认识企业核心能力与物流业务外包

一、企业核心竞争力的含义

核心竞争力又称核心能力。美国战略管理专家普拉哈德和哈默尔在 1990 年《哈佛商业评论》上发表的论文《企业核心能力》中首次提出这一概念。普拉哈德和哈默尔认为，企业的核心能力是一种稀缺的、难以模仿的、有价值的、可延展的能力。就短期而言，公司产品的质量和性能决定了公司的竞争力；就长期而言，起决定作用的是企业的核心能力，公司所拥有的核心能力组合与价值创造体系对企业的竞争优势起决定性的作用。自普拉哈德和哈默尔提出核心竞争力的概念之后，很多学者专家分别研究了什么是企业的核心竞争力，并持有不完全相同的观点。麦肯锡咨询公司认为，"核心竞争力是某一组织内部一系列互补的技能和知识的结合，它具有使一项或多项业务达到竞争领域一流水平、具有明显优势的能力。"迈克尔·波特教授认为，一个企业的竞争优势取决于两个因素，即所选择产业的吸引力与产业内企业的战略定位。也就是说，企业要取得竞争优势一方面要有能够进入具有吸引力的产业的资源和能力，另一方面拥有不同于竞争对手且能形成竞争优势的特殊资产。而国内一部分研究者认为，核心竞争力应是企业的系统、整合能力，或是企业某一方面的能力，譬如华为公司的研发能力、戴尔电脑所具有的快速满足用户定制化需求的能力、UPS 公司的追踪及控制其全世界包裹运送的能力。企业只要在业务流程的某一两个环节上具有明显优于竞争对手并且不易被竞争对手模仿的能够满足客户价值需要的独特能力，就能在激烈的市场竞争中获得一席之地，这就是核心竞争力。

一种能力要想成为核心竞争力，必须是"从客户的角度出发，是有价值并不可替代的；从竞争者的角度出发，是独特并不可模仿的"。一般认为核心竞争力应该具备以下基本特征：

1. 价值优越性

核心竞争力能够为顾客带来利益，而且这种利益是可感知的；能帮助企业在创造价值和降低成本方面比它们的竞争对手做得更好。核心竞争力不仅要具有"技术"上的先进性，更要具有市场上的可行性。从经济学的角度分析，一项能力之所以是核心的，其检验和判别的标准之一就是能给消费者带来好处。

2. 稀缺性

这是核心竞争力的本质特征，指那些极少数现有或潜在竞争对手能拥有的能力。核心竞争力应当是稀有的：如美国的沃尔玛公司，由于其率先运用从采购点收集的数据来控制库存，这种技能使之获得了一种相对凯马特公司的竞争优势。

3. 不可模仿性

核心竞争力是其他企业不能轻易建立的能力。它们往往只能通过"干中学"和"用中学"而得到，靠口头传授或书本学习是不行的。如果其他企业很容易模仿、复制、购得或用其他方式获得，那么企业独享的核心竞争力的状况就会很快被改变，其他企业的成功仿效会打破原有的竞争优势。

4. 难替代性

即依靠核心竞争力生产出来的产品或服务在市场上很难被其他产品或服务取代。核心竞争力必须难以被替代。它是企业经过漫长时间的锤炼而形成的战略性资产，开发不但花费一定的时间，而且具有相当的难度，是其他企业不易仿制、其他技术难以替代的战略资源。

5. 可延伸性

即企业的核心竞争力不仅可以为当前提供某些特殊的产品或服务，而且还能帮助企业开发出新的具有竞争力的产品或服务。

6. 持久性

核心竞争力是企业在长期发展过程中逐渐形成的，一旦企业确立了自己的核心竞争力，就需要长期不懈地进行资源投资，使核心竞争力长期保持优势地位。企业的核心竞争力一旦建立，将持久地发挥作用，使企业在一个相当长的时期内与竞争对手相比具备竞争优势。

二、业务外包

（一）业务外包的含义

业务外包的核心思想是：企业在内部资源有限的情况下，为取得更大的竞争优势，仅保留其最具竞争优势的业务，而将其他业务委托给比自己更具成本优势和专业知识的企业。外包本身并不能使企业产生核心竞争力，而是在企业已明确核心竞争力的情况下，帮助其突出并强化核心竞争力。因此，企业若仅考虑成本等因素，盲目地将部分业务外包出去，而不保留企业的竞争优势很可能得不偿失。

（二）业务外包的原因

进入 21 世纪，企业越来越关注自身核心竞争力的建设，外包的程度逐步加深。企业越来越意识到，如果在供应链上的某一环节不具有竞争优势，并且这种活动不是公司的核心业务，那么可以把它外包给世界上最合适的专业公司去做。企业开展业务外包的原因主要有如下几点：

1. 集中资源发展核心业务

企业应更注重高价值的生产模式，更强调速度、专门知识、灵活性和革新。与传统的"纵向一体化"控制和完成所有业务的做法相比，实行业务外包的企业更强调集中企业资源于经过仔细挑选的少数具有竞争力的核心业务，也就是集中在那些使它们真正区别于竞争对手的技能和知识上，而把其他一些虽然重要，但不是核心的业务职能外包给世界范围内的"专家企业"，并与这些企业保持紧密合作的关系。因此，企业为了适应新的竞争环境，去整合内部资源与外部资源是企业实现竞争力的关键之一，这也就是企业自制与业务外包决策的出发点。

2. 利用外部资源获取知识与技术

如果企业没有有效完成业务所需的资源（包括所需现金、技术、设备和人才），而且不能盈利，企业也会将业务外包。这是企业临时外包的原因之一，但是企业必须同时进行成本／利润分析，确认在长期情况下这种外包是否有利，由此决定是否应该采取外包策略。

3. 分担经营风险，增加经营灵活性

企业可以通过向外部资源配置分散由政府、经济、市场、财务、自然社会环境等不确定因素所产生的风险，企业经营活动可以变得更有灵活性，更能适应变化的外部环境。

4. 降低和控制经营成本，节约资金

许多外部资源配置服务提供者都拥有能比本企业更有效、更便宜地完成业务的技术和知识，可以实现规模效益，并且愿意通过这种方式获利。企业可以通过向外资源配置避免在设备、技术、研究开发上的大额投资。纽约业务外包研究公司的一项调查表明，节约资金是企业业务外包的最重要的原因，有 64% 的被调查企业由于"经费问题"而实施业务外包。

（三）业务外包的方式

企业业务外包的具体方式主要包括以下五种：

1. 临时服务和临时工

企业可用最少的人员，最有效地完成规定的日常工作量，而在有辅助性服务需求的时

候雇用临时工去处理。出于对失业的恐惧或对报酬的重视，临时工对委托工作更认真。

2. 子网

为了夺回以往的竞争优势，大量企业将"控制导向""纵向一体化"的企业组织分解为独立的业务部门或公司，形成母公司的子网公司。

3. 与竞争者合作

与竞争者合作使得两个竞争者把自己的资源投入共同的任务（诸如共同的开发研究）中，这样不仅可以使企业分散开发新产品的风险，同时，也可使企业获得比单个企业更高的创造性和柔性。

4. 非核心业务完全外包

日本本田公司认为，发动机和电机是汽车工业的核心能力，公司专注于独立开发发动机和电机。通过对自己核心竞争力的自主开发培育以及与外包经销商紧密的合作，本田公司迅速、成功地进入了广泛的业务领域，从众多竞争者中脱颖而出。

5. 转包合同

在通信行业，新产品的寿命周期基本上不超过 1 年，美国电信公司 MCI 就是靠转包合同而不是靠自己开发新产品在竞争中立于不败之地。MCI 公司通过变换转包合同，它们有专门的小组负责寻找能为其服务增值的企业，从而使 MCI 公司能提供最先进的服务。

（四）业务外包可能出现的问题

成功的业务外包策略可以帮助企业降低成本、提高业务能力、改善质量、提高利润率和生产率，但是它也同时也会给管理带来新的问题。

（1）失去对过程的控制。业务外包减少企业对业务的监控，企业必须不断监控外包企业的行为并与之建立稳定、长期的联系。

（2）可能选择错误的供应商。在业务外包时，如果选择了合适的供应商可以获得更大的灵活性；相反，如果选择了错误的供应商，则会影响公司竞争力，那将非常危险。

（3）公司空心化。外包过程中可能产生的另一个问题是增加公司失去关键技术或者生产能力的潜在可能性。目前很多公司将生产业务外包给低成本供应商，这种现象被称为"公司空心化"。

（4）可能延长提前期，增加风险。很多零部件由自制变为外包，增加了对供应商管理的难度和经营风险。交付提前期可能因某些物料的供应问题而延长，导致客户抱怨甚至失去订单。

三、物流业务外包的推动因素

供应链管理要求供应链核心企业将其他不具有核心竞争力的业务外包给其他能够做得更好的企业。一般制造企业和商业企业的核心竞争力并不存在于物流方面，它们为了发挥自己在主营业务上的特长，提高效率，降低在不擅长的物流运作方面的成本，必然要把自己所在供应链上的物流业务外包给适合的、能胜任的第三方物流企业去完成。

物流业务外包的推动因素主要有以下几点：

1. 物流需求的增长

经济全球一体化趋势使物流功能众多，物流服务区域广泛，增加了物流运作的规模和范围，也增加了企业物流运作的复杂性；同时企业之间的竞争日趋激烈，企业为保持其竞争优势，被迫将其主要资源和精力集中于核心业务上；与此同时，顾客需求越来越个性化，企业为满足顾客日益增长的需求而花费的物流费用不断增长。企业越来越倾向于使用第三方物流，来满足企业内部部分或全部的物流功能的需要，即企业物流外包的行为越来越普遍。

2. 专业物流服务商队伍的发展壮大

专业的物流服务提供商不断壮大，并不断提高专业化管理水平。第三方物流企业自身所具有的核心竞争力就是自己的物流业务能力、自己在物流方面的专业能力，以及在物流资产、设备、设施、物流人才方面的优势。专业的物流服务商只有不断增强核心竞争力，才能参与供应链管理，与供应链核心企业共同发展壮大，使企业把物流业务外包给第三方物流服务商成为可能。

3. 信息技术迅速发展

计算机硬件和物流软件技术的不断提高，信息技术、通信以及电子商务的迅猛发展，使企业之间的信息交流更为便捷、准确有效，促进了供应链各个环节业务的集成，从而降低了企业物流外包的风险，减少了许多弊端，促进了物流外包发展。

第三方物流企业，从事的是专业化的物流服务，一般拥有专门的知识和信息网络，在物流服务水平、服务质量等方面可以获得竞争优势；第三方物流企业为众多的物流需求企业提供服务，能够实现规模经济；规模经济又带来了成本的降低。所以说，物流经营是第三方物流企业的核心能力。企业将物流业务交给外部组织，就可以强化自身在产品研发、核心部件的生产和销售等方面的核心能力，同时又可以充分利用外部企业的核心能力获得互补能力，提高交易质量，并以整个供应链的竞争优势提高企业的竞争力。企业将有限的资源用在核心能力上，整合利用外部资源，实施物流外包是明智之举。

🪐 第二步 | 选择第三方物流企业合作

一、第三方物流企业的兴起

（一）第三方物流概念

在社会分工日益专业化的现代经济中，没有哪一家厂商能够完全做到自给自足，只有将企业有限的资源用于加强自身核心竞争力，才能够成为赢家。同样，如果企业自己不是物流公司，那么最好将企业的物流业务交给一家独立的、专业化的物流公司去做。需求方为采购而进行的物流，被称为第一方物流，如赴产地采购、自行运回商品。第二方物流是指供应方为了提供商品而进行的物流，如供应商送货上门。由物流的供应方和需求方之外的第三方所进行的物流，称为第三方物流。在理论研究上，关于第三方物流的（Third Party Logistics，TPL）定义，无统一定论。在国外常称之为契约物流、物流联盟、物流伙伴或物流外部化。"第三方物流类似于外协或契约物流"，也有学者认为第三方物流是指由与货物有关的发货人和收货人之外的专业企业，即第三方物流企业来承担企业物流活动的一种物流形态。美国的有关专业著作将第三方物流供应者定义为：通过合同的方式确定回报，承担货主企业全部或一部分物流活动的企业。第三方物流企业所提供的服务形态可以分为与运营相关的服务、与管理相关的服务以及二者兼而有之的服务三种类型。

（二）第三方物流的特点

随着物流业务外包的兴起，第三方物流得到快速发展，第三方物流与传统物流有明显的区别，如表 7-3 所示。

表 7-3　第三方物流与传统物流的区别

功能要素	第三方物流	传统物流
合约关系	一对多	一对一
法人构成	数量少（对用户）	数量多（对用户）
业务关系	一对一	多对一
服务功能	多功能	单功能
物流成本	较低	较高
增值服务	较多	较少
质量控制	难	易
运营风险	大	小
供应链因素	多	少

作为优秀的第三方物流企业，必须具有以下条件：

（1）必须具有经营管理的组织机构、业务章程和具有企业法人资格以能够与用户方或其代表订立物流服务合同。

（2）具备一定的信誉。从用户方或代表手中接收货物后，能签发自己的物流服务单证以证明合同的订立、执行和接收货物并开始对货物负责任。为确保该单证作为有价证券的流通性，物流服务商必须在提供相关物流服务时具备一定的资信或令人信服的担保，尤其是开展国际物流服务的第三方物流企业。

（3）必须具有与经营能力相适应的自有资金。在涉及综合物流服务，甚至国际综合物流服务时，物流服务商要完成或组织完成全程服务，并对服务全程中的货物遗失、损害和延误运输负责，因此，必须具有开展业务所需的流动资金和足够的赔偿能力。

（4）具有一定技术的能力。物流服务商必须能承担物流服务合同中规定的与仓储、运输和其他服务有关的责任，并保证把货物交给物流服务单证的持有人或单证中指定的收货人。因此必须具有与合同要求相适应的，能承担上述责任的技术能力。国际物流服务商要具有自己的国际运输服务线路，有一支具有国际运输知识、经验和能力的专业队伍，在各条运输线路上要有完整的分支机构、代表或代表人组成的网络机构，要能够制定各线路多式联运单一费率。

（三）第三方物流企业的经营方式和服务内容

一些传统的物流企业，如仓储运输企业，可以通过自主发展模式或合作发展模式发展成为优秀的第三方物流模式。承担物流服务业务的企业的经营方式通常有以下三种：企业独立经营型、大企业联营型和代理。常见的供应链物流服务项目及服务内容如表 7-4 所示。

表 7-4　常见的供应链物流服务项目及服务内容

供应链物流环节	物流服务项目举例	服务内容
采购物流	代理供货系统	原材料、零部件从供货商到生产线供货 及时配送、共同保管、共同配送、库存管理、紧急应对
生产物流	工厂物流业务整体外包	工厂内物流、发送管理等对顾客生产活动的侧面支援、物料管理、包装设计、包装作业、发送管理、运输作业等
销售物流	信息、保管、配送网络系统 长距离运输网络系统 大型物件、精密机器物流	集信息、保管、配送功能一体化的物流系统 经济、快捷的国际运输网络 长距离整车运输、配载运输、特殊物品运输、中转运输 各种工程项目用物资，需要谨慎搬运的精密仪器，商品的运输、搬入、安装等一条龙服务
国际物流	进口、出口物流 海外物流 第三国物流	陆、海、空运输手段的效率化 利用国际物流信息系统顺畅地进行进口、出口以及第三国物流活动
其他	会展品、美术品运输 搬家、大规模搬迁	会展品、美术品的包装、运输、搬入、安装、搬出 搬家、工厂大规模搬迁等

二、选择第三方物流公司的原则

随着企业物流外包业务的迅速增长，没有利用外包的企业将面临落后的危险，那些没有对外包进行妥善管理的公司可能会失望。克里弗德曾经在《物流外购管理手册》一书中指出，在实施物流外包的过程中，坚持下面这 10 个基本规则是企业获得成功的保证。

规则 1：制定外购的战略

需要谨慎考虑外购战略，要认真与自我解决方案进行比较。这将有助于分辨每种选择方案的优劣。要从起点仔细考虑过程中的每一个供应商。

规则 2：建立一个严密的供应商选择程序

检查企业已经存在的客户关系和财务状况。仔细分析企业的管理深度、战略方向、信息技术能力、劳资关系、管理者个人风格和可亲近程度。

规则 3：清楚地定义期望

大量不成功的外购关系都是由不明确的预期所导致的。供应商经常面临这样的窘境：在对产品的体积、尺寸和运送频度等信息掌握不全的情况下提供服务。这是因为企业往往缺少对自身物流活动的准确和详细的描述。除此之外，提供服务的成本，特别是在信息技术领域，通常都是被低估的。这些不准确的要素导致供应商成本的上升，而这往往是与预期不符的。

规则4：设计一个好的合同

要为共享收益的合同双方的运营状况和生产力提供一种有效的预测机制，其中一定要讲清楚双方的义务期望和补偿方案等。

规则5：制定合理的政策和程序

给服务提供者设计一个操作手册。更理想的是，手册可以由双方共同制定，要包含所有的政策、程序以及高效的外购活动运作所必需的所有其他信息。

规则6：明确并尽力避免潜在的摩擦点

双方都要明确可能会出现的摩擦点，提前发现摩擦点并协商制定相关的解决方案。

规则7：与物流合作伙伴有效沟通

与无效的计划相比，无效的沟通是导致失败的外购关系的第二个重要原因。必须经常对合作的所有细节进行沟通，而且沟通必须是双方的。

规则8：进行绩效评估

建立合作关系之后，要明确绩效评估的标准并与服务供应商达成一致，同时要经常与服务供应商进行沟通，要经常进行绩效评价。

规则9：激发并奖励供应商

要学会对供应商良好的服务进行奖励，但是不要想当然。表扬、认可、激励和奖品都是已经被证明的有效的激励手段。尽可能地勇于表达自己对供应商的良好的态度。

规则10：做个好的合作伙伴

好的合作关系是会令双方受益的。物流供应商良好的服务于企业和企业的客户的能力能够提升企业的业绩表现，否则将会使企业的业绩大打折扣。

三、物流外包决策过程

企业的物流外包决策对于企业来说是一把双刃剑，遵循一定的科学决策程序慎重选择物流服务商非常必要。在实践中，企业物流外包采用如下决策过程。

1. 分析企业内外部因素

企业要想制定一个好的物流经营策略，需要对外部宏观环境、内部环境进行彻底调查和分析。外部宏观环境包括：物流市场的现状、环境法规与政府管制、技术环境和经济环境等。内部环境包括：企业核心竞争力、物流在企业中的地位、企业拥有的物流资源、企业成本控制要求、企业规模和实力、企业性质、物流转换成本、物流变革的阻力、企业的基础管理水平等。

2. 判断是否为核心业务

只有物流是企业的核心活动，而且集团公司内部企业的物流资源具有可持续性的竞争优势,企业才可以实施内部外包。否则,不管企业持有多少物流资源,只要物流不是企业的核心竞争力,或虽然是企业的核心业务但自身或集团公司内部在物流运作上不具有可持续的竞争优势,企业就应该在外部外包物流。

3. 确定物流外包方式

企业可以对物流外包的方式进行定量分析和定性分析,从而决定物流外包的方式。企业物流业务外包的方式有:物流业务部分外包、物流业务全部外包、物流系统接管、战略联盟、物流系统剥离、物流业务管理外包。

4. 选择外包物流服务商

选择合适的外包物流服务商作为供应链中的合作伙伴,是外包物流策略重要的内容之一。如果企业选择合作伙伴不当,不仅会损失企业的利润,还会使企业失去与其他企业合作的机会,从而在无形中抑制了企业竞争力的提高。对第三方物流服务商进行初选时应考虑以下几点:第三方物流服务商应具有必要的资源条件,如运输能力、品牌知名度、网络覆盖率、较好的声誉、广泛的业务范围、丰富的物流配送经验等;合作双方具有互补性;双方之间具有相互沟通的信息平台等。

5. 控制物流外包中的风险

为了最大限度地避免风险,提高合作的综合质量和效益,选择第三方物流服务商不应只考虑物流服务成本,还应考虑第三方物流的综合能力和最终客户满意度。

6. 专人负责物流外包实施

企业高层管理者对于外包物流管理要给予足够的重视与支持。要成立专门的小组,协调可能发生的矛盾和冲突,促进外包物流目标的实现。

7. 考核与激励物流外包服务商

为了防止风险,有必要对第三方物流服务商建立从过程到结果的考核体系,还必须建立机制确保本企业能与物流市场、本行业的发展保持密切联系。可以由外包物流的企业组成评审小组或聘请独立的外部人员对第三方物流服务者的绩效进行监控,以便发现问题及时改正,并可根据合同中的条款进行适当的处理。通过绩效考核,可以明确下一步改进的计划,给第三方物流提供便利条件。因此绩效管理对客户企业和物流服务的提供商都可起到一定的激励作用。

企业物流外包的决策过程如图7-6所示。

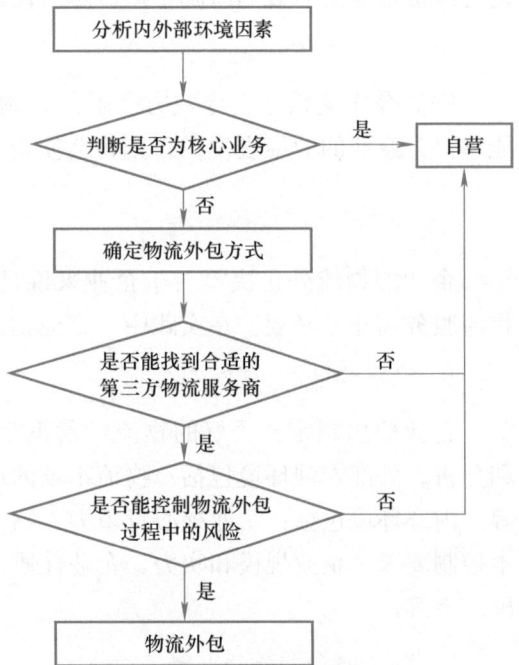

图7-6 企业物流外包的决策过程

建发股份供应链运营业务核心竞争力

一、强者恒强：全球化、多品类的资源整合能力和全球化的品牌影响力

在大宗商品供应链运营行业，建发股份有限公司（以下简称"建发股份"）营收规模在 A 股公司中连续多年位于领先阵营。公司作为行业内资深的供应链运营商，拥有多年沉淀的企业文化、人才资源和行业经验，具有跨行业整合商品、市场、物流、金融和信息资源的能力，善于为客户定制供应链解决方案和服务产品，提供稳健高效的供应链运营服务。

建发股份秉承"成为国际领先的供应链运营商"的理念，积极布局全球化资源采购和销售网络，构建起了全球化的供应链服务体系，供应链服务辐射全球超过 170 个国家和地区。2023 年，公司位居《财富》"中国上市公司 500 强"第 11 位（较上年提升 4 名）、《福布斯》"全球企业 2000 强"第 640 位；2021—2023 年，公司连续三年荣登"中国上市公司品牌价值榜 TOP100"，并在"2023 中国上市公司品牌价值活力榜 TOP100"中位列第 7 名。公司先后入选"中国对外贸易 500 强"、商务部首批"全国供应链创新与应用示范企业""2022 年度数字化影响力企业"等榜单。子公司拥有物流行业国家标准认证的"5A 级综合物流企业"资质。

二、挖掘整合：定制化的"LIFT"供应链服务平台

建发股份长期致力于供应链服务平台的构建，打造国内领先的"LIFT"供应链服务体系，将供应链服务拓展至合作伙伴的业务全流程，同时运用物联网、互联网技术推进全球产品信息资源和合作伙伴资源整合、共享。

公司从四大类供应链基础服务出发，走进客户价值链，为客户整合物流、信息、金融、商品、市场五大资源，以客户需求为导向，提供定制化解决方案，推动了资金、资源、服务的良性循环，不断挖掘供应链运营环节潜在的增值机会。

三、行稳致远：专业化、分级化、流程化的风险管控体系

风险管控能力是该公司多年来保持供应链运营业务健康发展的核心竞争力。建发股份根据数十年的行业经验，将风险管控列为经营管理的第一工作并提升至战略层面，形成了"专业化、分级化、流程化"的风险管控体系。

在风控理念方面，建发股份秉持"专业化"的运营战略，针对不同的行业搭建相应的业务管理架构，深入市场、深入行业中心，做到"入行入圈"。

在风控体系方面，建发股份采用三级风险管理架构：第一级由董事会下设的风险控制委员会履行风险管控职责；第二级由公司经营班子和总部多个职能管理部门履行风险管控职责；第三级由子公司经营管理层和相关职能部门履行风险管控职责；通过分级管理，建发股份在防范风险的同时兼顾灵活、适度和高效。

在风控实施方面，建发股份已制定并持续完善内控制度及各项业务管理流程，具有"流程化"的特点。公司制定了《内控手册》《供应链业务运作管理条例》《供应链业务流

管理条例》《物流管理条例》《信用管理条例》《期货业务管理规定》等系列制度，并不断加强、优化流程管控和关键风险点的管控。

建发股份动态调整关键风险指标，并将关键风险指标与薪酬挂钩，促进经营单位重视并加强风险防范。依托数据挖掘、机器学习等大数据技术，公司搭建形成了以 E 风控系列产品为代表的"智能风控体系模型"，为公司经营决策提供有力支持。

从理念、制度到执行，公司完成了对业务全流程、全生命周期的风险管控体系建设，为公司实现基业长青提供了坚实保障。

四、科技赋能：数字化的供应链运营管控平台

随着大数据、云计算、人工智能、物联网、区块链、5G 等先进技术应用能力日趋成熟，以数字化、网络化、智能化为主导的新一轮科技革命已是大势所趋，并加速从市场消费端渗透至供应链各环节。

公司适时将科技赋能提升到战略层面进行规划，研发了建发供应链 ERP 系统、仓储管理系统（WMS）、运输管理系统（TMS）、银企直连平台（E2B）、电子签约管理平台（E 建签）、智汇罗盘数据分析系统（BI）、期货交易系统（CTP）、电子签约管理平台（E 建签）等系统，并制订了具体的实施计划，未来将持续打造数字化的供应链运营管控平台，不断提升平台的洞察力、协同力及敏捷力，实现数据驱动的供应链决策优化，取得 LIFT 供应链组合服务与业务效率、服务成本的较优平衡。

赋能业务经营拓展：依托公司供应链协同平台，链接用户、供应商、客户、业务合作伙伴等供应链利益各方，提高供应链业务服务质量及协同效率，不断增强用户黏性，更好满足用户个性化、场景化需求，创造业务增量价值。

赋能业务风险管控：强化数字化技术的运用，促进供应链业务在线化、可视化，通过科技手段实时掌握业务进展，加强业务风险管控。

赋能管理降本增效：聚焦财务、人力、供应链等内部运营环节，应用电子签约、RPA 机器人等最新数字化技术，实现管理运营数字化，赋能员工，激活组织，降低各环节成本，提升运营效率。

五、金融赋能：资源优势叠加产研联动赋能业务发展

"研究—业务—风控"联动实现期货赋能。公司聚焦产业服务，将期货衍生品工具应用于黑色金属、农林产品、能源化工、有色金属等 30 多个品种的产业服务环节中，通过基差、点价业务为多行业客户提供灵活有效的价格风险管理，帮助客户平抑现货商品价格周期波动，稳定主营业务收益，终端客户服务规模不断提升。

同时，公司还成立了黑色产业研究院和农产品研究院，两大研究院着力于产业研究和大宗商品价格分析，研究内容涵盖宏观经济、产业动态和商品期货等。

基于专业化运营经验和产业研究成果，公司持续探索使用期货衍生工具创新业务模式，在含权贸易中通过多种期权组合交易为客户增厚利润、降低风险。

拓展阅读

华为与德邦快递的合作经典案例

华为作为一家全球领先的信息与通信技术（ICT）解决方案提供商，一直致力于推动各行各业的数字化转型。在物流领域，华为与多家公司展开了深入合作，为物流行业的智能化发展做出了重要贡献。德邦快递与华为的合作，是华为与物流公司合作的经典案例之一。

德邦快递与华为的合作，不仅巩固了德邦快递云端数据业务的可靠性，更加速了全云化服务的进程。根据双方达成的协议，德邦快递将基于华为云技术，在自动识别、备份、大数据、网络传输方面持续推进合作。在合作中，华为为德邦快递提供了强大的技术支持，帮助其实现了数字化转型和智慧物流的升级。德邦快递与华为的合作主要涉及云计算、人工智能等领域，实现科技与快递业务场景的融合。具体合作项目如下：

（1）自动识别、备份、大数据、网络传输。基于华为云技术，双方在这些方面持续推进合作。

（2）能耗管理、安防。在能耗管理、安防方面展开合作，树立物流企业数字化园区标杆。

（3）战略规划、流程服务。基于华为生态战略，助力德邦快递战略规划、流程服务的提升。

（4）智慧物流园区。2018年6月，德邦快递与华为达成战略合作关系，共同构建了智慧物流园区人员管理子系统、访客管理子系统、企业文化管理子系统、移动办公智慧园区系统等多套信息系统，通过华为云ROMA企业集成平台统一集成，打造云上的智慧物流园区。

（5）违规操作AI智能识别系统。2019年，双方合作开发该系统，可自动识别拣货员在拣货过程中出现的扔、抛、推倒、用力踢等暴力分拣行为。

总之，以上合作不仅展示了华为在物流行业的技术实力和创新能力，也为其他物流企业提供了数字化转型的成功经验和启示。

知识链接 供应链中的库存控制与物流管理——经济效益与社会责任的双赢之道

供应链库存控制与物流管理不仅对企业的经济效益至关重要，还与社会责任息息相关。首先，企业与供应商合作，共同制订可持续采购计划。他们优先选择符合环保标准、社会责任良好的供应商，并要求供应商提供相关的证明和报告。通过这种方式，企业可确保采购的原材料和产品在环保和社会责任方面符合要求。其次，企业采用先进的库存管理技术，如实时库存监控和需求预测系统，可精准掌握库存水平。这有助于减少不必要的库存积压，避免资源浪费。同时，积极开展绿色物流行动，优化运输路线，可减少运输过程中的二氧化碳排放；使用可回收和环保包装材料，可降低包装对环境的影响。此外，企业还可将部分多余的库存产品捐赠给当地的慈善机构和社区项目，帮助有需要的人们。这不仅能够减少库存浪费，还为社会做出了积极贡献。

通过可持续采购、减少库存浪费、绿色物流和社会捐赠等方式，企业不仅能够提高库存管理的效率和效益，还可在社会责任方面取得显著成就，提升企业的品牌形象和社会声誉，从而实现经济效益和社会责任的双赢。

知识测试

一、判断题

1. 库存可以带来规模经济效益，可以作为供需不确定性的缓冲，保持合理库存是必要的。　　　　　　　　　　　　　　　　　　　　　　　　　　　（　　）

2. 库存品是独立需求的，该物料需求与其他物品需求在数量、时间上有相关性。
　　　　　　　　　　　　　　　　　　　　　　　　　　　　　　　（　　）

3. 库存周转率等于年销售额除以年平均库存值，库存周转越快，表明库存管理的效率越低。　　　　　　　　　　　　　　　　　　　　　　　　　　　　（　　）

4. CVA 管理法和 ABC 分类法结合使用，可以达到分清主次、抓住关键环节的目的。
　　　　　　　　　　　　　　　　　　　　　　　　　　　　　　　（　　）

5. JMI 是一种在 VMI 的基础上发展起来的管理方法，在实践中效果更好。　（　　）

6. CPFR 的建立和运行离不开现代信息技术的支持，这些技术可以使 CPFR 更具有灵活性。　　　　　　　　　　　　　　　　　　　　　　　　　　　　　（　　）

7. 核心竞争力是其他企业不能轻易建立的能力。它们往往只能通过"干中学"和"用中学"而得到，靠口头传授或书本学习是不行的。　　　　　　　　　　　　（　　）

8. 外包本身并不能使企业产生核心竞争力，而是在企业已明确核心竞争力的情况下，帮助其突出并强化核心竞争力。　　　　　　　　　　　　　　　　　（　　）

9. 企业将有限的资源用在核心竞争力上，整合利用外部资源，实施物流外包是明智之举。　　　　　　　　　　　　　　　　　　　　　　　　　　　　　（　　）

10. 企业的物流外包决策对于企业来说是一把双刃剑，没有必要遵循一定的科学决策程序慎重选择物流服务商。　　　　　　　　　　　　　　　　　　　　（　　）

二、单选题

1. 按库存的作用分类，库存可分为周转库存、安全库存、（　　）和在途库存四种。
   A. 生产库存　　　　B. 外购库存　　　　C. 调节库存　　　　D. 经济库存

2. 实施 VMI 对买方的益处不包括（　　）。
   A. 降低市场风险，特别是处于导入阶段的新产品，或季节性产品
   B. 缩短供货提前期，提高供应链的灵活度

C. 能主动控制库存，使企业更有效地安排生产采购等活动

D. 减少库存成本，增加资金利用率

3. JMI 是一种在 VMI 的基础上发展起来的上游企业和下游企业权利责任平衡和风险共担的库存管理模式，强调供应链中各个节点同时参与，共同制订库存计划，使供应链过程中的每个库存管理者都从相互之间的协调性考虑，保持供应链各个节点之间的库存管理者对需求的预期保持一致。以下关于 JMI 模式说法正确的是（　　　）。

A. 库存成为供需双方信息交流和协调的纽带，为实现供应链的同步化提供了条件

B. 通过协调管理中心共享信息，减少供应链中的需求扭曲现象，降低库存的不确定性，消除供应链的波动，提高供应链的运作稳定性

C. 实现供应链管理的资源共享和风险分担

D. 联合库存的管理要求有高度的监督

4. 应用一系列的处理和技术模型，提供覆盖整个供应链的合作过程，通过共同管理业务过程和共享信息来改善零售商和供应商的伙伴关系，提高预测的准确度，最终达到提高供应链效率、减少库存和提高消费者满意度的目标，体现的是（　　　）。

A. CPFR 模式　　　　　　　　　　B. 传统库存管理模式

C. VMI 模式　　　　　　　　　　　D. JMI 模式

5. 下列（　　　）不是企业开展业务外包的原因。

A. 集中资源发展核心业务　　　　　B. 分担经营风险，增加经营灵活性

C. 加快生产速度　　　　　　　　　D. 利用外部资源获取知识与技术

6. 企业在内部资源有限的情况下，为取得更大的竞争优势，仅保留其最具竞争优势的业务，而将其他业务委托给比自己更具成本优势和专业知识的企业，称为（　　　）。

A. 业务外承　　　B. 业务外托　　　C. 业务外接　　　D. 业务外包

7. 能有效避免企业因市场变化而产生的库存损失，同时为企业与众多供应商之间提供动态的、科学的弹性供应管理，称为（　　　）。

A. VMO　　　　　B. VMT　　　　　C. VMI　　　　　D. VML

8. 采用供应商管理库存模式的好处不包括（　　　）。

A. 降低企业库存成本，提高企业的市场应变能力

B. 减少库存风险，缩短供应商供货响应时间

C. 提高采购效率，提高材料配套率，减少仓储、运输、报关等环节的费用

D. 增加供需双方库存管理成本

三、名词解释

1. EOQ

2. CVA

3. VMI

4. JMI

四、简答题

1. 简述库存的积极作用与消极作用。
2. 简述 ABC 分类法在库存管理中的应用。
3. 简述 VMI 的含义、价值及实施条件。
4. 简述核心竞争力的特征。
5. 简述业务外包的含义及意义。
6. 简述选择第三方物流企业的原则。

实训任务 美的家电的 VMI 运作：宁可少卖，不多做库存

◎ 任务要求

结合案例分析并回答以下问题：

（1）请举例分析美的家电供应链结构。
（2）美的家电引入 VMI 的具体做法有哪些？
（3）美的家电引入 VMI 对供应链企业带来的影响有哪些？
（4）美的家电成功实施 VMI 有哪些经验值得借鉴？
（5）谈谈你对美的家电 VMI 中心运作的看法。

🗨 建议

分组完成任务，并制作 PPT 汇报。

美的公司是以家电业为主的大型综合性现代化企业集团，是中国最具规模的白色家电生产基地和出口基地。美的集团一直保持着健康、稳定、快速的增长，在 2010 年成为年销售额突破 1 000 亿元的国际化消费类电器制造企业集团，跻身全球白色家电制造商前五名。从历史来看，美的的库存周转速度在不断提高，近年来库存管理效果显著。这说明其营运资金占用在库存上的金额减少，流动性增强，库存转换为现金、应收账款等的速度加快，企业销售效率和库存使用效率在提高。

一、夹缝中的生存之道："成本领先"战略

白色家电营销战打响以来，一边是钢材等上游原材料价格的上涨，一边是渠道库存压力的逐年递增，再加上价格大战、产能过剩、利润滑坡，过度竞争压力之下，除进行产品和市场创新外，挤压成本成为众多同类企业舍此无它的存活之道。面对行业内价格战，美的有高管指出，美的前些年对价格挑战一直没有展开全面反击，不是没有能力，而是在积极备战。"我们采取的并不是低价策略，而是整体成本领先战略。"

价格策略其实只是表象，企业整体成本优势才是根源。如果简单地将价格策略理解成降价，那么没有整体成本优势支持的降价就是无源之水，没有可持续的竞争能力。近年来，在降低市场费用、裁员、压低采购价格等方面，美的始终围绕着成本与效率，在供应链这条维系着空调企业的生死线上更是绞尽脑汁，实行"业务链前移"策略，力求用"供应商管理

库存"（Vendor Managed Inventory，简称 VMI）和"管理经销商库存"形成整合竞争优势。

二、控制供应链前端：供应商管理库存

长期以来，美的在减少库存成本方面一直成绩不错，但依然有最少 5～7 天的零部件库存和几十万台的成品库存。这一库存水平相对其他产业的优秀标杆仍稍逊一筹。

在此压力下，美的开始尝试 VMI。美的作为供应链里的"链主"，即核心企业，居于产业链上游且较为稳定的供应商共有 300 多家。其中 60% 的供货商是在美的总部顺德周围，还有部分供货商在三天以内车程，只有 15% 的供货商距离较远。在这个现有供应链之上，美的实现 VMI 的难度并不大。对于这 15% 的远程供应商，美的在顺德总部建立了很多仓库，然后把仓库分成很多片。外地供货商可以在仓库里租赁一个片区，并把零配件放到片区里面储备。美的需要用到这些零配件的时候，就会通知供应商，然后进行资金划拨、取货等工作。此时零配件的产权才由供应商转移到美的手上，而在此之前：所有的库存成本都由供应商承担。也就是说，在零配件的交易之前，美的一直把库存转嫁给供应商。

三、理顺供应链后端：管理经销商库存

在对业务链后端的供应体系进行优化的同时，美的也在加紧对前端销售体系的管理渗透。在空调、风扇这样季节性强的行业，断货或压货也是经常的事。各事业部的上千个型号的产品，分散在全国各地的 100 多个仓库里，光是调来调去就是一笔巨大的开支。而因为信息传导渠道不畅，传导链条过长，市场信息又常常误导工厂的生产，造成生产过量或紧缺。

因此，在经销商环节上，美的近年来公开了与经销商的部分电子化往来，由以前半年一次的手工性的繁杂对账，改为业务往来的实时对账和审核，运用这些信息，通过合理预测制订其生产计划和安排配送计划以便补货。也就是说，美的作为经销商的供货商，为经销商管理库存。理想的模式是：经销商基本不用备货，缺货时，美的立刻自动送过去，而不需经销商提醒。这种库存管理上的前移，可以有效地削减和精准地控制销售渠道上昂贵的库存，而不是任其堵塞在渠道中，让其占用经销商的大量资金。

四、双向挤压成本

全国数千家的经销商，要做到基本覆盖要花费一年半到两年的时间，费用相当大。但这样的方案的确能提高供应链的配套能力和协同能力。库存周转率提高一次，直接为美的空调节省超过两千万元人民币的费用。

VMI 实施后，美的在库存管理上成效显著，美的零部件库存周转率上升到 70～80 次左右，零部件库存也由原来平均的 5～7 天库存水平，大幅降低为 3 天左右，而且这 3 天的库存也是由供货商管理并承担相应成本。库存周转率提高后，一系列相关的财务"风向标"也随之"由阴转晴"：资金占用降低、资金利用效率提高、资金风险下降、库存成本直线下降。

Project 8

项目八
供应链绩效评价与风险管理

能力目标

○ 能够初步运用 KPI、BSC 等构建绩效评价指标体系。

○ 能够简单运用基于 SCOR 的供应链绩效评价模型。

○ 能够初步识别供应链的风险，并进行风险管理。

○ 能够初步开展供应链安全管理。

项目思维导图

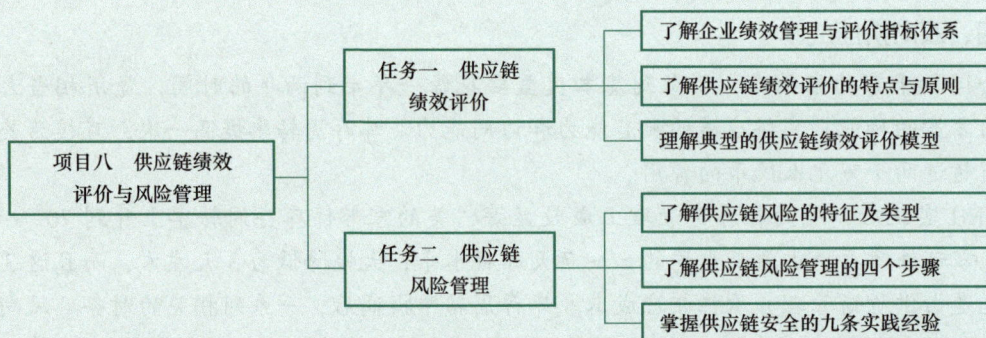

```
                                          ┌─ 了解企业绩效管理与评价指标体系
                        ┌─ 任务一 供应链 ──┼─ 了解供应链绩效评价的特点与原则
                        │    绩效评价       └─ 理解典型的供应链绩效评价模型
  项目八 供应链绩效 ─────┤
    评价与风险管理       │                  ┌─ 了解供应链风险的特征及类型
                        └─ 任务二 供应链 ──┼─ 了解供应链风险管理的四个步骤
                             风险管理       └─ 掌握供应链安全的九条实践经验
```

任务一　供应链绩效评价

供应链绩效评价

情景导入

麦当劳的供应链绩效评价分析

麦当劳是一家大型连锁快餐集团，在全世界拥有数万间分店，主要售卖汉堡包、薯条、炸鸡、汽水、冰激凌。

对麦当劳供应链进行绩效分析可以从交付绩效、反应能力、资产与库存和成本利润四个方面展开。

一、交付绩效

1990年，麦当劳进入中国内地市场。2009年，麦当劳在全国范围主力推广24小时送餐服务——麦乐送。麦乐送高度集约及无缝衔接的服务系统能够追踪每一份订单的进程，掌握从接到消费者的订餐电话直至食品送达消费者手中的每一步情况。这些物流系统的支持为麦乐送服务提供了强有力的保障，使麦当劳做到了24小时全天候送餐，即使在营业高峰时段也能实现30分钟内送达的承诺。麦当劳的订单履行率、准时交货率也因此得到了认可。

二、反应能力

麦当劳从原料到粗加工再到物流配送都是由其供应商完成的，从这个方面来说，麦当劳"仅仅是个餐厅"。麦当劳和供应商的关系，也是世界上最奇怪的"关系"。虽然大部分事情都由供应商完成，但麦当劳对供应商的影响和渗透却胜过企业自身。麦当劳有一套全球统一的产品品质规范和要求，供应商的每个生产和运输环节都一丝不苟地按照麦当劳的要求完成，分毫不差。麦当劳与其全球供应商合作伙伴的良好关系使其所在的供应链的反应能力很强，可以很好地应对需求的变动。

三、资产与库存

麦当劳降低库存水平，减少存储、传输，简化订购流程，加快库存周转率，使得其利润率较高。

四、成本利润

麦当劳的收入主要来源于房地产运营收入、加盟费和直营店的盈余三部分。麦当劳收入的1/3来自直营店，其余则来自加盟店。其中，麦当劳向加盟商收取的费用包括两部分，即加盟费和房租。虽然麦当劳的营业收入和销售收入都较高，但是净利润却较低，提高净利润无疑是麦当劳应该关注的重要环节。而导致麦当劳净利润较低的原因之一则是其成本较高。如果成本很高的话，即使有很高的销售收入，净利润也不会太高。

导入问题

1. 什么是绩效评价？有何意义？
2. 如何选取绩效评价指标？
3. 供应链绩效评价有何特点？
4. 如何有效地进行供应链绩效评价？

第一步 | 了解企业绩效管理与评价指标体系

一、绩效管理的含义

绩效管理是对绩效实现过程中各要素的管理，是基于企业战略的一种管理活动。绩效管理是通过企业战略的建立、目标分解、业绩评价，并将绩效成绩用于企业日常管理活动之中，以激励员工持续改进业绩并最终实现组织战略目标的一种管理活动。公司许多管理人员认为年末填写的那几张考评表就是绩效管理。事实上，那只是绩效考评，绩效考评是绩效管理过程中的一个环节，绩效考评绝不等于绩效管理。完整的绩效管理是包括绩效计划、绩效考评、绩效分析、绩效沟通、绩效改进等方面的管理活动。在绩效管理过程中，不仅强调达成绩效结果，更要强调通过计划、分析、评价、反馈等环节达成结果的过程。绩效管理所涉及的不仅仅是员工个人绩效的问题，还包括对组织绩效的计划、考评、分析与改进。

选择和确定什么样的绩效指标是考评中一个重要的，同时也是比较难以解决的问题。企业在实践中追求指标体系的全面和完整，针对不同的部门采用不同的绩效指标，职能部门的绩效指标是部门职责的完成情况，而员工的绩效指标则应考虑德、勤、能、绩等一系列因素，通常都做到了面面俱到。然而，在如何使考评的标准尽可能地量化且具有可操作性，并与绩效计划相结合等方面却往往考虑不周。绩效管理应该主要抓住关键业绩指标，针对不同的员工建立个性化的考评指标，将员工的行为引向组织的目标方向，太多和太复杂的指标只能增加管理的难度和降低员工的满意度，影响对员工行为的引导作用。

二、绩效管理的关键——关键业绩指标体系

1. 关键业绩指标的含义

关键业绩指标（Key Performance Indication，KPI），是通过对组织内部某一流程的输入端、输出端的关键参数进行设置、取样、计算、分析，衡量流程绩效的一种目标式量化管理指标，是把企业的战略目标分解为可运作的远景目标的工具，是企业绩效管理系统的基础。KPI 是现代企业中受到普遍重视的业绩考评方法，可以使部门主管明确部门的主要责任，并以此为基础，明确部门人员的业绩衡量指标，使业绩考评建立在量化的基础之上。建立明确、切实可行的 KPI 指标体系是做好绩效管理的关键。

2. 建立 KPI 指标体系应遵循的原则

（1）目标导向。即 KPI 必须依据企业目标、部门目标、职务目标等来进行确定。

（2）注重工作质量。因工作质量是企业竞争力的核心，但又难以衡量，因此，对工作质量建立指标进行控制特别重要。

（3）可操作性。KPI 必须从技术上保证指标的可操作性，对每一指标都必须给予明确的定义，建立完善的信息收集渠道。

（4）强调输入和输出过程的控制。设立 KPI，要优先考虑流程的输入和输出状况，将二者之间的过程视为一个整体，进行端点控制。

3. 确定 KPI 的重要原则

确定 KPI 有一个重要的 SMART 原则，SMART 是 5 个英文单词首字母的缩写：S 代表具体（Specific），指绩效考核要切中特定的工作指标，不能笼统；M 代表可度量（Measurable），指绩效指标是数量化或者行为化的，验证这些绩效指标的数据或者信息是可以获得的；A 代表可实现（Attainable），指绩效指标在付出努力的情况下可以实现，避免设立过高或过低的目标；R 代表现实性（Realistic），指绩效指标是实实在在的，可以证明和观察；T 代表有时限（Time bound），注重完成绩效指标的特定期限。

4. 建立 KPI 指标的工作要点

（1）明确企业的战略目标，并在企业会议上利用头脑风暴法和鱼骨分析法找出企业的业务重点，也就是企业价值评估的重点。

（2）用头脑风暴法找出这些关键业务领域的 KPI，即企业级 KPI。

（3）各部门的主管需要依据企业级 KPI 建立部门级 KPI，并对相应部门的 KPI 进行分解，确定相关的要素目标，分析绩效驱动因素（技术、组织、人），确定实现目标的工作流程，以便确定评价指标体系。

（4）各部门的主管和部门的 KPI 考核人员一起再将部门级 KPI 进一步细分，分解为更细的 KPI 及各职位的业绩衡量指标。这些业绩衡量指标就是员工考核的要素和依据。这种对 KPI 体系的建立和测评过程本身，就是统一全体员工朝着企业战略目标努力的过程，也必将对各部门管理者的绩效管理工作起到很大的促进作用。

（5）指标体系确立之后，还需要设定评价标准。一般来说，指标指的是从哪些方面衡量或评价工作，解决"评价什么"的问题；而标准指的是在各个指标上分别应该达到什么样的水平，解决"被评价者怎样做，做多少"的问题。

（6）最后必须对 KPI 进行审核。比如，审核这样的一些问题：多个评价者对同一个绩效指标进行评价，结果是否能取得一致？这些指标的总和是否可以解释被评估者 80% 以上的工作目标？跟踪和监控这些 KPI 是否可行？等等。审核主要是为了确保这些 KPI 能够全面、客观地反映被评价对象的绩效，而且易于操作。

三、经典的企业绩效评价体系——平衡计分卡

1990 年，哈佛商学院教授罗伯特·S. 卡普兰（Robert S. Kaplan）和戴维·P. 诺顿（David P. Norton）提出"全方位绩效看板"的研究计划，并最终于 1992 年在《哈佛商业评论》上发表了一篇文章，题为《平衡计分卡：企业绩效的驱动》。按照卡普兰和诺顿的观点，平衡计分卡（Balanced Score Card，BSC）是一套系统评价和激励企业绩效的方法，共由四项指标组成：财务、客户、内部运营和学习与成长，其核心思想如图 8-1 所示。

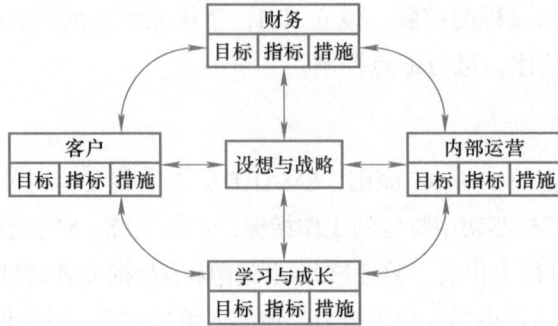

图 8-1　平衡计分卡核心思想

（1）财务指标：财务层面的指标有营业收入、资本报酬率、经济增加值等。

（2）客户指标：客户层面的指标通常包括客户满意度、客户获得率、客户盈利率，以及在目标市场中所占的份额。

（3）内部运营指标：管理者需确认组织擅长的关键的内部流程，使各种业务流程满足股东对财务回报的期望。

（4）学习与成长指标：这一指标涉及员工满意度、员工保持率、员工培训和技能等。管理者应优先创造一种支持企业变化、革新和成长的氛围。

这四个方面要平衡兼顾短期目标和长期目标、理想结果和结果驱动因素、客观目标和主观目标，它们可以科学地衡量企业包括客户关系、创造能力、质量水平、员工积极性、数据库和信息系统等在内的无形资产在创造持续的经济价值方面所起的作用。因此，平衡计分卡不仅是一种企业绩效衡量工具，更是一种以系统性的过程来实施企业战略和获得与其有关的反馈的管理系统。

四、标杆管理法

标杆管理法是美国施乐公司于 20 世纪 70 年代末首次确立的经营分析方法，定量分析公司现状与其他公司现状，并加以比较，后来经过美国生产力与质量中心进行了系统规范化。标杆管理法是一个持续的过程，是将那些出类拔萃的企业作为企业测定基准，以它们为学习的对象，迎头赶上，并进而超越。一般来说，标杆管理法除要求测量相对优秀的企业的绩效外，还要发现这些优秀公司是如何取得这些成就的，利用这些信息作为改善企业绩效的目标、战略和行动计划的基准。值得指出的是，这里的优秀公司并非一定是同行业中的佼佼者，它也可以是那些在某项业务活动中已取得出色成绩的企业。

标杆管理法有如下四种标杆化方式：内部标杆化、竞争性标杆化、功能性标杆化和综合标杆化。每种方式要涉及两个关键工作：

（1）寻找业界最佳业绩标准作为参照的基准数据（如客户满意度、劳动生产率、资金周转速度等）。

（2）确定最佳业绩标准后，企业需以最佳业绩标准为指引，确定企业成功的关键领域，通过各部门及员工持续不断的学习与绩效改进，缩小与最佳基准之间的差距。

标杆管理法的成功实施受到多种因素的影响，关键性的因素有以下几个：

1. 企业高层领导的支持

高层领导的大力支持是标杆法成功实施最为关键的因素。

2. 全员参与

绩效标杆必须成为能为企业全体人员所接受的实实在在的过程，而不能搞形式主义，全体人员必须把绩效标杆看作建立企业竞争战略的长久措施。

3. 数据准确有效

企业必须注意搜集有关数据。首先要了解哪些企业是第一流的，然后要分析为什么这些企业能够成为第一流的企业，最后还要确定标杆实施效果的定量分析方法。标杆化过程的成功实施依赖于细致、准确的数据和信息处理，这是整个标杆实施过程的一个重要组成部分。

在标杆化过程中，为了详细而准确地收集数据，其中一个主要任务就是确定数据来源。一个较为常用的方法是从商业期刊或者图书馆的资料库获得相关数据和信息。商业期刊及其他出版物经常报道一些经营或管理出色的企业，其中就有关于该企业的绩效评估等内容。学术研讨会和行业的交流会也是很好的信息来源，这些会议通常就不同的主题进行讨论，交换思想。一些处于领先地位的企业经常被邀请做报告，通过这些会议可以获得哪些企业是最优秀的线索，因此，企业管理人员要经常参加各种学术会议或研讨会之类的活动。

4. 正确确定超赶对象

了解自身的业务和业务中存在的优势与劣势，了解行业领先者及竞争对手，认清自身的竞争力，使用适当的标杆管理法方式，学习最优者，获得优势并超过标杆对象。

🪐 第二步 ｜ 了解供应链绩效评价的特点与原则

一、供应链绩效评价的特点

相对于企业绩效评价体系而言，供应链评价体系更加复杂，不能将对单个企业的评价直接移植到对供应链的绩效评价上。在供应链系统中，企业内部各部门的利益和目标经常是相互冲突的，没有一个指标能够反映企业内部供应链的效率。供应链上各企业的利益和目标也是相互冲突的，很少有跨企业的绩效指标能反映整个供应链的状况。供应链是一个动态系统，它随时间和地点的变化而变化。市场需求在变，供应商的能力和关系在变，企业内部各部门的能力和协调也在变。因此，供应链运作绩效评价也必须是动态的和经常性的。

一个好的供应链运作绩效评价系统应具有以下三个特点：

（1）供应链运作绩效评价体系必须是一个综合性的多指标体系。它运用多个不同的指标来反映供应链不同的绩效。这些指标还具有相互冲突的性质。企业在运用这些指标时，还需要根据企业的战略目标来有所侧重。

（2）供应链运作绩效评价体系必须是全面的。全面在这里指的是它必须既能描述企业供应链的整体情况，又能刻画供应链各具体环节的运作。供应链的整体指标用来反映企业供应链的整体绩效，而供应链环节的分解指标则为诊断供应链问题提供工具。

（3）供应链运作绩效评价体系必须是量化的，而不是定性的、不可测量的。常见指标有财务的和非财务的。只有量化的指标才有助于不断地测量和监视。供应链运作绩效评价系统应该包含一些最佳供应链实践和技术手段。最佳供应链实践指的是在某些供应链环节上能采用的最好做法。技术手段指的是最佳供应链实践中采用的技术和工具（如特定的信息系统等）。

二、供应链绩效评价的意义

加入 WTO 后，我国企业面临着必须大幅度提升企业竞争力的压力。我们必须要对我们的供应链进行改进。要改进我们的供应链，我们需要知道供应链运作的情况如何，需不需要改进、哪里需要改进，以及有什么手段可供选择。供应链运作绩效评估体系就是我们解决这些问题的主要手段。具体来说，供应链运作绩效评估体系有以下四个作用。

（1）了解和监视供应链运作现状。

（2）诊断供应链的问题和寻找供应链改进机会。

（3）确定供应链改进的目标和手段。

（4）评价改进供应链的效果并对继续改进提供方向。

供应链绩效是指供应链各节点成员企业通过信息协调和共享，在供应链基础设施、人力资源和技术开发等内外资源的支持下，通过物流管理、生产、市场营销、客户服务、信息支持、产品开发及商业化等活动增加和创造价值的总和。供应链绩效评价是供应链管理的重要内容，对确定供应链目标的实现程度和提供决策支持具有重要意义。

评价体系应该随着组织结构的改变而改变，不应该成为组织发展的阻力。传统的企业绩效评价体系并不能完全适应供应链管理的需要，必须建立新的绩效评价体系。建立有效的供应链管理绩效评价体系，对有效地监督资源和优化配置资源起着非常重要的作用。

三、供应链绩效评价的目标及作用

1. 供应链绩效评价的目标

（1）判断各方案是否达到了各项预定的性能指标，能否在满足各种内外约束条件下实现系统的预定目标。

（2）按照预定的评估指标体系评出参评方案的优劣，做好决策支持。

2. 供应链绩效评价的作用

（1）对整个供应链的运行效果做出评估。对整个供应链进行评估的目的是通过绩效评价而获得对整个供应链的运行状况的了解，找出供应链运作方面的不足，及时采取措施予以纠正，为供应链在市场中存在、组建、运行或撤销的决策提供必要的客观依据。客观评价原有供应链可以及时发现原有供应链的缺陷和不足，以帮助提出相应的改进方案。

（2）对供应链内企业运行及合作关系做出评估。主要考察供应链的上游企业（如供应商）对下游企业（如制造商）的质量，从客户满意度的角度评估上下游企业之间的合作伙伴关系的好坏，对供应链内各节点成员企业做出评估。

（3）作为供应链业务流程重组的评价指标，建立基于时间、成本和绩效的供应链优化体系；寻找供应链约束和建立有效激励机制的参照系，同时也是建立标杆活动、标杆供应链体系的基准。

四、供应链绩效评价指标的设计原则

埃森哲公司认为，供应链绩效评价指标的设计必须有利于在组织中激励正确的行为。如图 8-2 所示，设计出的供应链指标体系能够通过激励组织中正确的行为，确保企业在不同的分流程取得它想要得到的结果。埃森哲公司强调了供应链绩效评价指标设计必须遵循的几项基本原则：可度量、可控制、和公司目标一致、反映公司战略、全面反映流程、可持续及时地汇报、支持可持续发展等。

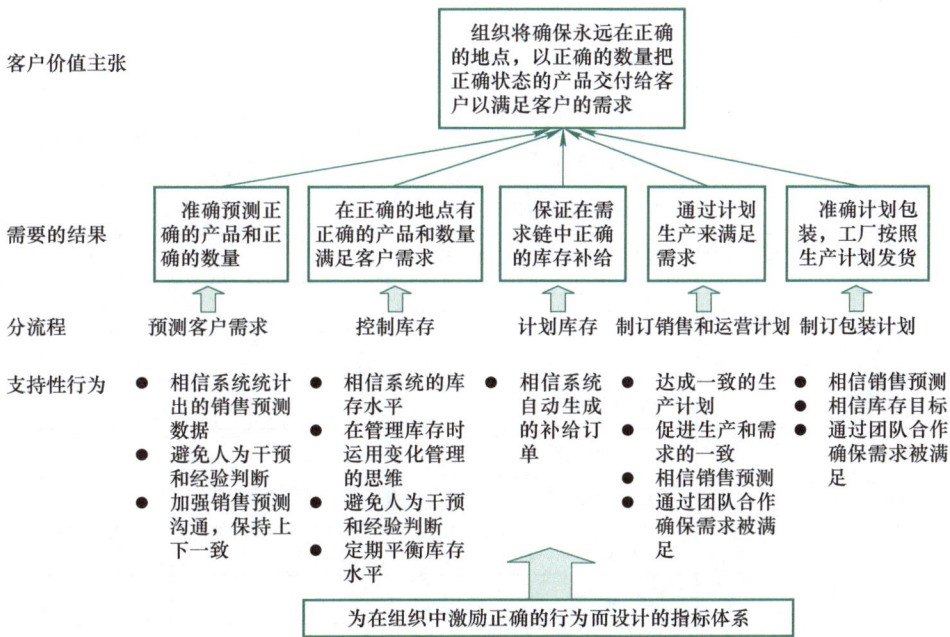

图 8-2　埃森哲公司供应链绩效评价指标体系简图

反映供应链绩效的评价指标有其自身的特点，其内容比现行的企业衡量更为广泛。它不仅代替会计数据，同时还提出一些方法来测定供应链的上游企业是否有能力及时满足下游企业或市场的需求。在实际操作上，为了能有效衡量供应链绩效，应遵循如下原则：

（1）应突出重点，对关键绩效指标进行重点分析。

（2）应采用能反映供应链业务流程的绩效指标体系。

（3）评价指标要能反映整个供应链的运营情况，而不是仅仅反映单个节点企业的运营情况。

（4）应尽可能采用实时分析与评价的方法，把绩效度量范围扩大到能反映供应链实时运营的信息上去，因为这要比仅做事后分析有价值得多。

🪐 第三步 | 理解典型的供应链绩效评价模型

一、基于 BSC-SC 模型的供应链绩效评价模型

马士华、李华焰、林勇在卡普兰和诺顿的平衡计分卡基础上提出了改进的平衡供应链计分卡（Balance Supply Chain Scorecards，BSC-SC）法，以及相应的评价指标。该模型的评价包含四个角度：供应链内部运作、客户导向、未来发展和财务价值，如表 8-1 所示。BSC-SC 模型的核心思想反映在一系列指标间形成平衡，即短期目标和长期目标、财务指标和非财务指标、滞后型指标和领先型指标、内部绩效和外部绩效之间的平衡。

表 8-1 基于 BSC-SC 模型的供应链绩效评价模型

评价角度	指标
供应链内部运作	供应链有效提前期率
	供应链生产时间柔性
	供应链持有成本
	供应链目标成本达到比率
客户导向	供应链订单完成的总周期
	客户保有率
	客户对供应链柔性响应的认同
	客户价值率
未来发展	产品最终组装点
	组织之间的共享数据占总数据量的比重
财务价值	供应链资本收益率
	现金周转率
	供应链的库存天数
	客户销售增长及利润

二、基于 3A 模型的供应链绩效评价模型

该模型由斯坦福大学教授李效良（Hau L.Lee）提出，他在 15 年中对包括沃尔玛、百思买和玛莎等在内的 60 多家注重供应链管理的领先公司进行了研究，发现一流的供应链具备三大特点：反应敏捷（Agile）、适应性强（Adaptable）、能让各方利益协调一致（Aligned），即 3A。他认为，只有建立起了 3A 供应链的企业，才能持续获得竞争优势。因此 3A 模型的评价维度为敏捷性、适应性、协调一致性，如表 8-2 所示。

表 8-2　基于 3A 模型的供应链绩效评价模型

一级指标	二级指标	三级指标
敏捷性	供应链的反应速度	提前订货期
		缺货率
	物流系统效率	完成订单的准确率
		库存周转率
		物流成本
	供应链沟通能力	订单处理方式
		信息共享程度
		能否实现信息跟踪和实时提醒
适应性	市场占有能力	市场占有率与成长性
		顾客需求预测准确性
		商品柔性（一定时期内上架新单品种类占总单品种类的比率）
		供应商数量与分布
		配送中心数量与分布
	财务状况	流动资金周转率
		商品毛利率
		净资产收益率
		资产负债率
	人力资源状况	员工流动比率
		员工素质产业适应性
协调一致性	合作伙伴业务协同能力	是否有明确的业务执行标准
		供应商（或第三方物流商）准时交货率
		供应商产品合格率
	顾客满意度	顾客退货率
		顾客投诉处理率
		顾客回头率
	价值共享	是否有明确的合作战略
		是否对合作伙伴有明确的奖惩激励
		供货商对渠道费用的满意度

三、基于 SCOR 模型的供应链绩效评价模型

基于 SCOR 模型的供应链绩效指标分为以下两类：

（1）面向顾客的指标。它们从顾客的角度来看待供应链的整体运作，反映了供应链对顾客的价值。这类指标包括供应链的可靠性、供应链的反应速度和供应链的柔性。

（2）面向企业内部的指标。它们从企业的角度来看待供应链的运作。这类指标包括供应链成本和供应链资产管理效率。

表 8-3 列出了基于 SCOR 模型的供应链绩效评价指标。

表 8-3　基于 SCOR 模型的供应链绩效评价指标

基于 SCOR 模型的供应链绩效指标类型	供应链整体绩效指标亚类	具体指标
面向顾客的指标	供应链的可靠性	按时供货完成率[①]
		即时供货率
		完美订单完成率[②]
	供应链的反应速度	完成订单的提前期[③]
	供应链的柔性	供应链对市场的反应周期
		生产周期
面向企业内部的指标	供应链成本	单位销售所需的成本
		供应链的总成本
		附加价值的劳动生产率
		保修 / 退货的处理成本
	供应链资产管理效率	回款周期
		所需库存天数
		资产周转率

[①] 按时供货完成率是按时完成订单的比率，而即时供货率指的是能够直接用库存满足的订单比率。即时供货率越大，供应链越可靠，但所需库存也越大，成本也越大。

[②] 完美订单完成率是指订单在没有任何差错的情况下完成的比率。完美是指订单处理、发货质量和数量等都无差错。完美订单完成率越高，供应链越可靠，成本越低，周期越短。

[③] 完成订单的提前期决定了供应链的反应速度。

四、主流供应链绩效评价模型的比较分析

主流供应链绩效评价模型的比较分析如表 8-4 所示。

表 8-4　主流供应链绩效评价模型的比较分析

比较项目		基于 SCOR 模型的供应链绩效评价模型	基于 BSC-SC 模型的供应链绩效评价模型	基于 3A 模型的供应链绩效评价模型
针对行业		制造业	偏重制造业	零售业
理论背景		流程导向，以流程为中心	基于兼顾财务和非财务指标的平衡计分卡理论	3A 供应链理论
指标选择		按 SCOR 模型分解的指标体系	按 BSC-SC 模型，从供应链运作、客户导向、财务价值、未来发展四个方面进行指标分解	基于 3A 模型分解的综合指标
评价效度	客观程度	好	较好	一般
	执行成本	较低	较高	较低
	责任落实	指标较容易分解到岗位	指标较难分解到岗位	指标较容易分解到岗位

同时，当前主流的供应链绩效评价体系也存在不足之处，主要表现在以下几个方面：

（1）绩效评价很少与战略挂钩，绩效目标与供应链上各企业的战略目标缺乏有效衔接，供应链绩效的改进很难为企业所服务，从而导致实践应用效果差。

（2）绩效评价指标的数据来源于财务结果，在时间上略为滞后，不能反映供应链动态运营情况。

（3）绩效评价指标主要评价企业职能部门工作的完成情况，不能对企业业务流程进行评价，更不能科学、客观地评价整个供应链的运营情况。

（4）现行企业绩效评价指标不能对供应链的业务流程进行实时评价和分析，而是侧重于事后分析，因此，当发现偏差时，偏差已成为事实，其危害和损失已经造成，并且往往很难补偿。

（5）部分绩效评价模型的评估指标数量过多，取数有难度，较难操作落实。

拓展阅读

突破供应链瓶颈，实现绩效飞跃：弗莱克斯特罗尼克斯国际公司与 Mopar 公司的实践之路

供应链绩效管理是一种综合的管理方法，涉及采购、制造、分销、物流、设计、融资等多个方面。弗莱克斯特罗尼克斯国际公司是一家电子制造服务（EMS）提供商。弗莱克斯特罗尼克斯国际公司利用供应链绩效管理提高采购灵活性，包括用网络软件实施系统装备供应链绩效管理循环，不断比较合同条款内容和经许可的供应商名单，甄别出生产运营的例外情况。同时理解导致这些例外情况的根本原因和潜在的替代性方法，并采取改变供应商的行动，修正超额成本和调节谈判力量。该公司通过以下方法实现了供应链绩效管理：

（1）改善交易流程和数据存储。通过安装交易性应用软件，快速减少数据冗余和错误。例如，产品和品质数据能够通过订单获得，并且和库存状况及消费者账单信息保持一致。

（2）规范操作流程。将诸如采购、车间控制、仓库管理和物流等操作流程规范化、流程化。主要是通过供应链实施软件诸如仓库管理系统等实现的，分销中心能使用这些软件接受、选取和运送订单货物。

（3）实施基于 Web 的软件系统。加速供应链绩效管理的周期，识别异常绩效。该公司系统根据邮政汇票信息连续比较了合同条款和被认可的卖主名单。如果卖主不是战略性的或者订单价格是在合同价格之上的，系统就提醒买方。

通过这种方法，弗莱克斯特罗尼克斯国际公司在 8 个月内节约了几百万美元，最终在第一年就产生了显著的投资回报。

此外，戴姆勒克莱斯勒集团的 Mopar 零件集团负责美国和加拿大地区汽车零配件的分销。Mopar 零件集团通过削减安全库存和不必要的"过期"（不可能被接受）运输，每年节约数百万美元的成本。在第一年，戴姆勒克莱斯勒集团就将决策周期从几个月缩短到几天，减少了超额运输成本，将补货率增加一个百分点，还节约了 1 500 万美元存货。Mopar 零件集团实现供应链绩效管理的方法主要包括以下几个方面：

（1）设定明确的目标和指标。Mopar 零件集团确定了与供应链绩效相关的关键目标和指标，如库存水平、补货率、运输成本等。这些目标和指标为评估和改进供应链绩效提供了明确的方向。

（2）监测和分析供应链数据。通过使用先进的信息系统，Mopar 零件集团能够实时监测和分析供应链数据，包括需求预测、库存状况、运输时间等。这些数据为识别问题和制定决策提供了依据。

（3）优化供应链流程。Mopar 零件集团对采购、生产、分销等供应链流程进行优化，以提高效率和降低成本。例如：通过与供应商合作，实现准时交货和降低采购成本；通过优化仓库布局和运输路线，减少运输时间和成本。

（4）实施绩效考核和激励机制。Mopar 零件集团建立了绩效考核体系，对供应链各环节的绩效进行评估和奖励，激励员工积极参与供应链绩效管理。

（5）持续改进和创新。Mopar 零件集团不断寻求改进供应链绩效的方法，如采用新技术、改进物流管理等。同时，鼓励员工提出创新性的想法和建议，以推动供应链的持续发展。

任务二　供应链风险管理

供应链风险管理

情景导入

苏伊士运河遭"锁喉"，全球经济命脉"中断"

2021 年 3 月，一艘船舶横在非洲苏伊士运河距离南端河口的 6 海里处，堵死了这条世界贸易大动脉。这条宽度仅仅 300 米，长度不足 160 多公里的海上"咽喉"，可以让亚洲到欧洲的航程缩短近 8 000 公里，时间缩短 7 ~ 10 天。由于该船的堵塞，导致苏伊士运河最高船舶等待数达 367 艘。

导入问题

1. 什么是风险管理，为什么要进行风险管理？
2. 供应链风险的来源有哪些？
3. 如何进行供应链风险管理？

第一步 | 了解供应链风险的特征及类型

一、供应链风险的特征

供应链风险管理是指运用风险管理方法和工具，采取有效的识别、评估、监控、防范、化解等风险管理措施，协调供应链上各成员，在平衡成本、效率等绩效基础上，力图降低供应链风险事件或不确定性发生的概率和不利影响，或在风险发生后最大限度地减少损失并尽快恢复原状。与一般的风险相比，供应链风险具有以下特征：

1. 客观性和必然性

无论是自然灾害导致的风险，还是人类社会的人文因素导致的风险（如经济周期波动造成的系统风险），都是不以人类的主观意志为转移而客观存在的。因此，供应链风险的发生是一种本质的、必然的和客观存在的现象，人们只能通过主观能动性不断地加强自身对供应链风险的认识，遵循供应链风险的规律，趋利避害，不断降低供应链风险。

2. 不稳定性

供应链系统是一个复杂的系统，是一个包含从供应商到零售商，再到消费者的整个动态网络结构。供应链的运营受到企业内外部各种因素的影响。很多风险因素难以识别，但随着内外部环境和资源的变化，这种不确定因素会逐渐凸显出来。因此，供应链的风险往往是伴随着企业的经营发展不断出现的，具有较强的不稳定性。

3. 传递性

供应链风险在供应链节点企业之间及供应链的各个环节之间彼此依赖，相互影响。

供应链上任何一个环节出现问题，都可能波及其他环节，进而影响整个供应链的正常运作。供应链中非常典型的"牛鞭效应"便是由这种传递性引起的。传递性会利用供应链系统中的依赖性，促使供应链风险对整个系统内的企业造成破坏，并将损失也逐步蔓延到上下游企业。

4. 此消彼长性

各个风险之间往往是互相联系的，一种风险的消失很可能会造成另一种风险的加剧。

例如，库存持有风险和缺货风险就是一对此消彼长的风险，若库存持有过多，就会造成物资的库存积压，占用过多的库存资金。但实践中经常会出现企业由于缺货造成供应链中断，导致企业失去市场有利地位的现象。

5. 复杂性和层次性

一方面，供应链中的企业是相互影响、相互依赖的，尤其是社会分工的专业化使企业与外部的联系更加紧密，导致供应链风险的来源呈现复杂性的特征；另一方面，供应链的结构呈现层次化，即供应链中企业的地位是呈现层次化的，整个系统中往往存在一个核心企业，其他相关企业都围绕着核心企业而进行运作。不同层次的供应链成员对供应链运作影响程度不同，同样的风险对不同层次的供应链成员的影响程度也不同。

二、供应链风险的分类

有效的风险分类是企业进行供应链风险管理的前提条件，只有对风险进行了有效的分类，企业才能对风险进行有效的识别。现有的学者们对于供应链风险的分类观点各持己见。梅森·琼斯（Mason Jones）和图威尔（Towil）将供应链风险源分为环境风险源、需求风险源、供给风险源、程序风险源、控制风险源。科林多弗尔（Kleindorfer）和萨阿德（Saad）将供应链风险分为两大类，其中一类是调节供给和需求一致性的风险，另一类是对供应链正常运营造成的风险，如自然灾害、社会突发事件。尤特纳（Juttner）等把供应链风险分为三类：外部供应链风险、内部供应链风险和相关网络风险，其中，又将外部供应链风险划分为自然、政治、市场风险；将内部供应链风险划分为员工罢工、产品故障及信息技术不确定性造成的风险；将相关网络风险定义为供应链内外部企业之间的合作性风险。

综合上述研究，本书认为供应链作为一个由多个组织共同构成的系统，应该将供应链风险划分为外部供应链风险、内部供应链风险和网络风险，如图 8-3 所示。

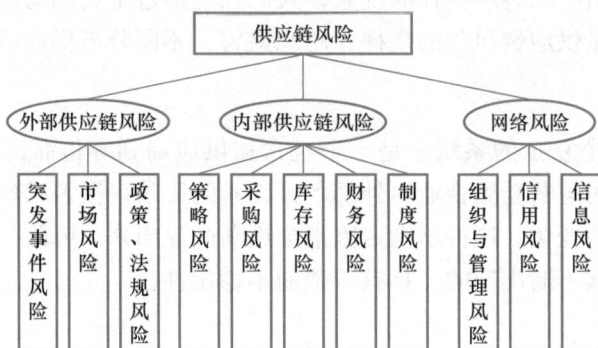

图 8-3　供应链风险分类

1. 外部供应链风险

（1）突发事件风险。突发事件风险主要包括自然灾害和社会突发性事件。

1）自然灾害是指自然界的各种灾害，它给供应链系统带来的风险主要有水灾、雪灾、火山爆发、山体滑坡、火灾、地震、闪电、雷击、风暴、陨石等。

2）社会突发性事件主要是指由于人类行为所引起的灾害，如战争、社会解体性事件等。这些事件往往会造成社会基础设施、交通运输的重大破坏，从而为企业货物和商品的流通带来不利影响，严重时会引起整个供应链的瘫痪。

（2）市场风险。市场风险是指由于产业变更、新技术的发展、客户需求的不确定性等因素所带来的供应链风险。伴随着科学技术的发展、产品更新换代的速度不断加快，消费者个性化需求越来越强，若企业不能够提高产品创新能力，将会面临较大的市场风险。

（3）政策、法规风险。政策、法规风险是指国家对企业宏观经济政策、法律法规等的调整所造成的供应链风险的发生。例如，当经济出现疲软时，国家会制定相对宽松的财政政策与货币政策，刺激企业进行筹资活动，企业就会用筹集的资金扩大再生产、增加相应的固定资产投资，进而导致企业信贷风险的增加。

2. 内部供应链风险

（1）策略风险。策略风险是在供应链的建立和合作中需要考虑的重大问题，如供应商选择策略（包括战略合作伙伴、重要合作伙伴关系、一般合作伙伴关系等）、采购策略（如采购方式的选择：招标管理、框架＋订单采购、定向采购等）、下游分销商的选择策略（包括产品定价、渠道选择、促销策略等）等。

（2）采购风险。采购活动在供应链管理活动中起着至关重要的作用，企业必须要以合适的成本、在合适的时间将产品或服务采购给需求部门。而采购的每个环节都包含着风险，比如采购需求计划的审批若未结合企业库存和消费者需求，就会造成库存风险；若采购效率过低，不能按时将需求部门所需产品送达指定地点，就会造成停工待料的风险。

（3）库存风险。库存风险包含两个方面。一方面是库存积压风险，若库存过多，就会造成大量库存积压，不仅占用大量的库存资金，还会造成库存物资的过期、变质等，给企业造成较大损失。另一方面，若企业库存过少，就容易造成需求物资短缺，尤其是面临需求多变的需求市场，若不能有效地满足消费者需求，会极大地影响客户忠诚度，造成企业市场占有率的下降。

（4）财务风险。供应链上合作企业在实现成本、库存等方面的信息共享后，会降低企业的议价能力，同时也会将风险分摊给供应链成员。例如，企业在推行 VMI 的过程中，生产企业要求供应商在制造基地附近建立相应的库存点并进行库存管理，这样就会增加供应商的管理成本，若制造商不给予供应商一定的盈利空间，或不能保证库存物资的有效流动性，都会给上游供应商带来库存风险和库存成本，不利于供应链合作关系的长期发展。

（5）制度风险。供应链管理包含错综复杂的运作流程，必须要有一套完备的制度流程规范来对供应链管理活动进行约束，尤其是在招标的组织、招标的决策等环节，若缺乏明确的规定，则极易发生供应链风险。另外，企业应加强供应链各环节流程之间的接口管理，这些流程包括需求管理流程、采购流程、生产计划流程、出入库流程、发运流程、供应商管理流程等。

3. 网络风险

（1）组织与管理风险。由于各个伙伴有各自不同的企业文化和管理模式，因而在相互协作中可能会出现一些在管理和组织方面的冲突，这些冲突如果解决不好，有可能使得组织协调失衡，管理失控，最终导致供应链组织的失败。同时，供应链模式要求在快速多变的供应链环境下，供应链成员企业能灵活地根据需要快速调整，如果供应链成员企业，特别是核心企业的组织结构不能与整个供应链的要求相适应，也将会影响供应链组织的运作。

（2）信用风险。供应链的成员，尤其是一般性供应商往往具有较强的逐利性，供应链成员间主要是一种合同关系，若在供应商选择的过程中未能有效地识别供应商的资信水平，会导致供应链合作伙伴出现违约、弄虚作假、欺骗其他供应链成员或泄露合同机密等行为的发生，这些情况都将给供应链带来无法挽回的损失。

（3）信息风险。随着供应链上成员企业越来越多，网络结构会越来越复杂，会对供应链造成多重影响。

1）信息传递的时效性和信息传达的准确性会受到较大的影响。在需求信息从下游企业不断地传递到上游企业的过程中，各个环节的需求信息会被逐级放大，即"牛鞭效应"，在牛鞭效应的影响下，上游企业为了满足下游企业的需求，总会持有比下游企业更多的库存，从而造成较大库存风险。

2）供应链信息接口风险。供应链成员企业要实现信息的有效传递和共享，就必须建立统一的信息技术平台或信息接口，但实际中不同的供应链成员间所使用的硬件、软件工具和信息技术标准等都存在较大差异，信息共享性较差。另外，信息的传递过程中也会涉及数据的加密、解密和病毒防御等安全问题。

🪐 第二步 | 了解供应链风险管理的四个步骤

供应链风险管理（Supply Chain Risk Management，SCRM）是一个交叉性理论，它是结合供应链管理、企业管理和风险管理的特点进行分析总结得出的。一般而言，供应链风险管理的过程主要分为四个步骤，包括供应链风险识别、供应链风险衡量、供应链风险评价和供应链风险决策与控制。其中，风险衡量通过量化单个风险发生的概率及其风险的发生所引起的损失值来确定；风险评价是判断各风险所带来的损失，并确定损失的严重程度，最后加以排序。这两个步骤关系密切，往往同时进行，所以，它们合并构成了供应链风险评估。供应链风险管理流程如图 8-4 所示。

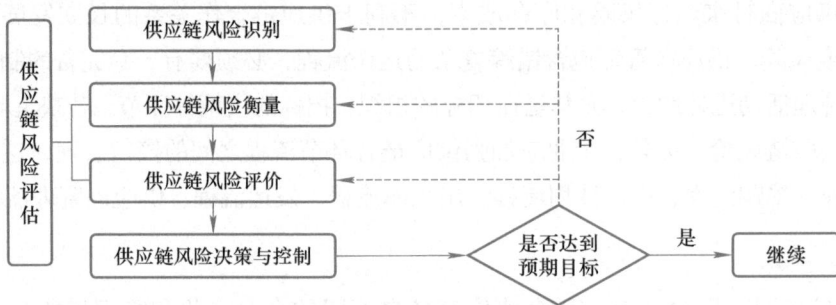

图 8-4　供应链风险管理流程图

一、供应链风险识别

供应链风险识别（Identification of Supply Chain Risk），即通常所说的供应链风险确认。作为风险管理能够高质量运作的基础，供应链风险识别应该具备准确、高效、完整的特性。要想实现这一过程，首先应确定整条供应链上所有的参与主体及其过程环节在其所处环境中可能存在的相关风险，然后具体分析各风险的特征，最后找出风险源以及关联因素。

二、供应链风险衡量

供应链风险衡量（Measurement of Supply Chain Risk）主要是指在供应链成员企业合作过程中，运用主观、客观或者是主客观相结合的方法，量化供应链各个环节中单个风险事件发生的概率及风险事件发生后对供应链的影响结果和影响程度。

三、供应链风险评价

供应链风险评价（Assessment of Supply Chain Risk）是供应链风险管理中一项重要而又复杂的艰巨任务，主要是建立供应链风险指标评价体系，采用定性分析与定量分析相结合的方法将已识别出的风险量化，确定其发生的概率和发生后对节点企业及整条供应链的影响程度，然后从供应链整体出发对其面临的风险进行排序，确定供应链的整体风险或者供应链面临的主要风险，对其有一个较好的评价，为后续工作提供方便。

四、供应链风险决策与控制

供应链风险决策与控制（Decision & Control of Supply Chain Risk）是供应链风险管理的实施阶段，主要是通过一系列合理有效的管理方法、决策技术以及规章制度来有效降低或消除供应链风险带来的影响，使供应链能够持续良好地运作；根据供应链风险评价的结果对供应链风险进行有针对性的实时监控，取得快速反应、快速治理的效果，并实时反馈，动态管理供应链面临的各种风险。

第三步 ｜ 掌握供应链安全的九条实践经验

从本质上讲，供应链安全就是管理威胁供应链各部分及其参与者的风险。对于企业而言，这意味着识别、分析和弄清楚如何降低与不同供应商、其他服务提供商合作的风险。供应链安全包括物理安全和网络安全，后者的作用越来越大。

由于当前供应链正变得越来越全球化，因此面临攻击的风险也越来越大。供应链攻击是针对供应链任何元素的攻击，旨在损害部门、企业甚至整个行业。这些攻击包括数据泄漏、勒索软件攻击，以及来自不良行为者的许多其他恶意活动。此类攻击的影响是可怕的：在 2021 年，数据泄露的全球平均成本估计为 4 万美元。为了进行供应链攻击，攻击者通常针对供应链中最薄弱的环节，包括缺乏强大网络安全态势的小型供应商或下游客户。虽然这看起来微不足道，但即使是与小型第三方供应商发生的一次安全事件也可能对更大的供应链造成严重破坏。通过仅由一方的渗透，攻击者可以引发多米诺骨牌效应，破坏更大的供应链的稳定。

许多组织正在将注意力转向供应链安全框架，如 NIST 框架。这些框架旨在帮助组织了解供应链安全的主要支柱，以便他们能够识别网络安全风险并采取措施缓解这些风险，并为发生攻击时采取的措施做好准备。虽然网络安全框架提供了一般供应链安全要求的良好概述，但它们几乎没有提供详细的执行计划。供应链企业应该注意寻找适合自己的供应链安全最佳实践，其中有以下九条实践经验可以借鉴。

一、首先要了解自身的数据

这听起来很简单，但不容忽视：必须先了解自己的数据，即自身组织存储哪种数据以及该数据的敏感程度。为此，请使用分类工具查找组织中具有敏感数据（如客户数据、财务信息、健康记录等）的数据库和文件。接下来，考虑以下事项：哪些数据需要保护？谁有权访问此数据？已经采取了哪些安全措施？

二、全面进行供应链安全风险评估

仅仅了解数据是不够的，还需要全面了解组织的供应链，以便识别可能的安全风险并采取措施防止它们。首先收集有关第三方合作伙伴的信息。他们采取了哪些网络安全措施？考虑每个合作伙伴的漏洞级别、访问数据的广度和深度，以及如果他们的安全性受到威胁，对有什么影响。接下来，评估组织使用的软件和硬件产品，他们的弱点是什么？并且不要忘记合规性。

三、建立详细的供应链安全计划

供应链安全框架很有帮助，但它们并不构成组织如何处理供应链安全的完整计划。创建一个文档，描述供应链安全状况的所有目标和任务，并概述组织将使用的所有策略、流程、程序和工具。通过分配具有明确职责的特定角色来确保问责制。同时也需要注意合规性。确保组织的所有合作伙伴都了解他们必须遵循哪些标准和要求才能访问和使用数据。

四、及时加强数据管理

供应链安全管理是一项持续的任务，当组织开始设计新程序时，就要立即采取措施加强数据管理，如可以通过更新不良密码策略和消除默认密码来立即缓解某些漏洞。进行渗透测试也是一个好主意。通过与渗透测试专家合作，可以查明整个组织和 IT 基础架构中所有应用程序中的漏洞，这些漏洞可能对更大的供应链构成严重风险。

五、评估第三方合作伙伴的风险

随着与第三方组织的联系不断增长，供应链安全风险也随之增加。这意味着第三方风险管理必须始终是首要考虑因素。首先，将内部团队与组织的第三方合作伙伴和供应商联系起来。协同工作以识别主要风险，如系统关闭或数据泄露。然后，通过讨论如果发生这些事件之一对组织的潜在损害以及如何减轻影响，为不可避免的情况做好准备。

六、与合作伙伴保持良好沟通

由于供应链安全是一项持续的挑战，需要与合作伙伴密切合作。在整个生命周期中，必须不断与合作伙伴合作，监控安全风险，评估其严重性，并计划预防供应链安全问题。与合作伙伴保持定期沟通将大大有助于确保每个成员在安全方面都在同一维度上。可以考虑使用服务级别协议（SLA），这将有助于确保所有第三方的供应链安全要求都标准化，这也将有助于合规性并使团队承担责任。除了所有必要的安全要求外，SLA 还应包括各方的职责、用于衡量合规性的指标以及针对每次违规的罚款。

七、合理地限制合作伙伴访问数据

与合作伙伴沟通是良好供应链安全的重要组成部分。合理的限制所有第三方合作伙伴对组织敏感数据的访问可以减少数据泄露和其他安全风险的可能性。若要决定在何处限制访问，请先进行审核。确定哪些合作伙伴可以访问哪些数据以及原因。他们真的需要访问这些数据吗？若要简化合作伙伴的访问，请考虑采用最小特权规则或采用零信任安全性。

八、有效监控合作伙伴的活动

供应链安全最佳实践还建议对所有供应商和其他第三方合作伙伴进行持续的活动监控。虽然听起来可能很突兀，但监视第三方活动实际上是一项常见的 IT 合规性要求。通过监视访问组织网络的所有外部用户，可以帮助防止不良做法和参与者从裂缝中溜走。在发生供应链攻击时，监控也很有用，因为它可以帮助您的组织确定攻击的来源，以便采取措施修补薄弱环节。

九、事先制订事件响应计划

无论您如何稳健地准备组织的供应链安全，攻击都会发生，系统必将受到某种程度的损害。这就是为什么供应链安全最佳实践不仅仅是预防，还涉及准备。供应链安全计划的关键部分应包括事件响应计划。该计划应详细说明每个人的角色以及在发生安全事件时应遵循的所有程序。确保组织有针对数据泄露、系统关闭和其他安全中断的不同计划。不要只是写下这些程序。测试它们，练习它们并确保它们准备好执行。

总之，供应链是脆弱的，这使得维护稳固的供应链安全成为一场危险的游戏。虽然我们永远无法确保消除所有威胁，但遵循供应链安全最佳实践将使您的组织能够为它们做好准备并减轻其影响。

拓展阅读

福特公司大火：供应链的重创与挑战

在当今全球化经济中，企业的供应链如同生命之脉，将各个环节紧密相连。然而，一场突如其来的大火却让福特公司的供应链遭受了沉重的打击。2018 年 5 月，福特公司的一家关键零部件供应商 Meridian 在密歇根州的工厂遭遇大火，不仅摧毁了大量的生产设备和库存，更对其供应链造成了严重的影响。

供应链的受损，首先直接影响了福特公司的生产计划。福特公司密苏里州堪萨斯城的卡车装配厂关闭，约有 3 400 名工人暂时停工，原因是 Meridian 供应的零部件短缺。造成停产事故的供应商 Meridian，是北美地区镁散热器的最大供应商，它的产品也应用于福特卡车上。镁是一种轻金属，有助于提高燃料效率，但同时也是一种非常危险的材料，容易引起自燃、爆炸和火灾。大约一年前，Meridian 的这家工厂已发生了一场小型火灾，所幸没有造成供应链的断裂。同时，供应链的中断也波及了福特公司的供应商和合作伙伴。他们面临着订单取消或延迟的困境，业务受到了严重干扰。整个供应链生态系统都感受到了这场大火带来的冲击。

在火灾发生后，福特公司迅速采取了一系列应对措施。一方面，积极与供应商合作，寻找替代方案，以确保生产的恢复。另一方面，加强与客户的沟通，及时通报情况并提供解决方案，以减少客户的不满和流失。此外，这场大火也让福特公司深刻反思了供应链的安全性和弹性。他们意识到，在面对不可预见的灾害时，建立更加稳健和灵活的供应链是至关重要的。这不仅需要加强风险管理和应急预案的制定，还需要与供应商和合作伙伴共同努力，提升整个供应链的抗风险能力。这也为其他企业敲响了警钟，提醒大家在追求效率和利润的同时，不能忽视供应链的安全性和可持续性。

知识链接 加强供应链自主可控与供应链安全

　　加强供应链自主可控与供应链安全对于国家的发展具有重要意义。这不仅与国家的经济繁荣密切相关，还涉及国家的安全和稳定。党的二十大报告强调："必须坚定不移贯彻总体国家安全观，把维护国家安全贯穿党和国家工作各方面全过程，确保国家安全和社会稳定。"供应链自主可控是实现国家安全的重要一环。当供应链受到外部因素的影响，如自然灾害、贸易摩擦、地缘政治等，可能导致供应链中断，影响国家的经济和产业发展。因此，加强供应链自主可控可以减少对外部供应链的依赖，提高国家在关键领域的自给能力，确保国家的经济安全和产业稳定。

　　加强供应链自主可控与供应链安全还有助于推动国内产业的升级和创新。通过提高供应链的自主可控性，国家可以更好地引导和支持国内企业在关键技术和核心领域进行研发和创新，提升产业竞争力。同时，加强供应链安全可以促进企业加强风险管理和质量控制，提高产品和服务的质量水平，增强市场竞争力。为了实现供应链自主可控与安全，国家可以采取一系列措施。一方面，加大对供应链关键领域的研发投入，培养高素质的供应链专业人才，加强产业链上下游企业的合作与协同。另一方面，建立健全供应链安全管理体系，加强信息安全和数据保护，推动供应链的数字化转型，提高供应链的可视化和智能化水平。

　　综上所述，加强供应链自主可控与供应链安全是国家发展的必要和重要任务。这不仅关乎国家的经济安全和产业稳定，也有助于推动产业升级和创新。在党的二十大报告和国家最新政策的指导下，我们应共同努力，加强供应链建设，确保供应链的自主可控和安全可靠，为国家的可持续发展奠定坚实基础。

知识测试

一、判断题

1. 绩效考评是绩效管理过程中的一个环节，绩效考评绝不等于绩效管理。　　（　　）
2. 公司在实践中所采用的绩效指标应该全面和完整，要做到面面俱到。　　（　　）
3. 确定关键绩效指标有一个重要的 SMART 原则，S 代表可实现，M 代表可度量。

（　　）

4. 埃森哲公司认为供应链绩效评价指标的设计必须有利于在组织中激励正确的行为。

（　　）

5. 相对于企业绩效评价体系而言，供应链评价体系更加复杂，不能将对单个企业的评价直接移植到供应链绩效评价。　　（　　）

6. SCOR 的第二类指标为面向企业内部的，包含了供应链成本和供应链资产管理效率。

（　　）

7. SCOR 的第一类指标是面向顾客的，主要指标为供应链的可靠性、供应链的反应速度和供应链的柔性。　　　　　　　　　　　　　　　　　　　　　　　　　　（　　）

8. 斯坦福大学教授李效良提出，一流的供应链具备三大特点：反应敏捷、适应性强、能让各方利益协调一致。　　　　　　　　　　　　　　　　　　　　　　　　　（　　）

9. 供应链风险划分为外部供应链风险、内部供应链风险和网络风险。　（　　）

10. 供应链风险衡量与供应链风险评价关系密切，这两个步骤往往同时进行，合并构成了供应链风险评估。　　　　　　　　　　　　　　　　　　　　　　　　　　（　　）

二、单选题

1. 完整的绩效管理是包括（　　　）等方面的管理活动。

    A. 绩效计划、绩效测试、绩效分析、绩效沟通、绩效改进

    B. 绩效计划、绩效考评、绩效分析、绩效沟通、绩效改进

    C. 绩效计划、绩效考评、绩效分析、绩效提高、绩效改进

    D. 绩效制定、绩效考评、绩效分析、绩效沟通、绩效改进

2. KPI 必须从技术上保证指标的可操作性，对每一指标都必须给予明确的定义，建立完善的信息收集渠道。这句话体现了建立 KPI 应遵循（　　　）原则。

    A. 目标导向　　　　　　　　　　B. 注重工作质量

    C. 可操作性　　　　　　　　　　D. 强调输入和输出过程的控制

3. 建立 KPI 指标，最后必须对 KPI 进行审核。以下问题不必被审核的是（　　　）。

    A. 这些指标的总和是否可以解释被评估者 80% 以上的工作目标

    B. 多个评价者对同一个绩效指标进行评价，结果是否能取得一致

    C. 跟踪和监控这些 KPI 是否可行

    D. 被评价者怎样做，做多少

4. 标杆管理法的成功实施受到多种因素的影响，最关键的因素是（　　　）。

    A. 全员参与　　　　　　　　　　B. 数据准确有效

    C. 企业高层领导的支持　　　　　D. 正确确定超赶对象

5. 以下属于内部供应链风险的是（　　　）。

    A. 库存风险　　　　　　　　　　B. 突发事件风险

    C. 组织与管理风险　　　　　　　D. 市场风险

6. 一般而言，供应链风险管理的过程主要分为四个步骤，包括（　　　）。

    A. 供应链风险检测、供应链风险衡量、供应链风险评价和供应链风险决策与控制

    B. 供应链风险识别、供应链风险衡量、供应链风险评价和供应链风险决策与控制

    C. 供应链风险识别、供应链风险衡量、供应链风险评价和供应链风险决策与管理

    D. 供应链风险识别、供应链风险评价、供应链风险检查和供应链风险决策与控制

7. 供应链风险管理的实施阶段是（　　　）。

    A. 供应链风险检查与决策　　　　　B. 供应链风险决策与管理

    C. 供应链风险决策与控制　　　　　D. 供应链风险检测与衡量

8. 以下不属于中游核心企业风险管理出现的问题的是（　　　）。

    A. 没有完善的供应链风险识别体系　　B. 供应链风险管理比较片面

    C. 没有专门的供应链风险管理部门　　D. 没有比较完善的供应商管理体系

9. 以下不属于原材料及零部件采购阶段的风险防范措施有（　　　）。

    A. 完善供应商评价体系，对供应商进行绩效管理

    B. 企业应加强建立网络平台，实现信息化

    C. 明确供应商开发主体和开发程序

    D. 对于核心零部件和关键原材料，应该由两个或两个以上的供应商提供

三、名词解释

1. KPI

2. BSC

3. SCOR

4. SCRM

四、简单题

1. 简述 BSC 的含义及核心思想。

2. 简述供应链绩效评价的特点与原则。

3. 简述供应链绩效评价的 3A 模型。

4. 简述基于 SCOR 的供应链绩效评价模型。

5. 简述供应链风险的类型。

6. 简述供应链风险管理的程序。

实训任务 **B 公司基于 SCOR 模型的供应链绩效评价体系构建**

任务要求

结合案例回答以下问题：

（1）B 公司的业务状况如何？主要存在哪些问题？

（2）如何运用 SCOR 模型优化 B 公司的本地库存销售业务流程？

（3）如何选取供应链绩效评价指标来评估计划、供应和交货这三个基本管理流程？

建议

分小组完成任务，并制作 PPT 汇报。

一、B 公司业务流程的现状

B 公司在亚太地区的业务模式总体上可以被概括为两类，即直接进口销售模式和本地库

存销售模式。在直接进口销售模式下，市场部门寻找合适的客户，在洽谈成功后和客户签署销售合同，并在计算机系统中制作销售订单；根据不同的付款条件，销售订单会由计算机系统自动审核放行或由财务部进行审核后放行；然后，市场部向集团供应商发出采购订单，由供应商直接向客户发运货物。在客户收到货物后，整个流程完成。在本地库存销售模式下，市场部门先通过计算机系统向集团供应商发出采购订单，货物到达本地后由物流部安排清关、进仓储存。同时市场部门寻找合适的客户，在洽谈成功后和客户签署销售合同，并在计算机系统中制作销售订单；根据不同的付款条件，销售订单会由计算机系统自动放行或由财务部进行审核后放行；物流部在看到放行的销售订单后，制作出货单，根据交货条款交由客户自己去仓库提货或安排送货。在客户收到货物后，整个流程完成。

二、运用 SCOR 模型的流程设计

B 公司在管理中已经使用了平衡计分卡，但是主要指标结构仍局限于财务角度，客户角度和内部运营角度的指标非常少，所以新的绩效评价指标的设计将侧重于这两个方面的指标。同时因为所需建立的供应链绩效评价指标体系衡量的范围不涉及研发，仅仅围绕订单流程，所以 SCOR 模型对优化 B 公司的供应链有很大的参考价值。

三、供应链绩效评价指标的构建

B 公司最终选择了 10 个供应链绩效评价指标分别评估计划、供应和交货这三个基本管理流程，并分别对这些指标的定义、评价目的进行了规范。

1. 对计划流程采用的指标

对计划流程的评估采用以下三个指标：

（1）销售预测准确率。

定义：对 B 公司经营的所有产品总需求的预测准确率。

评价目的：通过持续提高销售预测准确率实现库存精确度（包括数量、时间、地点）的改善。

（2）库存天数。

定义：根据库存所有产品价值（包括在途库存价值）计算出的总库存周转天数。

评价目的：优化库存水平，提高库存精确度（包括数量、时间、地点），加强资金管理。

（3）老化库存（价值和百分比）。

定义：从收货之日起已在仓库放置超过 180 天的库存。

评价目的：持续改进库存周转率，尽量减少周转慢的产品占用大量营运资金的情况。

2. 对供应流程采用的指标

对供应流程的评估采用以下三个指标：

（1）供应商交货能力（准时、准量满足订单需求的能力）。

定义：供应商按照 B 公司采购订单中要求的时间和数量交货的比率。

评价目的：持续提高供应商在协议的标准提前期内完全交货的能力，同时改善供应商的应变能力和柔性。

（2）供应商交货可靠性（准时、准量兑现承诺供给的水平）。

定义：供应商按照它在采购订单中对B公司第一次承诺的交货时间和数量交货的比率。

评价目的：持续提高供应商承诺的可靠性，从而改善原材料库存水平，降低缺货成本，提高客户服务水平。

（3）供应商完好订单比率。

定义：供应商没有任何缺陷和过失地交付产品和运输单据的订单比率。

评价目的：持续改善供应商无过失地提供产品和运输单据的能力，从而提高客户服务水平（对于直接进口销售订单模式而言），降低安全库存水平（对于本地库存销售订单模式而言）。

3．对交货流程采用的指标

对交货流程的评价采用以下四个指标：

（1）客户反馈比率。

定义：客户关于期望未被满足的反馈数量占总销售订单数的比率。

评价目的：统计在履行订单过程中客户期望未被满足的情况，找出根源，避免客户投诉，提高客户服务水平。

（2）客户投诉解决效率。

定义：在目标时间内解决的客户投诉数占所有已解决的客户投诉数的百分比。

评价目的：衡量快速有效地解决客户投诉的比率，提高客户服务水平。

（3）交货能力（准时、准量满足订单需求的能力）。

定义：按照客户在订单中要求的时间和数量交货的能力。

评价目的：不断提高B公司按照客户期望的时间和数量交货的能力。

（4）交货可靠性（准时、准量兑现承诺供给的水平）。

定义：B公司按照它对客户承诺的时间和数量交货的能力。

评价目的：不断提高B公司对客户承诺的可靠性。

此外，B公司还确定了这10个供应链指标的责任归属。销售预测准确率由销售人员负责，库存天数和老化库存由产品经理负责；供应商交货能力、供应商交货可靠性、供应商完好订单比率、客户反馈比率、客户投诉解决效率、交货能力和交货可靠性由客户服务人员负责。需要说明的是，因为B公司的客户服务人员也负责下采购订单，并与供应商联系，所以客户服务人员也负责供应流程的三个指标：供应商交货能力、供应商交货可靠性和供应商完好订单比率。在确定了责任归属后，B公司讨论决定了供应链绩效评价的流程：每年年初，B公司的各事业部会根据上一年度业务运营情况和总的战略目标开会讨论并确定本年度10个供应链绩效评价指标的目标值。这些目标值将被相应地写入销售人员、产品经理和客户服务人员本年度的目标协议中，作为年底衡量他们的工作业绩和计发奖金的判断标准之一。

4．绩效评价指标数据生成系统的设计

B公司在亚太地区统一使用的ERP系统是SAP系统，因此，绩效评价的所有基础数据都来源于SAP系统。绩效评价系统需要与SAP系统相连接，由系统自动将基础数据从SAP系统传输给绩效评价系统，再由绩效评价系统对这些基础数据进行整理、计算，得出供应链绩效评价指标数据。B公司最终决定分别用两个绩效评价系统对已经选择的10个供应链绩效评价指标进行衡量。这两个系统分别是 BW（Business Warehouse）和 GIIC（Global Inventory and Information Control）。BW 系统用来衡量以下八个指标：销售预测准确率、供应商交货能力、供应商交货可靠性、供应商完好订单比率、客户反馈比率、客户投诉解决效率、交货能力和交货可靠性，它通过与 SAP 系统订单模块、质量管理模块及需求计划模块的连接，将这些模块中计算这八个供应链指标所需的大量基础数据进行下载，用户可根据各个指标的定义在数据库中建立一些固定的查询，然后只需定期运行这些查询就可以方便地获得这八个供应链指标的计算结果了。GIIC 系统是 B 公司已经使用的一个计算库存天数和库存寿命指标的系统，也是 B 公司进行全球库存控制的标准化系统。该系统除了可以用来计算库存天数和库存寿命外，还可以对库存数据进行细化到产品水平的分析，所以 GIIC 系统被沿用来衡量另外两个指标：库存天数和老化库存。

B 公司根据其业务内容和性质，本着成本与效益平衡的原则、简单有效的原则，设计了包含 10 个供应链绩效评价指标的评价指标体系，确定了每一种评价指标的责任归属，确定了供应链评价的整个流程。这样就顺利地完成了设计阶段的工作。

第三部分　专题拓展

🪐 方向一 ┃ 智慧供应链与供应链数字化

拓展任务目标：

课外自学，阅读案例并上网搜索相关专题资料回答以下（但不局限）问题：

（1）简要介绍一下 RFID 工作原理、物联网的应用发展情况。

（2）简要介绍一下大数据、云计算国内外应用发展情况

（3）简要介绍一下人工智能特别是 ChatGPT 国内外应用发展情况及其影响。

（4）结合案例，分析人工智能在供应链管理中的应用及未来趋势。

（5）结合资料，分析新能源汽车、智能手机、服装等行业领军的核心企业为什么要进行供应链数字化，其具体做法、效果和经验是什么。

拓展任务要求：

每个小组提前四周选定其中任何一个方向，在教师指导下完成任务，制作 PPT 汇报。

☑ 拓展资料 1-1

人工智能在供应链管理中的应用及未来趋势

供应链管理是企业运营中的关键环节，它涵盖了从原材料采购到产品交付的整个过程。随着全球化和市场竞争的加剧，企业越来越需要高效、精确的供应链管理来保持竞争优势。人工智能的出现为供应链管理带来了新的机遇，通过数据分析、机器学习和自动化等技术，能够优化供应链的各个环节，提高效率和降低成本。

一、人工智能在供应链管理中的应用

（1）需求预测。人工智能可以分析大量的历史数据和市场趋势，预测产品的需求。企业可以根据这些预测信息，合理安排生产计划、库存管理和采购策略，从而减少库存积压和缺货现象的发生。

（2）库存管理。通过实时监控库存水平，人工智能可以自动调整补货策略，确保库存保持在最佳水平。同时，它还能够根据销售数据和需求预测，优化库存的布局和分配，提高仓库的空间利用率。

（3）物流配送。智能调度系统可以根据路况、车辆负载和客户需求等因素，规划最佳的物流路线。无人驾驶技术的发展也将为物流配送带来更大的变革，提高配送的安全性和效率。

（4）供应商管理。利用人工智能对供应商的绩效进行评估和分析，企业可以更好地筛选出优质供应商，并与他们建立长期稳定的合作关系。此外，供应链协同平台的应用可以加强企业与供应商之间的信息共享和沟通。

（5）质量管理。图像识别、传感器技术等可以实时监测产品的质量，及时发现问题并采取措施。同时，基于人工智能的质量预测模型能够提前预测质量问题的发生，帮助企业提前做好应对准备。

二、国内外企业应用实践

1. 国外企业应用实践

（1）亚马逊。作为全球领先的电商企业，亚马逊利用人工智能实现了库存管理、物流配送和客户服务的高度自动化。例如，通过预测分析，亚马逊可以提前将商品部署到靠近消费者的仓库，缩短交货时间。

（2）沃尔玛。借助大数据和人工智能，沃尔玛优化了商品的采购和库存管理。同时，他们还利用无人机技术对仓库进行库存盘点，提高了工作效率。

（3）DHL。这家国际物流巨头采用智能物流系统，实现了货物运输的全程可视化和高效管理。此外，DHL还在研发无人驾驶运输车辆，以进一步提升物流效率。

2. 国内企业应用实践

（1）阿里巴巴。阿里巴巴的供应链平台通过人工智能技术，为企业提供了从采购到销售的一站式解决方案。其中，菜鸟网络的智能物流系统在提高配送效率方面发挥了重要作用。

（2）京东。京东的智能供应链体系融合了大数据、云计算和人工智能等技术，实现了库存的精准管理和快速配送。此外，京东还在积极探索无人仓库和无人机配送等前沿技术。

（3）华为。华为利用人工智能技术对供应链进行优化，提高了生产计划的准确性和响应速度。同时，他们还注重供应链的安全性和稳定性，确保产品能够按时交付。

三、未来可能发展趋势

（1）数据驱动的决策。随着大数据技术的不断发展，企业将更加依赖数据进行决策。人工智能可以帮助企业从海量数据中提取有价值的信息，为决策提供有力支持。

（2）智能化的物流。无人驾驶、智能仓储等技术的应用将使物流过程更加自动化和智能化。物流设备的互联互通将实现物流系统的高效协同运作。

（3）区块链技术的应用。区块链技术可以提供供应链数据的不可篡改和透明性，增强供应链的安全性和信任度。同时，区块链还可以促进供应链金融的发展。

（4）人工智能与物联网的融合。物联网为人工智能提供了丰富的数据来源，而人工智能则可以让物联网设备变得更加智能。两者的结合将创造出更多的应用场景和价值。

（5）可持续发展的供应链。未来的供应链管理将更加注重环境保护和社会责任。人工智能可以帮助企业优化资源利用，减少碳排放，实现可持续发展的目标。

总之，人工智能在供应链管理中的应用已经取得了显著的成果，为企业带来了更高的效率和更优的决策。随着技术的不断进步和应用场景的不断拓展，人工智能在供应链管理中的作用将愈发重要。企业应积极拥抱这一变革，充分利用人工智能技术提升自身竞争力。同时，也要注意解决数据安全、隐私保护等问题，确保人工智能技术的健康发展。

拓展资料 1-2

供应链数字化转型的关键因素、步骤和发展趋势

供应链数字化转型的背景是技术进步和市场竞争的加剧。现状方面，许多企业已意识到其重要性，并取得了一定成效，但仍有企业面临挑战。技术为转型提供基础，市场竞争促使企业提升效率，消费者需求变化和供应链复杂性增加也推动了转型。数据驱动决策则使企业更加依赖数据分析。目前，数字化转型是一个持续过程，需要企业不断投入和创新。

一、供应链数字化的关键因素

（1）数据管理与分析。数字化的核心是数据，因此需要建立一个高效的数据管理系统，确保数据的质量、准确性和及时性。同时，运用数据分析工具和技术，挖掘数据中的有用信息，以支持决策的制定。

（2）信息共享与协同。供应链中的各个环节需要实现信息的实时共享和协同工作。这包括供应商、生产商、物流企业和零售商之间的无缝沟通，以提高整个供应链的效率。

（3）智能化决策。利用人工智能和机器学习技术，通过对数据的分析和学习，实现智能化的决策，如需求预测、库存管理、物流路径优化等。

（4）物联网技术应用。物联网可以实现对物品、设备和环境的实时监测和控制。通过物联网技术，可以提高供应链的可视性和透明度，从而更好地管理物流和库存。

（5）流程自动化。采用自动化技术，如 RPA（机器人流程自动化），可以减少人工操作，提高流程的效率和准确性，同时降低成本。

（6）供应链可视化。为了更好地监控和管理供应链，需要实现供应链的可视化，让企业能够实时了解供应链的状态和趋势。

（7）网络安全与数据隐私保护。随着数字化程度的提高，网络安全和数据隐私保护变得尤为重要。企业需要采取相应的措施，确保数据的安全和合规性。

（8）员工培训与文化变革。数字化转型需要员工具备新的技能和思维方式，因此企业需要提供培训，促进员工的数字化能力提升，并推动企业文化的变革。

（9）战略规划与领导力。成功的供应链数字化需要有明确的战略规划和强有力的领导力来推动，确保各部门之间的协同合作和资源的有效配置。

（10）技术创新与持续改进。数字化领域的技术发展迅速，企业需要保持对新技术的关注，并不断探索创新应用，以提升供应链的竞争力。

二、供应链数字化的重要步骤

（1）评估现有供应链。首先，需要对当前的供应链流程和业务进行全面评估，找出潜在的问题和改进的空间。

（2）明确目标和战略。根据评估结果，确定数字化转型的目标和战略，明确要实现的业务效果和关键指标。

（3）数据管理。建立高效的数据管理体系，确保数据的质量、准确性和完整性，为数据分析和决策提供支持。

（4）技术选型。根据目标和需求，选择适合的数字化技术和工具，如物联网、大数据分析、人工智能等。

（5）流程优化。利用数字化技术对供应链流程进行优化，提高效率、降低成本和减少风险。

（6）信息共享。实现供应链各环节之间的信息共享，加强协同合作，提高供应链的透明度和响应速度。

（7）员工培训。为员工提供相关的培训和教育，提升他们的数字化技能和意识，以适应新的工作模式和技术应用。

（8）测试与验证。在实施新的数字化解决方案之前，进行充分的测试和验证，确保系统的稳定性和可靠性。

（9）持续改进。数字化转型是一个持续的过程，需要不断评估效果，根据业务变化和市场需求进行调整和优化。

（10）建立合作伙伴关系。与供应商、客户和其他相关方建立紧密的合作伙伴关系，共同推动供应链数字化的发展。

三、供应链数字化的发展趋势

供应链正朝着更加智能化、可视化、协同化和绿色可持续的方向发展。供应链数字化的主要发展趋势如下：

（1）人工智能与机器学习的应用。通过利用人工智能和机器学习技术，供应链可以实现更准确的需求预测、优化的库存管理和高效的物流配送。

（2）区块链技术的融合。区块链技术可以提供更安全、透明和可追溯的供应链数据，增强信任和信息共享。

（3）大数据驱动的决策。随着大数据技术的不断发展，供应链决策将更加依赖数据分析和洞察，实现精细化的运营管理。

（4）物联网的普及。物联网设备的广泛应用将使供应链的各个环节实现实时监控和数据采集，提高可视化和透明度。

（5）云计算与 SaaS 模式。云计算和软件即服务（SaaS）的模式将降低企业数字化转型的成本和门槛，提高灵活性和可扩展性。

（6）供应链金融创新。数字化供应链将促进金融创新，如供应链融资、保险等服务的发展，优化资金流和风险管理。

（7）绿色供应链。环保意识的增强促使供应链更加注重可持续性，通过数字化手段实现资源优化和减少碳排放。

（8）跨境供应链数字化。随着全球化的推进，跨境供应链的数字化将成为趋势，可以提高国际贸易的效率和便捷性。

（9）客户体验的提升。数字化供应链将更好地满足客户需求，提供个性化的产品和服务，提升客户满意度。

（10）数据安全与合规。随着数据量的增加和供应链的复杂性，数据安全和合规将成为企业关注的重点。

拓展资料 1-3

亚马逊、京东电商平台纷纷自建先进的智慧物流体系

电商平台型企业在相互厮杀，同时与传统零售商互相较量时，为树立绝对的竞争优势，早就突破了传统边界。随着竞争的加剧，如何构筑"护城河"，成为每一个电商平台思考的战略问题。亚马逊、京东电商平台给出的答案是，自建先进的智慧物流体系，从基础架构入手，通过在底层构建不同的业务模式和客户体验获得难以抄袭的竞争优势。

一、亚马逊自建先进的智慧物流体系

长久以来，亚马逊都在开放自己的电商平台给第三方商家，这被称为"亚马逊交付"。自亚马逊宣布推出商务快递服务——亚马逊配送后，物流快递巨头联合包裹服务公司（UPS）和联邦快递（FedEx）的股价应声下跌。在亚马逊逐渐构建自己的先进物流配送体系之后，第三方快递服务企业蓦然发现，自己最擅长的业务优势已经不复存在。

（1）物流中心布局。亚马逊在全球范围内建立了大量的物流中心，这些中心通常位于关键地理位置，以缩短货物运输时间和降低成本。物流中心采用高度自动化的设备和技术，实现货物的快速分拣、存储和配送。

（2）库存管理。通过先进的库存管理系统，实时监控库存水平，并根据销售数据和预测进行精确的库存补货。这有助于减少缺货情况和库存积压，提高库存周转率。

（3）物流技术应用。亚马逊广泛应用各种物流技术，如自动化分拣设备、机器人技术、物联网传感器和数据分析工具。这些技术提高了物流效率、准确性和速度。

（4）配送网络优化。通过不断优化配送网络，包括选择合适的运输方式、与物流合作伙伴合作以及建立自己的配送队伍，确保货物能够快速、准确地送达客户手中。

（5）数据驱动决策。亚马逊依靠大量的数据分析来优化物流运作。通过分析销售数据、客户反馈和物流指标，做出明智的决策，如库存规划、运输路径优化和物流流程改进。

（6）重视客户体验。将客户体验放在首位，提供快速的配送服务、准确的订单处理和易于追踪的物流信息。这有助于提高客户满意度和忠诚度。

（7）持续创新。不断投入研发和创新，探索新的物流技术和解决方案，以保持在竞争中的领先地位。

需要注意的是，自建智慧物流体系需要大量的资金和技术投入，并且需要不断优化和改进。

二、京东构建智慧物流系统的做法与经验

京东为了提升服务质量和效率而踏上自建物流之路。京东物流的发展初期采用第三方物流服务，积累了经验；快速发展期与国际知名物流公司合作，独立运营并不断拓展业务。如今，京东物流已成为京东的核心竞争力之一。

1. 京东以大数据技术为基础构建智慧物流体系

京东的智慧物流以大数据处理技术作为基础，利用软件系统把人和设备更好地结合起来，让人和设备能够发挥各自的优势，不断优化，达到系统最佳的状态。

（1）搭建青龙系统。京东一直强调技术创新对生产效率的提升，并在多年的运营和创新实践中，积累了优质的大数据资源。大数据的应用为智慧科技的业务层面落地实施提供了展示、评估、预测、可视化管理及辅助决策等多方面的支持，与京东具有优势的物流科技相结合，搭建了完整而开放的仓、配、客、售后全供应链一体化服务平台，可以为京东商城以外的商业体系提供服务。从青龙系统的演进过程中可以发现，以大数据处理为核心是构建智慧物流的关键。

（2）业务创新应用。其一是通过大数据技术准确及时地还原业务。青龙系统做到了车辆和配送员实时展示，如在京东App上就可以查看订单的实时轨迹。其二是通过大数据提升业务。业务日报、周报、月报等都是业务管理的基础，通过青龙系统做到及时准确，数字化运营，对于物流这种劳动密集型行业，企业利用实时数据，进行业界排行，对现场也能起到很好的激励作用。其三是利用大数据对业务进行预测。预测一直是大数据应用的核心，也是最有价值的地方。举一个青龙系统的例子，就是单量预测，根据用户下单量、仓储生产能力、路径情况等，可以进行建模预测。其四是进行智能决策。做到了这一步，才可以称作智慧物流。目前，做决策最好的方式依然是人机结合，利用大数据和人工智能的技术，为人工提供辅助决策，让人工的决策更加合理。京东的业务每年增长得非常快，必然会遇到如何增加配送站的问题。从订单分布数据和客户分布数据进行分析，通过订单聚合等技术手段，找到订单很密的点。然后，加入更多的数据，包括位置信息、当地租金成本、管理成本、从分拨中心到中转站的距离等，就能输出一个模型分布，根据不同的维度，将建站预测展示给用户，辅助业务管理人员进行决策。并且，可以根据业务人员的使用情况，输入更多的业务知识，形成业务闭环，让系统更加智能化。

2. 京东物流的其他创新业务

（1）仓储自动化。京东不断提升仓库的自动化水平，采用机器人技术实现货物的自动搬运、分拣和存储，提高仓储效率和准确性。

（2）物流科技研发。京东投入大量资源进行物流科技的研发，如智能搬运机器人、智能分拣设备等，以提升物流运作的效率和智能化水平。

（3）供应链优化。通过大数据分析和算法优化，京东对供应链进行精细化管理，包括库存预测、采购计划和物流配送路径优化等，以降低成本和提高效率。

（4）社区团购。京东推出了社区团购业务，通过与社区合作，实现商品的集中采购和配送，提供更加便捷的购物方式。

（5）跨境物流。京东积极拓展跨境物流业务，建立跨境物流仓储和配送网络，为跨境电商提供高效的物流服务。

（6）物流金融。京东结合物流业务开展金融服务，如提供供应链金融、物流保险等，为供应商和合作伙伴提供资金支持和风险保障。

3. 京东物流的实际应用案例

（1）"211限时达"服务。京东物流推出了"211限时达"服务，即在部分地区实现上午下单、下午送达，晚上下单、次日上午送达的快速配送服务，为消费者提供了极快的购物体验。

（2）冷链物流配送。对于生鲜、冷冻食品等特殊商品，京东物流建立了冷链物流配送体系，确保商品在运输过程中保持适宜的温度，保证商品的品质和安全。

（3）精准达服务。京东物流提供精准达服务，用户可以选择在特定的时间段内收货，方便用户安排自己的时间。

（4）企业物流解决方案。京东物流为企业客户提供定制化的物流解决方案，包括仓储管理、配送服务、供应链优化等，帮助企业提升物流效率和降低成本。

（5）农村物流布局。京东物流积极布局农村市场，通过建立农村物流配送站和合作伙伴网络，解决农村地区的物流难题，促进农村电商的发展。

（6）绿色物流实践。京东物流推广使用环保包装材料，开展绿色运输和仓储，减少物流对环境的影响。

这些实际应用案例展示了京东物流在不同领域的创新和服务能力，为消费者和企业客户带来了便利和价值

总之，与其他物流企业相比，京东的智慧物流具有独特优势。它拥有一体化的供应链，广泛应用先进技术，自建物流网络，开放平台，以及注重用户体验。这些优势使其在物流效率、服务质量和业务范围等方面领先，为消费者提供优质物流服务。

方向二 ｜ 区块链与供应链金融业务模式创新

拓展任务目标：

课外自学，阅读案例资料并上网搜索相关专题资料回答（但不局限）以下问题：

（1）简要介绍一下什么是供应链金融，支持和规范供应链金融发展的意义？

（2）简要介绍供应链金融的三种基本融资模式，以及每种融资模式的业务流程图。

（3）简要介绍实施供应链金融业务主要的风险有哪些？应如何防范？

（4）简要介绍汽车行业供应链金融的主要业务模式、每种融资模式流程图、内在风险控制机制和业务特点。

（5）简要介绍一下区块链发展历程、核心技术及特点、主要应用场景等。

（6）区块链供应链金融的系统解决方案、参与主体、数据关系图。

（7）简要分析，对比传统的供应链金融模式（如基于应收账款的融资模式），区块链供应链金融业务模式创新及价值。

拓展任务要求：

每个小组需提前四周选定方向，分组在教师指导下完成任务，并制作 PPT 汇报。

拓展资料 2-1

关于规范发展供应链金融支持供应链产业链发展的意见

为坚决贯彻党中央、国务院关于扎实做好"六稳"工作、全面落实"六保"任务决策部署，做好金融支持稳企业保就业工作，精准服务供应链产业链完整稳定，提升整体运行效率，促进经济良性循环和优化布局，现就供应链金融规范、发展和创新提出以下意见。

一、准确把握供应链金融的内涵和发展方向

（一）提高供应链产业链运行效率，降低企业成本。供应链金融是指从供应链产业链整体出发，运用金融科技手段，整合物流、资金流、信息流等信息，在真实交易背景下，构建供应链中占主导地位的核心企业与上下游企业一体化的金融供给体系和风险评估体系，提供系统性的金融解决方案，以快速响应产业链上企业的结算、融资、财务管理等综合需求，降低企业成本，提升产业链各方价值。

（二）支持供应链产业链稳定升级和国家战略布局。供应链金融应以服务供应链产业链完整稳定为出发点和宗旨，顺应产业组织形态的变化，加快创新和规范发展，推动产业链修复重构和优化升级，加大对国家战略布局及关键领域的支持力度，充分发挥市场在资源配置中的决定性作用，促进经济结构调整。

（三）坚持市场主体的专业优势和市场定位，加强协同配合。金融机构、核心企业、仓储及物流企业、科技平台应聚焦主业，立足于各自专业优势和市场定位，加强共享与合作，深化信息协同效应和科技赋能，推动供应链金融场景化和生态化，提高线上化和数字化水平，推进产业链条信息透明、周转安全、产销稳定，为产业链的市场竞争能力和延伸拓展能力提供支撑。

（四）注重市场公平有序和产业良性循环。核心企业应严格遵守《保障中小企业款项支付条例》有关规定，及时支付中小微企业款项，合理有序扩张商业信用，保障中小微企业的合法权益，塑造大中小微企业共生共赢的产业生态。

二、稳步推动供应链金融规范、发展和创新

（五）提升产业链整体金融服务水平。推动金融机构、核心企业、政府部门、第三方专业机构等各方加强信息共享，依托核心企业构建上下游一体化、数字化、智能化的信息系统、信用评估和风险管理体系，动态把握中小微企业的经营状况，建立金融机构与实体企业之间更加稳定紧密的关系。鼓励银行等金融机构为产业链提供结算、融资和财务管理等系统化的综合解决方案，提高金融服务的整体性和协同性。（人民银行、银保监会、国资委负责）

（六）探索提升供应链融资结算线上化和数字化水平。在供应链交易信息清晰可视、现金流和风险可控的条件下，银行可通过供应链上游企业融资试点的方式，开展线上贷前、贷中、贷后"三查"。支持探索使用电子签章在线签署合同，进行身份认证核查、远程视频签约验证。支持银行间电子认证互通互认。（人民银行、银保监会负责）

（七）加大对核心企业的支持力度。在有效控制风险的前提下，综合运用信贷、债券等工具，支持核心企业提高融资能力和流动性管理水平，畅通和稳定上下游产业链条。支持核心企业发行债券融资支付上下游企业账款，发挥核心企业对产业链的资金支持作用。对先进制造业、现代服务业、贸易高质量发展等国家战略及关键领域的核心企业，银行等金融机构、债券管理部门可建立绿色通道，及时响应融资需求。（人民银行、银保监会负责）

（八）提升应收账款的标准化和透明度。支持金融机构与人民银行认可的供应链票据平台对接，支持核心企业签发供应链票据，鼓励银行为供应链票据提供更便利的贴现、质押等融资，支持中小微企业通过标准化票据从债券市场融资，提高商业汇票签发、流转和融资效率。（人民银行负责）

（九）提高中小微企业应收账款融资效率。鼓励核心企业通过应收账款融资服务平台进行确权，为中小微企业应收账款融资提供便利，降低中小微企业成本。银行等金融机构应积极与应收账款融资服务平台对接，减少应收账款确权的时间和成本，支持中小微企业高效融资。（人民银行、工业和信息化部、国资委负责）

（十）支持打通和修复全球产业链。金融机构应提升国际产业链企业金融服务水平，充分利用境内外分支机构联动支持外贸转型升级基地建设、开拓多元化市场、出口产品转内销、加工贸易向中西部梯度转移等，支持出口企业与境外合作伙伴恢复商贸往来，通过提供买方信贷、出口应收账款融资、保单融资等方式支持出口企业接单履约，运用好出口信用保险分担风险损失。（人民银行、银保监会、外汇局、商务部负责）

（十一）规范发展供应链存货、仓单和订单融资。在基于真实交易背景、风险可控的前提下，金融机构可选取流通性强、价值价格体系健全的动产，开展存货、仓单融资。金融机构应切实应用科技手段提高风险控制水平，与核心企业及仓储、物流、运输等环节的管理系统实现信息互联互通，及时核验存货、仓单、订单的真实性和有效性。（银保监会、人民银行、商务部负责）

（十二）增强对供应链金融的风险保障支持。保险机构应积极嵌入供应链环节，增加营业中断险、仓单财产保险等供应链保险产品供给，提供抵押质押、纯信用等多种形式的保证保险业务，扩大承保覆盖面，做好供应链保险理赔服务，提高理赔效率。（银保监会负责）

三、加强供应链金融配套基础设施建设

（十三）完善供应链票据平台功能。加强供应链票据平台的票据签发、流转、融资相关系统功能建设，加快推广与核心企业、金融机构、第三方科技公司的供应链平台互联互通，明确各类平台接入标准和流程规则，完善供应链信息与票据信息的匹配，探索建立交易真实性甄别和监测预警机制。（人民银行负责）

（十四）推动动产和权利担保统一登记公示。建立统一的动产和权利担保登记公示系统，逐步实现市场主体在一个平台上办理动产和权利担保登记。加强统一的动产和权利担保登记公示系统的数字化和要素标准化建设，支持金融机构通过接口方式批量办理查询和登记，提高登记公示办理效率。（人民银行、市场监管总局负责）

四、完善供应链金融政策支持体系

（十五）优化供应链融资监管与审查规则。根据供应链金融业务的具体特征，对金融产品设计、尽职调查、审批流程和贷后管理实施差异化监管。在还款主体明确、偿还资金封闭可控的情况下，银行在审查核心企业对上下游企业提供融资时，可侧重于对核心企业的信用和交易真实性的审查。（银保监会、人民银行负责）

（十六）建立信用约束机制。加快实施商业汇票信息披露制度，强化市场化约束机制。建立商业承兑汇票与债券交叉信息披露机制，核心企业在债券发行和商业承兑汇票信息披露中，应同时披露债券违约信息和商业承兑汇票逾期信息，加强信用风险防控。（人民银行负责）

五、防范供应链金融风险

（十七）加强核心企业信用风险防控。金融机构应根据核心企业及供应链整体状况，建立基于核心企业贷款、债券、应付账款等一揽子风险识别和防控机制，充分利用现有平台，加强对核心企业应付账款的风险识别和风险防控。对于由核心企业承担最终偿付责任的供应链融资业务，遵守大额风险暴露的相关监管要求。（银保监会、人民银行负责）

（十八）防范供应链金融业务操作风险。金融机构应加强金融科技运用，通过"金融科技＋供应链场景"实现核心企业"主体信用"、交易标的"物的信用"、交易信息产生的"数据信用"一体化的信息系统和风控系统，建立全流程线上资金监控模式，增强操作制度的严密性，强化操作制度的执行力。（银保监会、人民银行负责）

（十九）严格防控虚假交易和重复融资风险。银行等金融机构对供应链融资要严格交易真实性审核，警惕虚增、虚构应收账款、存货及重复抵押质押行为。对以应收账款为底层资产的资产证券化、资产管理产品，承销商及资产管理人应切实履行尽职调查及必要的风控程序，强化对信息披露和投资者适当性的要求。（银保监会、人民银行负责）

（二十）防范金融科技应用风险。供应链金融各参与方应合理运用区块链、大数据、人工智能等新一代信息技术，持续加强供应链金融服务平台、信息系统等的安全保障、运行监控与应急处置能力，切实防范信息安全、网络安全等风险。（人民银行、银保监会负责）

六、严格对供应链金融的监管约束

（二十一）强化支付纪律和账款确权。供应链大型企业应当按照《保障中小企业款项支付条例》要求，将逾期尚未支付中小微企业款项的合同数量、金额等信息纳入企业年度报告，通过国家企业信用信息公示系统向社会公示。对于公示的供应链大型企业，逾期尚未支付中小微企业款项且双方无分歧的，债券管理部门应限制其新增债券融资，各金融机构应客观评估其风险，审慎提供新增融资。（人民银行、银保监会、工业和信息化部、市场监管总局负责）

（二十二）维护产业生态良性循环。核心企业不得一边故意占用上下游企业账款、一边通过关联机构提供应收账款融资赚取利息。各类供应链金融服务平台应付账款的流转应采用合法合规的金融工具，不得封闭循环和限定融资服务方。核心企业、第三方供应链平台公司以供应链金融的名义挤占中小微企业利益的，相关部门应及时纠偏。（人民银行、银保监会、国资委负责）

（二十三）加强供应链金融业务监管。开展供应链金融业务应严格遵守国家宏观调控和产业政策，不得以各种供应链金融产品规避国家宏观调控要求。各类保理公司、小额贷款公司、财务公司开展供应链金融业务的，应严格遵守业务范围，加强对业务合规性和风险的管理，不得无牌或超出牌照载明的业务范围开展金融业务。各类第三方供应链平台公司不得以供应链金融的名义变相开展金融业务，不得以供应链金融的名义向中小微企业收取质价不符的服务费用。（银保监会、人民银行负责）

拓展资料 2-2

汽车供应链金融的主要模式比较

一、汽车供应链金融需求

汽车供应链金融是指金融机构在汽车采购、生产、销售、流通及使用过程中，为汽车供应链提供的包括但不限于对生产商、经销商提供的短期流动型融资产品、库存融资及对终端消费者提供的消费资金融通方式。汽车供应链不仅链条长、资金需求大，而且各企业之间的关系较紧密，已经形成从原材料供应商、零部件制造商、汽车制造商、汽车经销商到最终消费者甚至到售后服务的完整的产业链，所以是商业银行开展供应链金融业务的一片沃土。自我国商业银行发展供应链金融业务以来，针对汽车行业的供应链产品就层出不穷，四大国有银行和中小股份制银行都进行了大胆的业务尝试。

1. 汽车行业供应链发展可带动多个行业发展

汽车行业供应链涉及的行业非常广阔，从原材料的采购到零部件的制造，从整车生产到销售、再到售后服务，会有数以百计的企业参与其中。就整车企业而言，其上游企业可以涉及铁矿、石化、橡胶和玻璃等行业，下游企业可以涉及经销商、保险、汽车维修等行业。汽车行业的蓬勃发展对这些行业有显著的拉动作用。对汽车行业展开供应链金融业务，通过支持汽车行业进而带动其他行业，对国民经济的发展意义重大。

2. 汽车行业供应链资金需求量大

汽车行业属于资金密集和技术密集型行业，提高车辆零部件质量、研发整车技术、推广汽车新品种都需要大量的资金投入，且生产周期长。在供应链上，除了大型核心企业可以通过上市、发债等方式筹集资金，上下游中小企业只能从银行贷款，长期面临资金短缺问题。因为每个企业的资金需求量大，而且企业数量多，所以总的资金需求量非常可观，为商业银行开展供应链金融业务提供了广阔空间。

3. 汽车行业上下游企业关系紧密，供应链相对稳定

汽车厂商一般会选择固定的零部件供应商，对零部件的规格、质量提出个性化的需求，一种零部件满足一种车型的生产需求，由此形成长期稳定的合作关系。对于汽车经销商，汽车厂商会有严格的准入与退出机制，时刻关注汽车经销商的车辆销售和现金流情况；汽车经销商对汽车厂商有较大的依赖性。稳定的供应链也是开展供应链金融业务的前提条件。

二、汽车供应链金融基本模式

（一）基于核心企业连带责任的融资模式

1．预付账款融资模式

预付账款融资模式参与方包括：商业银行、核心企业、物流监管企业、下游经销商。

核心企业凭借其优势地位，要求下游经销商提前支付款项，造成下游中小企业流动资金匮乏。预付账款模式是以核心企业将要提供的仓单作为质押物，由银行控制提货权的融资模式，通过预付账款融资，下游企业将一次性付款转化为分批付款，有效解决了下游企业提前一次性全额付款的困境。在汽车行业供应链金融业务中，预付账款融资模式主要应用在下游经销商采购阶段。

2．担保融资模式

担保融资模式和预付款融资模式的原理基本相同，都是以核心企业连带责任为保障，向供应链上的下游中小企业融资，所不同的是担保融资模式淡化了质押物的概念，强化了核心企业的信誉，有时还引入第三方担保公司来抵御贷款风险。在汽车行业中，担保融资模式往往应用于采用直销模式销售车辆的汽车产业链，即省去了经销商销售环节，直接由汽车生产厂商向汽车购买者销售。但这种汽车产业链的终端购买者购车不是为了消费，而是为了生产经营。

（二）基于债权控制的融资模式

基于债权控制的融资模式也叫应收账款融资模式，是指供应链上的上游企业以对核心企业的应收账款为质押物，向商业银行申请期限不超过应收账款账龄的融资业务。在供应链中，处于核心地位的大企业凭借其优势地位和影响力，要求上游供应商先发货后付款，而由此产生的应收账款回收期通常在3个月以上，导致上游企业应收账款高企，影响其资金流动性。应收账款融资模式主要分为三种：①应收账款质押融资。即债权人以应收账款作为质押物向商业银行申请贷款，商业银行发放贷款以后，如果应收账款无法收回，商业银行有权向债权方追索贷款，也就是附有追索权的贷款。②应收账款让售融资。即应收账款债权方将应收账款的收款权出售给商业银行，银行独自承担风险，若日后贷款应收账款无法收回，商业银行也无权向债权人追索。③应收账款证券化。应收账款债权方将应收账款转化为可以转让和流通的证券，证券持有人同债权方共担风险。在国际市场上，这三种模式都有所体现，但由于我国目前资产市场发展尚不健全，第一种模式在我国运用较多。

在汽车行业供应链金融业务中，应收账款融资模式主要应用在原材料、汽车零部件供应商销货阶段。

（三）基于货权控制的融资模式

基于货权控制的融资模式也叫存货质押融资模式，是指企业将存货质押给商业银行获得贷款的金融服务。一方面，企业在生产经营过程中需要保存有存货，以备不时之需，但大部分企业存货往往占资产的很大份额，造成资金使用效率低下。另一方面，中小企业由于缺少足够的有价证券、不动产，很难以银行传统贷款模式取得贷款。根据我国现行法律法规，企业可以将其生产所用的原料、存货等流动资产作为抵押，银行与物流监管企业签订协议，委托物流监管企业对抵押物进行监管，企业逐批还款、逐批置换出存货，盘活存货。

存货质押融资模式的贷款申请人可以是供应链上任何节点的企业，作为质押物的存货通常具有变现能力强、价格和质量稳定、市场需求旺盛等特点。在汽车行业供应链金融业务中，存货质押融资模式主要应用在经销商运营阶段。

拓展资料 2-3

区块链供应链金融业务模式创新

一、区块链的起源、发展路径和核心技术

1. 区块链的起源、发展路径

探寻区块链的机制和发展，比特币永远是无法绕过的话题。区块链作为一种独立的技术出现，最早可以追溯到比特币系统中。2008 年一个笔名为中本聪的人（或团队）发布了一篇名为《比特币——一种点对点的电子现金系统》的文章，又在 2009 年公开了其早期的实现代码，比特币就此诞生。比特币的出现使得电子货币系统出现了由传统的"中心化账本＋中介"式向"公共账本＋共识"的模式转变的可能性，而这种转变正是由区块链技术实现的。如果从比特币诞生开始计算，区块链技术已有十多年的发展历史。目前区块链的发展方向主要可以分为公有链和联盟链：前者以比特币和以太坊为代表，任何人都可以随时加入其中，链上记录对所有人公开；后者则由指定区块链的参与成员组成联盟，成员之间的业务往来信息被记录在区块链中，限定了使用规模和权限，典型代表有 Linux 基金会旗下的开源区块链项目 Hyperledger 等。

2. 区块链核心技术

区块链（Blockchain）是一系列现有成熟技术的有机组合，它对账本进行分布式的有效记录，并且提供完善的脚本以支持不同的业务逻辑。在典型的区块链系统中，数据以区块（block）为单位产生和存储，并按照时间顺序连成链式（chain）数据结构。所有节点共同参与区块链系统的数据验证、存储和维护。新区块的创建通常需得到全网多数（数量取决于不同的共识机制）节点的确认，并向各节点广播实现全网同步，之后不能更改或删除。区块链的核心技术包括：

（1）分布式账本技术（Distributed Ledger Technology，DLT）本质上是一种可以在多个网络节点、多个物理地址或者多个组织构成的网络中进行数据分享、同步和复制的去中心化数据存储技术。

（2）共识机制。区块链是一个历史可追溯、不可篡改，解决多方互信问题的分布式（去中心化）系统。分布式系统必然面临着一致性问题，而解决一致性问题的过程我们称之为共识。

（3）智能合约。智能合约（Smart contract）是一种旨在以信息化方式传播、验证或执行合同的计算机协议。智能合约允许在没有第三方的情况下进行可信交易。这些交易可追踪且不可逆转。其目的是提供优于传统合同方法的安全，并减少与合同相关的其他交易成本。

（4）密码学。信息安全及密码学技术是整个信息技术的基石。在区块链中，也大量使用了现代信息安全和密码学的技术成果，主要包括哈希算法、对称加密、非对称加密、数字签名、数字证书、同态加密、零知识证明等。

二、区块链＋供应链金融

区块链加速了信息的安全分发、呈现、传输和处理。从区块链技术中受益最多的往往是那些参与者之间信任度较低、交易记录安全性和完整性要求较高的行业，而金融业正是其中之一。相关咨询报告显示区块链或分布式账本技术每年可为金融行业节省成本50 ～ 70亿美元，这种成本的降低主要来自于区块链对现有业务的改进，如跨境支付价值链的改善、对账流程的优化、用户身份认证 / 反洗钱流程的效率提升和供应链金融以及普惠金融中的信息共享等。

"区块链＋供应链金融"是区块链在金融领域的最佳应用场景之一，具有广阔的市场空间。供应链金融具有系统性、结构性的业务理念，决定了信息流是供应链金融风险把控的关键。如何获取真实、全面、有效的数据，既是供应链金融风控的基础，又是风控的难点，通过区块链的分布式账本等技术可以在供应链参与中的众多企业、众多金融机构间搭起一张可信的信息网络，从企业经营信息的源端获取信息，然后通过区块链达到端到端的信息数据透明、不可篡改，所有参与方都通过一个去中心化的记账系统分享商流、物流、资金流信息。银行根据真实的企业贸易背景、实时产生的运营数据开展授信决策，缩短资料数据收集、校验、评估的作业时间，降低风险成本，提升决策的精确性和效率。而企业通过供应链金融可以获得更低的贷款成本，更快速迅捷的金融服务，帮助业务的顺利开展和拓广。

具体而言，区块链技术可以为供应链金融在以下方面提供强有力的支持：通过区块链的不可篡改性，记录供应链金融中上下游企业和周边企业的资金流、物流、商流过程，降低供应链金融过程中，可信数据采集、传递的难度；为金融机构获取第一手的供应链信息提供便利。如果企业广泛部署物联网终端，结合企业信息化系统的进销存信息，可以真实地勾勒出企业的运营情况与资产情况；企业通过企业网银、银企直联等渠道与上下游企业产生资金往来，提供真实的财务资金信息；这些信息将帮助金融机构在进行贸易融资、仓单贷款、应收账款贷款过程中极大简化信用评估流程与成本，以此降低企业融资的成本，提供融资的效率；通过"智能合约"等技术手段，为企业间"合同信任"关系之外，添加新的保障措施，简化企业间互担保、风险分摊、回购、履约等经营行为的流程，降低违约纠纷处理的时间成本和资金成本。以合同融资为例，合同的买方与卖方建立起中长期的供应关系，采购方的销售数据衍生出对原材料的采购需求的评估数据，市场的真实供需关系是融资回收的第一保障；若采购方企业提供风险缓释措施，在风险条件触发后，采购方是否按指令进行回购、退款等风险补偿履约措施，直接影响融资贷款是否产生不良资产。现行的操作中，上述履约约束主要来源于"合同信任"，但履约过程中可能存在法律争议，后期将增加法律纠纷的处理时间及成本。引入区块链"智能合约"，将上述合同约定事项上链，使其变为自动触发与操作，从技术的角度弥补履约中的意外过程和主观违约可能，保障融资安全。

供应链金融区块链解决方案简图如下：

供应链金融各环节的业务信息流作为电子存证保全在区块链中

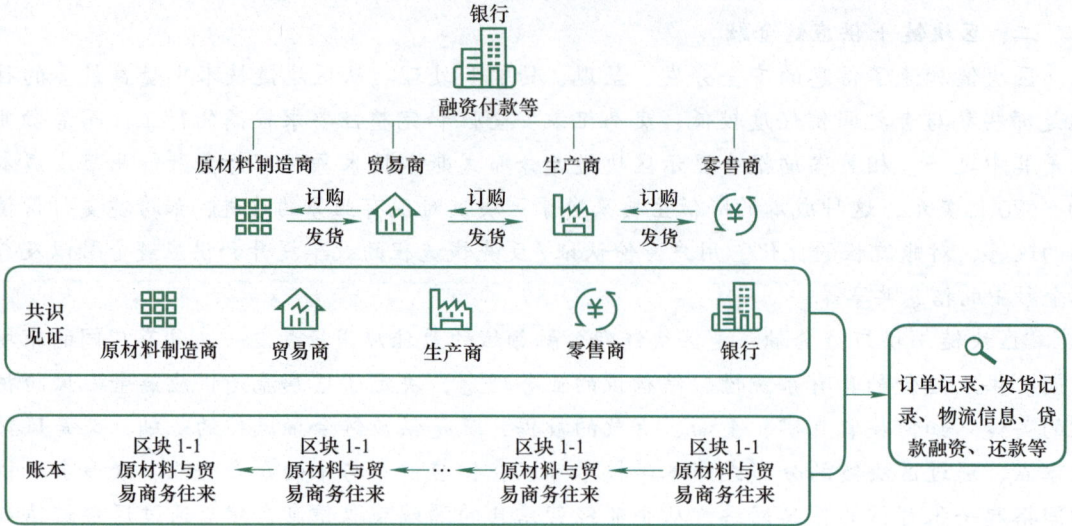

供应链金融区块链解决方案

区块链供应链金融系统平台参与主体图如下：

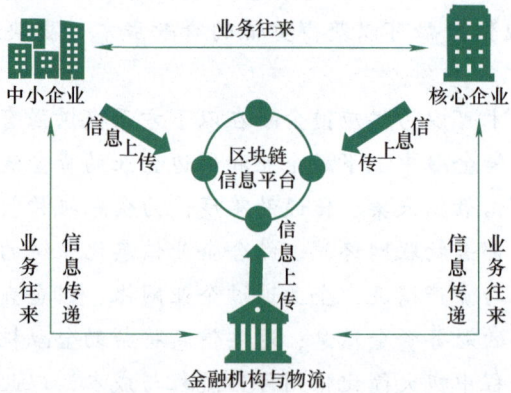

参 考 文 献

[1] 周任重，赵艳俐，林勉. 供应链管理实务 [M]. 北京：人民交通出版社，2009.

[2] 施丽华，胡斌. 供应链管理 [M]. 3 版. 北京：清华大学出版社，2023.

[3] 罗春燕，杨茜. 物流与供应链管理 [M]. 2 版. 北京：清华大学出版社，2023.

[4] 刘宝红. 供应链管理：实践者的专家之路 [M]. 北京：机械工业出版社，2017.

[5] 刘宝红. 采购与供应链管理：一个实践者的角度 [M]. 3 版. 北京：机械工业出版社，2019.

[6] 施云. 供应链架构师：从战略到运营 [M]. 北京：中国财富出版社，2016.

[7] 胡奇英. 供应链管理与商业模式：分析与设计 [M]. 北京：清华大学出版社，2016.

[8] 内克，格林，布拉什. 如何教创业：基于实践的百森教学法 [M]. 薛红志，等译. 北京：机械工业出版社，2016.

[9] 乔普拉，迈因德尔. 供应链管理 [M]. 5 版. 陈荣秋，等译. 北京：中国人民大学出版社，2013.

[10] 马士华，林勇，等. 供应链管理 [M]. 6 版. 北京：机械工业出版社，2020.

[11] 陈民伟，林朝朋，陈香莲. 供应链管理实务 [M]. 哈尔滨：哈尔滨工业大学出版社，2017.

[12] 赵继新，阎子刚. 供应链管理 [M]. 3 版. 北京：机械工业出版社，2017.

[13] 李建丽. 供应链管理实务 [M]. 3 版. 北京：人民交通出版社，2014.

[14] 阮喜珍，等. 供应链管理实务 [M]. 武汉：华中科技大学出版社，2012.

[15] 姜珏. 卓越供应链管理：以一套计划驱动全链提效 [M]. 北京：中国铁道出版社，2024.

[16] 冯永华. 丰田精益管理：采购与供应商管理 [M]. 北京：人民邮电出版社，2014.

[17] 麦尔森. 精益供应链与物流管理 [M]. 梁峥，等译. 北京：人民邮电出版社，2014.

[18] 宋华. 供应链金融 [M]. 北京：中国人民大学出版社，2015.

[19] 胡小建. 物流与供应链管理 [M]. 2 版. 北京：高等教育出版社，2024.

[20] 吕建军，侯先云，田雯. 供应链管理实训教程 [M]. 北京：机械工业出版社，2012.

[21] 三谷宏治. 商业模式全史 [M]. 马云雷，等译. 南京：江苏凤凰文艺出版社，2016.

[22] 奥斯特瓦德，皮尼厄. 商业模式新生代 [M]. 黄涛，等译. 北京：机械工业出版社，2016.

[23] 利丰研究中心. 供应链管理：香港利丰集团的实践 [M]. 2 版. 北京：中国人民大学出版社，2009.

[24] 林梦龙. 供应链库存与计划管理：技术、方法与 Excel 应用 [M]. 北京：电子工业出版社，2024.

[25] 周任重. 纵向结构与企业创新激励——基于全球价值链的视角 [M]. 北京：经济科学出版社，2013.

[26] 赵艳俐. 采购与供应管理实务 [M]. 北京：人民交通出版社，2009.

[27] 张瑞夫. 跨境电子商务理论与实务 [M]. 北京：中国财政经济出版社，2017.

[28] 左锋，赵亚杰. 跨境电商供应链管理 [M]. 北京：人民邮电出版社，2023.

[29] 田雪. 食品行业与服装行业供应链管理案例集 [M]. 北京：中国财富出版社，2015.

[30] 斯塔特勒，基尔戈. 供应链管理与高级规划：概念、模型、软件与案例分析 [M]. 王晓东，胡瑞娟，等译. 北京：机械工业出版社，2005.

[31] 沃尔特斯. 库存控制与管理 [M]. 李习文，李斌，译. 北京：机械工业出版社，2005.

[32] 苏尼尔. 供应链管理 [M]. 杨依依，译. 北京：中国人民大学出版社，2021.

[33] 卓弘毅. 供应链管理从入门到精通 [M]. 北京：中国铁道出版社，2022.

[34] 苏秦，张文博. 供应链质量可视性管理 [M]. 北京：科学出版社，2023.